LOCUS

LOCUS

LOCUS

LOCUS

mark

這個系列標記的是一些人、一些事件與活動。

mark21　逆風飛颺

作者：吳士宏

責任編輯：陳郁馨

美術編輯：何萍萍

法律顧問：全理法律事務所董安丹律師

出版者：大塊文化出版股份有限公司

台北市105南京東路四段25號11樓

www.locuspublishing.com

讀者服務專線：080-006689

TEL：(02)87123898　FAX：(02)87123897

郵撥帳號：18955675　戶名：大塊文化出版股份有限公司

總經銷：北城圖書有限公司　地址：台北縣三重市大智路139號

TEL：(02)29818089(代表號)　FAX：(02)29883028　29813049

排版：天翼電腦排版印刷股份有限公司　製版：源耕印刷事業有限公司

初版一刷：2001年2月

定價：新台幣280元

Printed in Taiwan

逆風飛颺

吳士宏◎著

目錄

爲什麼要出版這本書

《逆風飛颺》是一九九九年度大陸備受注目的一本書。讀者的反應和市場面上，尤其熱烈。我們因而注意到這本書。但決定在台灣出版繁體字版，則另有幾個理由。

大陸人物的傳記和故事，在台灣出版很多，但多是政治、文學、學術領域。一個新世代的企業界女人，一個歷經IBM華南地區總經理、微軟中國地區總經理職位的女人，這樣的人物則是台灣讀者比較陌生的。介紹這樣一個人給台灣的讀者，有助於我們了解大陸一個新的切面，以及一個新的世代。這是第一個理由。

寫IBM和微軟的書很多，但以西方作者爲主。西方作者寫的IBM和微軟，有他們針對西方讀者需求的重點。海峽兩岸當過IBM和微軟高級主管的人也不少，但是以中文把自己的經歷寫出來，吳士宏應該是第一個。她近距離的觀察，以及作爲大陸土生土長的「外企白領」一族的代表，爲華文世界讀者彌補了一些西方作者可能忽略的重點。這是第二個理由。

第三個理由，在於吳士宏個人故事之動人。她在文化大革命的時候，因爲黑五類的身分連高中都上不了；後來爲情所困，再大病四年，成爲醫院活標本；再後來「重新審視生命，要改變生活的激情一發不可遏制」，於是一路過關斬將，自修學歷考進IBM當辦事員，十四年後登上微軟中國地區總經理的位置，成爲大陸新一代年輕人心目中的「打工女皇帝」，波濤澎湃。

和簡體字版《逆風飛颺》比起來，繁體字版的順序做了很大的更動，內容也有一些調整。我們很感謝作者吳士宏的配合與改寫。大陸以外的讀者透過這個版本的《逆風飛颺》，應該可以從另一個角度了解她。

繁體版序

《逆風飛颺》在大陸出版已一年有餘，至今仍在書店架上，雖時有朋友以暢銷書而能轉變為常銷書（於大陸圖書屬難事）對我稱賞鼓勵，作者卻已少了當初孜孜跟蹤銷量的興奮，原因很簡單，新的事業（參文後註）已佔有並激動著我全部的身心；而這本曾嘔盡我心血的書，於我，已不覺在一九九九年底劃上了句號。

託福沈昌文前輩的介紹（沈先生是大陸三聯書社的前輩總編輯兼總經理），繼而能得到大塊出版公司慧眼俯拾，願意出版《逆風飛颺》的繁體版，實是我和我的書的幸運；又有我所信服的兩位靈心慧質的朋友甘琦和徐曉（原書的兩位編輯）對大塊文化和郝明義先生書品人品的稱道，我放心地把「孩子」又一次交出來，放心地全盤接受大塊文化為繁體版提出的編輯建議，甚至狠心地同意「砍」掉原文中的幾整篇章節，那幾千上萬字畢竟是從我指尖流出來的心血啊。希望這些努力能為中文繁體版的讀者帶來些便利。

繁體版出版在即，理應補序，故又簡約翻看了全書，發現，先前的許多澎湃洶湧已歸於平靜平和，過去的「成功」原來眞算不得什麼。對於我，激動和嚮往的永遠是未來和未知，哪怕那未來是失敗、孤獨、或是平凡。

各位《逆風飛颺》的新朋友，謝謝您們讀這本書！我相信，您若讀完這本書，應不會太過失望。

吳士宏
二〇〇一年一月六日，星期六

（註：關於我的「新的事業」：我於一九九九年十二月一日加入TCL集團。TCL是大陸的「國有」企業，以十九年拚搏躋身大陸家電產業三甲並創立百億價值品牌。TCL的下一個目標，要成爲具有國際競爭力的世界級中國企業。企業與企業領袖李東生總裁的理想恰與我個人的理想目標吻合，故冒大不韙而就任集團副總裁，主管信息產業。我承擔的任務是：以信息網絡技術和產品，爲TCL集團形成新的核心競爭力。一年倏忽而過，雖精彩頻仍，而不敢忝言勝算，唯繼續用心用力用命而已。）

原版自序

寫完書，像得到了超生。

不過兩個月餘之前還在猶豫，怯生生地試筆。回想，寫書的夢斷斷續續做了二十幾年，恍若隔世。

十四歲時就偷著寫「自傳體長詩」，其實就是順口押韻的五、七言句，開始時想給自己設計好人生然後照著走，缺乏生活，越編越難。於是，修改成更宏偉的計劃：要一邊生活一邊「自傳」，寫到幾十年後一定是一篇巨著，而且沒聽說別人這麼寫過，僥倖可算前無古人？不幸被我媽媽破獲了不健康情節，悲憤之餘焚稿葬灰，從此不寫日記，不讀詩不「寫詩」。

再度夢回大約是十年前，躋身外企職業白領階層，開始有了些自信和職業感覺，特別不平文藝作品對外企白領一族的「歪曲」描寫，偶爾會說出聲兒來：「等著，回頭我來寫一本書，專寫這優秀的一群人。」至於等到何時，完全沒有計劃。

這一次，清清醒醒地卻被人誘導著發了夢，這個人就是後來書的編輯（參文後註）。在書的立意上，心裡糾纏鬥爭了很久，最後，這本書像我，也有三條命：一條是作為職業經理人寫外企的經營運作，寫外企在中國市場的運作；一條是職業白領的成長歷程；第三條，是我自己。

二十幾年沒扯過閒篇，先是忐忑能不能寫出來，然後患得患失寫出來好不好看。沒想到，動筆以後嘗到的折磨竟完全是另樣的。原以爲逝去的記憶突然鮮活地浮現，把歲月結成的傷疤血淋淋地撕開，我不得不數次停下來，爲止住痛楚引起的顫抖，也爲遏制怨嘆，要堅守立意初衷——把眞實的生命交到這本書裡，寫點兒有意義的東西……人們不需要再多一份怨嘆。

寫書是一件苦事，眞情投入的情感震動，逼迫自己思考許多似是而非的嚴肅問題，加上每天十七八個小時的「自虐式」寫作，眞把人煎熬得失魂落魄，精疲力竭，至今還生活在晨昏顚倒的時差當中。從此以後，再也不敢一目十行地「浪費」書籍，單憑對寫書人辛苦的尊重，也要學會認眞讀書。

幸或不幸，我遇到的是最狠虐的編輯，一天寫五千字竟只得個輕飄飄的「還可以」。編輯不但逼著作者寫字，還逼著作者思考。後來我覺得她比我還了解我，我堅持說，她發現了書的靈魂，我們倆一同賦予書生命，豈止是賦予書生命，在書的孕育過程中，對生命意義又有了許多驚喜的「發現」！爲此，我感謝暴虐的編輯兼我的好朋友。

朋友曾引詩人的句子形容我：我簡單，而又豐富，所以我深刻。

我立刻狗尾續貂：我清醒，而又激情，所以我眞實。

「激情」是我的天性，而「清醒」卻得來不易。單有「眞」是殘缺的美，加上「實」，才使我在飛揚時不失根基。只有天才的深刻才能留給後世，多數平凡的人就只能眞實地活一個又一個的「今生」。我喜歡我能欣賞和理解的深刻，也喜歡精彩的眞實。以前自詡讀書雜而多且快，因爲編輯兼著園主，一日去了萬聖書園（參文後註），滿眼都是未讀過的書，自慚形穢到冷汗涔涔。封筆後我不敢再讀我的書，但憑著這份「眞＋實」，無論它是美是醜，就讓它誕生吧。康德說過，「世上最美的東西，是天上的星光和人心深處的眞實」，這是我理解而又同意的「深刻」。

關於書的名字有過一番激烈的爭論，朋友們建議叫「攤牌」，我堅持用「逆風飛颺」，總覺得「攤牌」意味著結束，更想要那份風不息則飛颺不止的意境。終於作者獲勝，書於是有了這個名字。

給我生命的父母，參與我事業和生活的親友們，以智慧助我寫作的朋友們，讀我的書的人們，我欠太多人太多的感謝，讓我用這本書代表我，願我們快樂，成功！

吳士宏

一九九九年十月八日，星期五

（爲繁體版讀者註：「自序」中提到的編輯是甘琦小姐，至一九九九年底前曾主持經營萬聖書園，萬聖書園在北京乃至大陸知識界被稱爲傳續中國文化的家園。）

前奏

「喬治，現在是最後一個議題——關於我。請給我十五分鐘，我有一番話要講。」

今天與喬治開會，進行得貞順。

喬治是微軟大中華區總監，我的頂頭上司。三點半開始，還不到兩個小時，已經談完三個議題中的兩個：下個財年（即會計年度）的組織、人事，還有新財年的預算報告方案。新財年的組織架構、人事變動沒費太大周折，這已是第四次討論了，喬治基本同意我的建議。這樣，後面的變數可能就會小一些。

微軟的業務匯報是非同小可的事。以各國家、地區分公司爲單位，層層向上匯報，每個報告起碼被審理三遍：區域、大區、總裁，最後匯總至總裁和蓋茲的最高管理委員會，便形成了微軟的全球戰略。年初爲年度預算，年中爲業績策略檢查，其間，總裁會率隊親臨十數個子公司聽現場匯報。微軟中國公司自成立第二年起每年至少一次蒙總裁寵顧。"scrub"是微軟爲其業務匯報發明的專用語，可意譯爲：用鐵篦梳刮。鐵篦之魔法待後文另述。一年兩度，微軟至少有一千個經理要被「刮」掉兩層皮。匯報得壞，的確攸關經理們在微軟的仕途。如果聽到某某人匯報做得不好被「刮」得很慘，常在被刮之後不久，就會聽到或調或貶的消息，愈是高層經理愈是緊張。

喬治在微軟只有五年，以前曾在美國一家不大的軟體公司做過，是純粹的美國人，有典型的微軟人特徵——聰明、急躁、驕傲，行動型。他來微軟後升得很快，只三十六歲就是微軟大中華區的「封疆大吏」。在微軟，有可能升得快，不一定坐得穩。這畢竟是喬治第一次「降落」到前線，在此之前他從未直接做過市場營銷，這也是他第一次做大中華地區年度預算報告。

喬治有足夠的理由緊張，一周前我帶隊做的 scrub 預演實在是乏善可陳：數字邏輯不清，策略輪廓不明，各模塊銜接混亂；我自己講著都不明白，覺得腦子和口齒都不清了，八個小時的預演竟未能過完一半。喬治可不想在他的上級面前丟臉；而我們，是不想給自己丟臉——連自己明年想幹什麼都說不清楚？公平講，準備得不好不是因爲我們偷懶，實在時間太短！通常年度計劃要兩個多月的準備，而今年縮短到一個月，五月初才接到年二〇〇〇預算計劃指南，即使是久經微軟沙場的老槍們也很吃力；中國公司的經理層百分之九十以上是第一次做年度計劃，連我自己也是眞正意義的第一次，而遲至五月中旬（兩周前）才動手。即便終於開始動手準備了，我們的心和感情都難以集中——仍處在五月八日北約轟炸中國駐南使館的震盪餘波中。

於是，我和經理班子開始了又一整個星期瘋狂混亂的噩夢，無休止的開會，各部門爭預算，核對數字，圓圈式的彼此答辯、挑刺、驗證邏輯、搜集市場預測統計資料……這次我覺得特別累，用盡了全身力氣威逼利誘，不斷將脫了韁的人們拉回到議題上。這和我們已經習慣和喜歡的做法不一樣：我來引導討論，每個人在我「揮舞的鞭子」下快節奏地思考、發表意見、爭論，不管有多少矛盾；最後以我的定論而統一，再立即跳到下一個議題……這次大家也累，「頭兒」突然變得很彆扭，我就是不再作定論，非讓大家自己吵出結果來。只有我知道，我必須這樣做，下個財年計畫必須是這個團隊的理解和製作，將來他們執行起來才有可能；我要盡可能少的施加我的影響和痕跡，因為，我將離去。

我的經理隊伍「特別能戰鬥」，交出來的是好話！喬治也不再緊張——不再擔心下周一在新加坡向亞太總裁（他的頂頭上司）匯報。他看看錶，我猜他在想著等會兒的網球約會，已經是星期五下午五點鐘了。

「是攤牌的時候了。」我告訴自己。

◇

「喬治，現在是最後一個議題——關於我。請給我十五分鐘，我有一番話要講。」關於我，是我對自己十五個月微軟生涯的總結，已經積累成熟，對喬治只用十五分鐘就夠了。

喬治心情很好，安安逸逸地聽我開始講。

「喬治，我來微軟已有十五個月了，在這裡我經歷過的挑戰、困難、歷練，超過我以前全部十幾年的職業生涯。我來微軟是爲了一個理想（我仍以爲這個理想與微軟長期利益是吻合的：那就是我甫進微軟即當衆宣示的——要把微軟中國做成中國微軟，不過已經不再重要，也不必再向喬治重複），爲了這個理想，我做了很多，忍了很多，努力了很多。我終於理解了，對於『總經理』，公司的期望其實只是銷售業績這單一一項。而我當初所以接受這個職位，是因爲被『賦予』的責任是對公司在中國市場的全面策略和運營負責。這個差距太大了。現在，銷售業績做到了。您清楚地了解，我不同意公司在中國的很多重大策略，既然不同意，而在無數次努力之後都無法對其有任何影響，這個總經理職位於我也就失去了意義。我決定，辭職。」

喬治依然安坐，表情還是原來那樣，凝在嘴角的微笑看上去有點怪。臉和脖子都已變紅，剛才鬆鬆交叉相握的兩隻手的指節都變白了。

我繼續：「我挑選在此財年交接之時提交辭呈，主要出於以下考慮：第一，三天後要去新加坡做財年預算匯報，我必須提前讓你和公司知道我的去意已定，這樣對公司公平。是否仍由我領隊，由您決定。如果我不參加匯報，雖有些困難，但仍有可能由經理們配合進行，因爲預算方案是他們眞正的集體創作。第二，新財年的組織人事應由新的總經理宣布，新的總經理可以藉新財年較多的提升、較好的加薪機會穩定隊伍，這樣對新的總經理公平。我願意全力配合公司交接工作，我希望看到我的隊伍受到盡可能小的動盪，我太在乎他們。」

「可是……可是，我以為我們已經上了正軌，一切都已變得很好？……」喬治口吃著插嘴。

「是的，喬治，如果不是『一切』已變得很好，我絕不會辭職，即使最後落得被辭退我也會堅持到底的。」我說。

問題是：喬治「們」的「一切」與我的定義不同。是的，營收好了，渠道（即通路）健康多了，終於有了清晰有效的銷售策略，隊伍成長起來了，經理班子穩定了——豈止穩定，從未有過的優質、高效、團結。這「一切」在我看來，只是總經理基本職責的一部分，做好了是應該的，連這部分都做不好，就根本沒資格言進退。

「這『一切』，以今天的經理隊伍已經可以做得很好。有我或沒我都行。至於我自己，我想做得更多，這裡不能做，做不到，我可以離開。現在，我想最後總結一次我對微軟在中國的策略的看法，過去我們討論了多次都沒結果。中國有句話：人之將去，其言也善（喬治的中文只是入門，發音挺好，興趣挺大，偶爾改編個把成語給他聽，不算欺負他），希望這次您聽起來能少一點偏見——採納與否，都不再與我有什麼關係了。我只想再最後盡一次力，因為我希望我曾服務的公司能在我的國家成功。」

接下來的幾分鐘裡，我自己的評價是"logical, clear"（邏輯清楚的意思）。我不能肯定喬治聽進去多少，後來又補了一篇文字給他備考，估計他沒再「考」過，倒是方便了我。其實分歧倒也沒多少，不過是這麼幾條：

第一，微軟在中國必須全面調整價格政策，尤其是OEM預裝Windows的價格必須調低。否則，極可能出現的負面結果有三：

1，將失去大部分新PC合法預裝Windows操作系統的份額（即佔有率），而新裝機份額和中國的PC市場持續增長的前景是微軟在中國的未來之所繫；

2，將迫使如聯想、方正這樣的中規守矩的廠商也不得不順「風」而動，結果是連已有的預裝業務也迅速縮小；

3，使本來可以積極有效的產品價格策略失效，甚至可能成爲「壟斷、惡意」的口實。

第二，反盜版的策略必須改變，「搜捕」和打擊的對象首先應是在中國的外資企業。這幾十萬家外資企業，盜版率再低也低不過美國今天的百分之二十幾，罰也好，告也好，既能盡快見到眞金白銀的效果，也有儆效社會的作用。對中國本地的企業，則要重銷售，輕打擊，起碼要先禮後兵。

第三，微軟在中國只能有一個面對市場的窗口，以保持公司形象、戰略、策略的統一。事實上微軟在中國已經有了四個市場窗口：微軟中國公司、微軟中國產品研發中心、微軟法律事務部、微軟中國研究院，再加上OEM的半個。這是微軟全球縱向組織機構使然，只是沒聽說有別的地方像在中國這樣，各個膨脹出面向市場的窗口，沒有任何媒體接觸授權和媒體交道經驗的員工，隨時可能接受個「專訪」……於是，一個微軟有四個半窗口各自吹著不同的曲子，吵亂了自己，也吵亂了視聽。在自己製造的不和諧中源源不斷地授人以柄，幫著把自己做成反面教材。結果，做過的不少對中國眞正有益的好事立即變成烏有，辛辛苦苦建起來的積極市場印象頃刻無存。

第四，關於人。微軟必須注重對員工的培養。總經理應有人事權。（這一點似乎不直接關乎市場策略，卻是我與微軟最無法調和的。）

微軟對人力資源的原則是：需要人力時，立即到市場上去找最現成的，最短時間就能擔當某個最具體的工作；對人員培訓的原則是百分之五通過培訓，百分之九十五靠自學和在職「實習」；公司業務成長而員工沒有能「跟著成長」時，就會被淘汰。

我認同這個原則對公司利益是不錯的，問題是，我認爲公司應花更多的（比百分之五要多！）投入來培養員工，不只是使用和任其自生自滅。由於微軟選用人的原則是注重非常具體的技能和經驗，選到的人立即被放在非常具體的職位上，高速運轉使得多數人不可能找到時間和精力去進行專職之外的「自學」、「實習」，從而難以擴展、提高能力和知識。我認爲要幫助員工「跟著企業」成長，這才是在中國市場的可持續發展的「人力資源」策略——中國IT業現成人才供求懸殊，在人才吸引方面，比起其他外國公司，微軟並沒有明顯優勢，股權擁有的神話對新人的吸引力正在失去光環（「股權」將於第十四章另述），對已被股權金手銬銬住的老員工的「再」培養和充分利用，就更顯其重要。而當我一次次被暗示，被明示，繼而被指示去做我所不願的「行刑」時，我受到的不只是對總經理起碼的「人事權」的挑戰，而且是對「人」的基本原則和理念的挑戰，對於那些我堅信是可以使用可以培養的人，我無法做到「如棄敝履」。但只要我是微軟的雇員，我就應當服從公司，這是職業人的原則。至無法調和時，我只有以辭職拒絕。

「綜上，是我作爲微軟中國現任總經理，對公司在中國市場的主要策略的最後一次進言。」我盡力了，盡量不帶民族和個人感情色彩，而是從公司利益的角度去闡述，因爲，我仍希望我的建議能被聽進去，哪怕是很少的一點。

「即使我已辭職，我也衷心希望我所曾服務的公司能夠在中國做得好，做得成功，能爲我的國家所接受和認同。我更希望我的團隊能夠繼續爲一個值得驕傲的公司工作。」

靜默通常是令人窒息的，尤其是當兩個上下級無言相對的時刻。終於，喬治開口了。

「我不知道該説什麼，我現在很難過。」喬治看上去的確很難過，蒼白取代了頸面的紅潮。我有點兒過意不去，喬治今天的網球多半會輸了，這個周末也準過不好了。

「那好，我會等您的下一步關於交接事宜的指示，現在只需確認後天是否仍由我帶隊去新加坡做年度預算匯報。」

「Yes，你要去！」

「ＯＫ！」

留下了一句「周末快樂」，我走出喬治的辦公室。我現在擁有了自由。我輕鬆得裙裾飄飄。

◇

十幾個月的微軟帝國生涯，是多麼濃縮的經驗！我付出了太多，學到的更多——未進門時對微軟一無所知，也不爲之動心，認定了要圓我上學的夢。強拉活動五個月的執著感動了我，在與「頂頭上司」會話時，都先把「理想」說在了前頭，一個是我未來直接的頂頭上司（喬治的前任布萊恩），另一個是全微軟的頂頭上司（鮑爾默總裁），我以爲兩個上司能代表微軟的全部，以爲是搞懂了雙方的期望，確鑿了理想的契合。理想的契合是最重要的，其他都無所謂，連公司在哪兒都用不著先知道，反正準備著把自己全身心投入，我有的是時間學，有的是時間做，我想做成事業生涯的最後輝煌。

進得門來先宣言：我來是爲了把微軟中國做成中國微軟。微軟也還我驚詫連番，是一片我從沒見過的人治世界。小心行事，虛心學習，一心想平穩過渡求得公司大團結。潛心綏靖沒能幫我，待猛醒時已深陷流沙。生意活活地就停了，就算不是微軟，哪個公司也不能容忍如此無能的總經理。

別管是什麼理想都得先要生存，我奮起自救，明明白白是天災少人禍多，我就學人治學治人！自斷左膀右臂，從頭建一個新的精英團隊。絕地求生，反敗爲勝。

理想是不能忘記的，剛生存得穩當了，就想要負起更大的微軟中國的責任，才發現，總經理是被用來只管掙錢的，沾不上中國市場策略。在ＩＢＭ十幾年早習慣了團隊合作，有沒有實權照樣可以幹。我修煉精英團隊，建設營銷隊伍，帶領我的隊伍去市場求合作、做貢獻、做生意掙錢，卻眼看著其他各山頭各自爲政各行其是，我只能建言不能建行，我根基太淺，沒有後盾支撐，我想做成什麼都難。

◇

按微軟對總經理的期望給自己打打分：前五個月——差，中間五個月——良，最後五個月——優加，平均分「良」。這不是我習慣的得分，我和我的團隊想得的只有「優」！但是，如果只爲了營銷業績掙出優等，兼做傀儡還搭上名聲，還要埋沒我的理想，不值得我付出。我可以去別處掙眞正的、我想要的「優」！

十幾個月加今天，知不可爲而爲之，做了該做的事，說了該說的話，盡了該盡的責任，交了該交的答卷，學到了太多的經驗。我想以學到的回報公司，想做更多的事而不可得，我決定自己畢業了。

那天從喬治的辦公室出來，已經快六點了，沒走到大辦公區先聽見熱鬧喧嘩。心情踊躍地想湊熱鬧，腳步自動地快起來，裙子忙跟著沙沙地飄。

原來是爲谷倩倩開的小小送別 Party。倩倩是市場部的秘書，拿到了簽證，終於要和老公雙雙移民加拿大了，倩倩高興，大家也爲她高興，雖是送別，倒也是喜氣洋洋的。

我衝上去操刀切蛋糕，蛋糕做得眞精緻，教人只想欣賞不忍下手。草莓又紅又大，根兒上都帶幾個小綠葉的芽，奶油豐滿地溢出來，刀落處，這兒、那兒的露出點兒黃的橘子和菠蘿，蛋糕美麗又性感。我一塊塊地分給一群嘴急的「孩子」，還得時時吆喝著：「別掉在地毯上！」

不知怎的，欣珊開始了「模仿秀」，不說話只模仿動作，學誰像誰！大家嘻嘻哈哈地「點秀」，點到喬治時欣珊學不上來了。「看我的。」我排開衆人，開始走「喬治」的步，身後一片寂靜，再爆發大笑！我鬆一口氣——要是模仿得不像可太丟面子了。我以前可是有名的Mimic（善模仿者）！

天！多久沒有這樣的快樂？

今天眞像過周末，才不到七點就離開公司了。先去那家養了隻小兎子的花店，上次偶爾去過，因爲兎子記住了花店。小小的白兎一點也不怕人，貓似的湊到我腳邊，任由撫弄，很享受的樣子。挑了最愛的花，純白百合，每枝都是一花一苞，配紫色勿忘我，紫白兩色的綢帶，素色花瓶。小小心心地抱著去了醫院。

房間在三樓。屋子裡靜靜的，柔柔的燈光，牆居然也是柔柔的粉。床上是疲憊的小母親，搖籃裡是個小小的包裏，一端露出一隻紅腳丫。感動湧上來，我有點頭暈。

朋友醒來了，自然是一陣的亂和親熱，談的都是媽媽論兒。朋友在我家過的孕期的最後幾個月，我們經常談論胎兒、胎教，共同期待著孩子的出生。有時竟錯覺也參與了這個小小生命的孕育。聽著朋友講述分娩時的痛苦折磨，格外的驚心動魄。不過，看得淸淸楚楚朋友臉上分明的幸福，把所有的磨難都用個「値」字蓋過了。

「你必須孝順媽媽一輩子！」我嚴厲地對孩子說。我深深地知道他的媽媽爲他承受了多少深重的苦難。這是孩子出世聽到的第一句訓責，應該能記一輩子吧？

「算命的拿了生辰算過了，說這孩命裡需水，還說是注定愚孝的。」朋友替孩子回答。其間，那新生的男孩兒吃奶、尿尿、運動（哭），還被大人們細細地檢視了一回，「這孩子將來要闖蕩世界！」我斷定。因爲那雙腳丫出奇的大，有道是「男兒腳大走四方」。抱著小小孩兒，是受不了的溫柔，全世界都不要緊了，只要有這新的生命……

定好了明天中午會送來老火燉鼈湯和其他的零零碎碎。往家走時已是九點多了，好像想著很多事，心裡又明明是一片安詳。

「那孩子是下午生的，When A Child Is Born。」猛省過來了：我辭職的當時，孩子正在出生！

如潮的莫名感動又充滿了我，我無法、也不想去琢磨什麼隱喻關聯，心裡響起了那首歌——When a child is born（當孩子誕生）：

幻象夢想／終會成眞／大地新晨／孩子誕生／……

風會林湧／疑懼煙消／大地新晨／孩子誕生

我沒了疑慮，有了自由；我的夢想已成理想，總會成眞。

孩子的生日是一九九九年五月二十八日。孩子和希望一起誕生。
我已在盼著明天新的清晨。

第一部 成長

第一章　童年五味

我永遠愛我的爸爸，他給我生命，愛我，如有下輩子我還要孝敬他，補上他受過的那些罪。我祝願媽媽永遠保留讓她驕傲的回憶，因爲「驕傲」能使她快樂，忘掉她受過的那許多苦，未嘗不是一件幸福。

上次寫書是十四歲，是自傳體長詩！五言、七言的押韻很整齊。不只是給自己勾畫了未來，還《紅樓夢》式地編了身世，總之是破落大家的小姐，影射著些與皇族的迷離淵源，流落貧窮，雖不美麗，才智過人，最後當然嫁了個才子，相夫教子，盡享天倫……寫完「自傳體長詩」，二十幾年人生道路走過來，完全是預料不到的軌跡，只有身世並不全是杜撰。

◇

聽爸媽講的……

我爸家從前很有錢的。有錢到什麼份上呢？有房產、礦山無數，還夠資助張作霖部隊軍火。爺爺念書好口才好會做官，從北洋政府的國會議員做起，做回黑龍江老家，很得奉系督軍吳俊生吳大帥的賞識。爺爺年輕才俊仕途得意，又娶了家道更殷實的奶奶，奶奶的爸爸是蒙古貝勒，陪嫁無數，爺爺家正式闊氣起來。

爺爺娶了好幾個姨太太，還讓我爸娶姨太太，我爸在家受重視，自然早婚，娶的原配是梁姓軍閥的女兒，不生養，後來抽大煙抽死了。我爸說他不但不娶偏房，還勸我爺爺別再娶。爲此我一直很佩服我爸，後來我媽跟爸嘔氣時，我還試著借此美德來勸我媽：「您想想，要不是當初我爸堅決不娶姨太太，可就沒有我和我二姐了！」有一次我得了一塊巧克力，捏著舉著讓爸先咬一小點兒，爸說不吃，說小時候吃膩了，還說「從前咱家養的十幾隻大狼狗，天天『卡嚓卡嚓』地嚼大塊巧克力」，多麼讓我神往！直到現在這都是我關於「有錢」的最生動具體的想像。

張作霖和日本人過不去，日本人在皇姑屯安了炸彈，吳大帥同車也被炸死了，三天後我爺爺也被暗殺。「那沒跑兒，肯定是小日本鬼子幹的！」我爸多會兒說起來都是咬牙切齒，我也就從小埋下了仇恨日本鬼子的種子，種子跟著我長大至今。所以說，幼兒教育是非常重要的！

就只剩下一群生而不知憂患的少爺們和一個小姐（我只有一個姑姑）。我奶奶雖是蒙古人，早就脫盡了草原驃悍本色，一直家養著，先做千金小姐後做官宦正房，遭此巨變根本主不成事，居然我爸二十來歲就成了一家之主。我爸從小是我爺爺的重點培養對象，把我爸托付到吳大帥跟前，深得吳大帥喜愛，十四歲就出過東洋，十五歲就買了個「參議」做，準備著步我爺爺的後塵走官僚仕途。我爸是家裡兄弟九個大排行的老二，但老大沒出過洋，也沒上北京念過書。

家裡十幾隻大狼狗也擋不過日本浪人的騷擾，我爸果斷決定，能賣的變成錢，不能賣的就棄置，攜細軟舉家遷居北京。我爸的哲學是「錢，你敢花多少，就能掙多少」（這一點又讓我佩服，後來就是我的「錢」理論，攢不下錢來一點不著急）。一大家子搬到北京，都會花錢，可沒一個做事掙錢的，我爸有辦法，先是變賣，更是典當，房子也從石獅子胡同幾進幾出的深宅大院漸漸地就搬到西城承恩胡同五號的大雜院，但一家子還都住在一起，也占了大半個院子，我奶奶和姑姑住在院裡惟一一座木頭的二層小樓（現在承恩胡同五號是居委會所在地，住著十幾戶人家）。一家子仍是不知愁，幾個年輕的叔叔和姑姑還是忙著捧戲子、串票友，調著花樣兒齊心合力地花錢，眼看著眞沒錢，幸虧就解放了，政府要求人人自食其力，十幾個兄弟姐妹各自都找了工作。一九五一年遇到我媽時，我爸是人民教師，教中學歷史。

◇

我媽家也在東北。姥姥（即外婆）家是鑲黃旗，姥姥的哥哥做著世襲的旗官。姥爺是漢人，在世襲旗官手下當差得力，不僅連受提拔，還把旗官的妹妹許了做妻。滿洲國以後旗人的世襲取消，可我舅姥爺還有官做，說是「署長」，也是不小的官銜。調防（東北口音讀「訪」三聲）到另一個城市，爲的是我太姥姥只認親閨女的伺候，帶走了我姥姥和姥姥的三個孩子，舅姥爺顧著孝順他的媽，竟然沒帶著我姥爺！我一直覺得這事說不通道理，爲什麼親哥哥要拆散妹妹的家？爲什麼我姥姥、姥爺從那以後再也沒見面？他們就不能互相尋訪、通信嗎？這裡肯定有故事！到現在我媽也說不淸楚，那時候她也才很小。反正，「從那時起我們就沒家了，孤兒寡母寄人籬下」，我媽說起這句話是永遠的戚然。

算命的說我媽命硬，她一直說是自己剋死了一兄一弟，其實我大舅是出水痘死的，小舅的死倒是和我媽有直接關係。我姥姥得忙著照顧她媽和署長的女兒們，沒時間抱自己的兒，就由小小的姐姐抱著更小的弟弟，過門檻摔了一跤，姐姐沒事，弟弟的頭磕到石沿兒上，一下子就死了。孤兒寡母的淒慘更是無以復加。我記不得我姥姥的樣子，她去世時我大概兩歲。只記得她脾氣特壞，動不動就罵人，她老了以後白內障失明了，永遠在裡屋床上坐著躺著。有時叫我進去給塊點心糖果，我總是拿了就跑，不敢在她那兒多待。我媽脾氣也不好，但對我姥姥是任打任罵從不動聲色，絕對的孝順一輩子。

寄居舅舅家能吃飽，衣服撿表姐們穿舊的，學是斷斷續續上的——我媽是表姐們的「陪讀」，輪流陪著不同年級的表姐們，所以旁聽的課程也是不按程度順序的。「陪讀」可比小姐們念書念得好，活得不易就懂得珍惜，加上我媽聰明，是專爲學習好的那種聰明，也遺傳給了我們一些。「永遠考第一」是我媽一輩子的驕傲，後來再沒「試」讓她考了，她就把希望寄託在我們身上，要求我們考第一，每次我們交回成績，都要聽她說「我上學那時候……」，只不過視我們考的是第一還是第二，口氣有很大不同。

本來預備把我媽嫁人了，我媽背著我姥姥，跑去考了長春師範大學，因爲師範是惟一公費的大學，考上了第一名，我姥姥也就不說什麼了。畢業就去教書，掙錢後趕緊的租了房子，就把我姥姥接出來一塊兒過，終於結束了寄人籬下的生活，母女再也沒分開過。我媽年輕時挺好看的，雖不夠大美人兒，可是有足了健康活潑知識新女性的非常魅力，打羽毛球還打籃球，風頭很勁。後來被同校的教務主任娶到手，生了三個孩子，就是後來我同母異父的兩個哥哥和一個姐姐。據我後來察顏猜測，那應該是十來年幸福的日子。

教務主任解放前夕英年殤逝，不由人不又聯想「命硬」之說。我媽一人支撐五口之家又過了兩年。一九五一年正是中蘇友好的蜜月高潮，北京奇缺俄文翻譯，我媽應聘，得中，也舉家來了北京。與我爸當年不一樣的是，我媽沒有細軟，她把一家人，三個孩子和半瞎的老母親及所有的「粗重」都帶來了，包括桌子椅子書架棋子褥子被子鍋碗瓢盆擀麵杖，還有床，是「老毛子」式的彈簧床，鐵管做的，結實得不可想像。到現在我媽家裡還有一張單人的，我小時候無數次拚命地在上面跳，爲試驗彈簧的質量，相信我的哥哥姐姐們也有過同樣的愛好。到現在，彈簧一根都沒壞！

◇

兩個命中的家終於走到一起來了。我爸我媽一九五二年結婚了。媒人是我姑姑，我姑姑那時好像也在教育部工作，和我媽不是直接的同事，不知怎麼認識了。爸家早沒錢了，也沒資格嫌媽拖著三個孩子和瞎眼老媽，中年鰥寡，很實際地結合成家。我記事後只記得他們的爭吵，我為此質疑過我媽：「為什麼你們會結婚呢？只為著到一起吵架嗎？」媽說：「那時候（結婚以前）你爸可殷勤呢，每次送我回來爭著幫我扛自行車！」說話時很憤然，好似受了我爸「殷勤」的騙，我估計那是他們惟一一點浪漫經驗（其實扛車也就是過一道大門檻兒——我家一直住平房！）。

我媽屬小龍，我爸屬虎，龍虎相遇必有惡鬥，最不宜合婚。好在「虎」爸的命也很硬，再沒性命之憂。「龍虎鬥」從結婚後開始，糾纏了兩人的後半世，也沒分出高低勝負。鬥爭中產生了我二姐和我。

如果說他倆有任何一致的地方，那就是他們都是東北人，而且很引為驕傲，我生長在北京，但從小認為自己是老家哈爾濱的東北人，因為父母一直這麼告訴的，我也挺為此驕傲的，只是不知為什麼。家世則是零星聽爸媽講的，後來才省悟自己原來是滿蒙漢混血——集中國歷史上最強大三民族血統於一身。

◇

我快四歲那年一個很冷的冬天，我爸帶我和二姐去照相館照了相，然後去西單東來順（還是南來順？反正是什麼「來順」）吃涮羊肉，吃得太飽，就走路回家以便消化食兒，從西單到和平門西河沿的家，有六七里地我是一路蹦跳著回來的。第二天就覺得嘴巴裡凝了層厚厚的羶羊油，急得我喝滾燙的水想把羊油化開，還借東屋關大媽的舌刮子刮舌頭，要把「羊油」刮掉（「舌刮子」是一根馬蹄鐵狀的硬塑料薄片，北京老人習慣用它刮掉舌苔，相信比刷牙更衛生）。關大媽說，是喝了太多的風著涼了。從此再不能聞羊肉味兒，順帶著也永遠戒了牛肉，後來我才知道，我爸請我們吃涮羊肉是爲紀念他和我媽的離婚日。我爸搬回了承恩胡同五號。

我和我二姐判給我媽撫養，我爸要付撫養費。允許每兩星期來看我們一次。判決條件一直沒有嚴格執行，我爸經常來看我們，只是不在家裡住了。因爲雙方離婚後都未再婚娶，沒有後爸後媽的威脅，感覺上「爹也還是那個爹，娘也還是那個娘」。他倆連吵架都沒改樣，吵得嚴重時，我媽就搬出法律條文不許爸經常來，於是我姐就帶我去外面與我爸會面，接頭地點經常是在中山公園，我倒是興高采烈。二姐比我大四歲，有眞切得多的痛楚，記得她常對我說：「你還太小，不懂。」搖頭嘆氣，老成沈重的樣子。過幾天媽氣消一些，又默許我爸經常回來，週而復始，循環成了規律。

我爸那時是中學教師，工資在當時算不多不少，花起錢來仍是大少的脾氣，從來沒有花到月底過。他發了工資必定帶我們去吃一頓，我爸不贊成把錢花在買衣服和「沒營養沒用的東西上」，可給我們買東西吃從來出手「闊綽大方」，深得我和二姐的歡心。他老是把應該交給我媽的撫養費耽誤了，這也是一個永恆的爭吵主題。

中蘇反目以後蘇聯老大哥們都撤走了，不用俄文翻譯了，我媽就改教書，看出來俄語沒前途了，她就自學了英語再教英語——比我強多了！是師大講師級，級別和工資都比較高，但她要撫養從高中到托兒所五個孩子！我爸是指不上的。我們所有的衣服都是她自己做，一直用那台從東北帶過來的縫紉機。媽懷著我到八九個月時還每天熬夜到兩三點，翻譯資料以多掙些稿費。全家吃穿用度生活是頭等大事，我還沒出生呢自然顧不上，媽每熬到半夜必會抽菸喝咖啡，她純是爲了提精神從來沒癮，沒想到這兩樣癮後來都成了我的，我熬夜的本事也準與胎教有關。

◇

我根本是計劃外的產物。第一，剛有我二姐，爸媽就鬧著要離婚了，要離婚自然不會再想要孩子，不料鬧而未離的時候又有了我，只是因爲那個年月還未時興人工流產，就僥倖留了我的小命。第二，前面早已有了兩哥兩姐，四個孩子雖不夠使媽成爲「英雄母親」（聽說那時候生孩子越多越光榮），養活起來已經夠嗆了，根本沒打算要我。第三，我剛出生時差點被送人。是後來我學會斡旋，給我爸媽勸架時無意知道的。他們都指責是對方曾想把我送人，不管是誰，指證了確有此事。我非常傷心，在一個下雨的晚上離家出走，被警察叔叔送回家，第二天送回幼兒園。

因爲家裡負擔重，沒工夫沒精力管我，我媽休完五十六天產假就立即恢復上班，熬夜，掙稿費。把我送到托兒所全托❶，後來直接升入幼兒園，還是全托。我從出生五十七天開始過集體生活，從星期一盼到星期六一盼就是六年。星期六下午多半是爸來接我，總是帶著我從河沿遛著彎兒，先去延壽寺街南口的小酒館。他喝的不多但是經常喝一點（我以前以為他酒量不大，後來疑惑，可能是沒錢不能放量喝）。小小的人兒捲捲的頭髮，坐在爸腿上，我是小酒館裡所有大老爺們的寶貝小玩藝兒，都用筷子蘸了酒餵我，我很隨和，來者不拒。晚飯前慢慢往家走，爺兒倆都有點醺醺然。我和我爸很默契，在媽面前從來不提酒館的事。我媽總是奇怪，這麼好動的孩子怎麼每星期六到家就睡覺？

在幼兒園裡想家想得厲害，但是裝著不想，星期一興高采烈地給小朋友們編故事，講昨天都去了哪兒玩，看了什麼動物，吃了什麼好東西，故事裡一定是我爸我媽一起領我去的。我特別希望讓阿姨們最喜歡我，使盡了小心眼討阿姨喜歡，可是管不住自己太愛動，受批評總比受表揚多。有一次犯了錯誤被阿姨關禁閉（忘了是什麼錯誤了），阿姨忘了把我放出來，吃晚飯也忘了交班，直到睡覺前夜班阿姨點卯才發現少了個孩子，我關在黑屋子裡早哭夠了，聽著外面兵荒馬亂叫我的名字，就是不吱聲，終於被從黑屋子裡翻出來，阿姨百般呵護，我不哭不鬧倒把阿姨嚇得夠嗆，我看出阿姨特別不願意這件事讓我爸媽知道，就對阿姨說：「那，您以後最喜歡我行不行？」阿姨滿口應承，之後我很得了一小陣兒寵。 喝槍

可惜，很快又失寵了。有一次阿姨帶著六七個小朋友去廣播大廈（我唸成廣播大柵欄），為學齡前兒童廣播節目錄音，我的台詞最長：「公社有一群小鴨子。」其他小朋友跟著數小日子，一人一只：「一、二、三、四、五、六、七。」我再說「嘎！嘎！嘎！」。早預謀要在大樓裡探險，錄完音，我先溜出來，在走廊裡看見電風扇，轉得飛快，看不清從哪兒開始轉

的，覺得好玩試探著伸手去摸，阿姨及時趕到一把拽開（多虧了阿姨，我十指未損還好好長著），我被拎著領子原地轉了幾圈，見阿姨的臉色知道犯了大錯，可不知闖了什麼大禍。阿姨還對我爸告狀，我爸也著實教訓了我一頓，少有的橫眉立目。從此再沒機會去「廣播大柵欄」做節目。阿姨的眼睛和聲音總追著我，只有木頭似的背手坐在小椅子上時才不受批評。我學會了長時間地看螞蟻，不說話，在心裡編故事給自己聽。

每到星期天在家要瘋玩兒一整天，晚上不願意睡覺，睏極了就用手指撐著眼睛不讓閉上，爲的是要延長在家的時間。無論怎麼努力，星期一還是要回幼兒園。星期一早晨我情緒最低落，於是拒絕走路，必得由我爸抱著送幼兒園，伏在爸的肩頭像坐轎子，希望轎子的顛簸永遠不到頭。

不管別人怎麼想，不管我媽怎麼說，我無條件地愛我爸爸，他講故事特好聽，跟說書的一樣，無論怎麼磨他從來跟我沒脾氣，爸快五十歲才有了我，也最愛我，用他的方式。我繼承了好多他的性格，我會掙錢以後，就越來越明顯像他：對錢漫不經心，也隨了一點他自嘲的幽默。

◇

文革開始以後，學校裡打死了教師，一片恐怖，我爸辭了工作回到「街道」（沒工作單位了，就屬於無業人員，就回到戶口所在的居住地，屬「街道居民革命委員會」管，簡稱「街道」），他人緣好，街道上都是老街坊，不會往死裡整他。他從此一直在街道做臨時工，什麼苦活累活都幹，幹不動了，就給單位看大門。我生病住院時我爸每星期必來看我，絕對是雷打不動的，每次來帶一點山楂糕、冰淇淋之類的吃食，東西不貴，都是我小時候愛吃的，是我爸出力賣塊兒掙來的血汗錢買的。每次一進病房他就大聲說：「這回看著氣色好多了！」只有一次醫院又報病危，他趕來醫院沒再說我氣色好，哭著說：「幼兒（我的小名），你可別走，走了爸也不能活了！」我到外企後就不讓他再幹活，他一直不聽。直到一九八七年腦血栓發作以後才什麼活也幹不了了。他沒有工作單位沒有福利保健，我和二姐負擔他的生活和醫療，可一時負擔不起他的「住」。他一直住的是一間不到五平米的小屋，陰暗潮濕，不能想像是人住的地方，每次去看他出來就忍不住要流淚，那是我最扎心的痛楚。到一九九四年我才買了公寓第一次有了自己的家，我當時住在廣州，遙控著做好裝修，趕快把我爸接來還請了保姆，他已經太老太虛弱了，沒享成幾年福。

最後他住院那段時間，我在北京，能經常去看他，一見到我，他第一件事是從枕頭底下拿出各種報紙給我看，凡有ＩＢＭ的消息都畫出來留著，包括報上登的ＩＢＭ產品報價。一九九七年五月，聽說我要辭了ＩＢＭ的差事去美國上學，他開始特別注意報紙上美國的消息，記住的都是關於兇殺搶劫，他知道攔不住我往水深火熱裡跳，心裡急悶擔心，冠心病急性發作。見我決定留下來，他放心了，一個半月後就走了。

我趕到醫院時沒見到最後一面，他走得突然，並沒受什麼痛苦。但就是不閉眼，最後我貼在他耳邊說：「爸，我下輩子還給您當閨女。」說完抬頭再看，他眼睛就閉上了，周圍有七八個醫護人員和我二姐，大家眼睜睜地都看見了。我一直握著他的手，老是錯覺他的手還有溫度，喊醫生過來再檢查，到底沒能檢查活過來。我送他一直到火化爐的電梯門口，我給值班的大爺幾百塊錢，囑咐他輕一點，務必別忘了把隨帶的照片一起火化，那是我爸最喜歡的一張我的照片。

我爸生而大富大貴，長而窮困潦倒，最後的幾天日子才「沾上了閨女的光」，但他一直知足樂天。我永遠愛我的爸爸，他給我生命，愛我，如有下輩子我還要孝敬他，補上他受過的那些罪。

◇

對比起來，心裡和我媽就不那麼近。我曾認定了是媽差點把我送人，沒送成，就把我從小全托出去，小心眼裡總有怨。後來長大了，明白了媽爲家承擔的責任和辛苦，不再怨了，更懂得該孝敬媽。

我媽從小跟著姥姥寄人籬下，深知獨立的可貴，也形成她絕不求人的剛強性格。同院有個阿姨家境比我家寬鬆得多，愛吃零嘴愛花零錢，到月底常跟我媽借幾塊錢接濟，我媽總是大大方方借給，回頭就說看不起這種人，爲了嘴沒志氣！媽有志氣，從不跟別人借錢，拚命靠本事掙錢，我媽也確實有本事，會日、俄、英三種外語，俄語和英語都是自學的，還能評上師大講師級。有本事，就愛犯「個人英雄主義」，群衆總是有這一條意見，多年努力爭取入黨都未成功。媽不氣餒，繼續積極要求進步，直到文化大革命才徹底斷了想入黨的願望。後來，我們常常調侃媽「個人英雄主義」，她上年紀後不再以此爲忤，只揀了「英雄」一詞來發揮，陶醉於往日的光榮回憶。退休後媽又自學世界語，學得有聲有色，還是世界語協會的理事。她患上老年綜合症已有六七年了，所有的外語都忘記了，連吃沒吃過飯都記不起來了，卻還記得遙遠的「英雄業績」，每當提起，兩眼立即流光溢彩。我祝願媽媽永遠保留讓她驕傲的回憶，因爲「驕傲」能使她快樂，忘掉她受過的那許多苦，未嘗不是一種幸福。

到我出生時，媽要養活的人增加到七口——一老（我姥姥）五小加上她自己！我爸會花錢，貼補家用是指不上的。媽承擔得太重，加上兩度婚姻坎坷，脾氣就免不了急，對孩子管得多，溺愛得少。我在家最小，我媽堅持說最喜歡我，當著哥哥姐姐也不避諱偏心之嫌，說我嘴兒最甜，會來事兒。我很小就學會給爸媽勸架，練就了幾招看家本領：撒嬌，哄，哭，再不然嚷「頭疼」、「肚子疼」。雖然是「文明爭吵」從不動手，但是密度太高了任誰也受不了！後來我眞的有了頭疼的毛病，從六歲左右開始，一激動就頭疼，一直這麼多年也沒好。

我哥哥姐姐都很聰明，唸書都好。而我媽偏認定我最聰明，要爲我特別設計一整套超常發展計劃，爲了讓我全面發展，她打算讓我從五歲練冰上芭蕾，去報名時，考官只看看我就搖了頭：「這孩子頭太大，怕平衡不好，不適宜練芭蕾。」我媽不氣餒，繼續推行下一步計劃，要讓我早上學，然後一級接一級地跳班，早早地成材，最好能成個什麼家。

我一點都不反對早上學，終於可以結束「全托」生活了！而且，我覬覦已久每天一毛錢的「上學津貼」，我二姐都領了三年了！由我爸給發。第一天放學我飛跑回家，我爸豪放地發給我一毛錢，我太闊氣了！早想了多少遍自己花錢的方法，轉身跑到書店，是出租小人書的書店，一分錢租一本能租十本！有時會花三分錢買一根冰棍，一定要小豆的，貨眞價實是紅小豆做的，冰化完了還能有嚼頭。我養成了慢慢吃冰棍和快快看書的習慣，第一年上學眞快樂，只要交出的都是一百分我媽就不管我，我盡情地看小人書，因爲是「最忠實客戶」，還得到了書店主人的VIP待遇：只有我可以坐主人的小板凳看書。後來看京戲總覺得不正宗，因爲臉譜盔甲不符合小人書裡的規範！

好景不長！我的第一個暑假到來，我媽給我幾本二年級課本，要我在暑假內學會二年級功課，我媽早和學校交涉好了，開學前讓我參加二年級補考，務必考過，跳過二年級直接上三年級。暑假本是假期，卻要變成我的刑期，我不甘心！我擠出白天的時間玩兒，鬧鐘一響趕快回家，我媽下班回來準看見我正襟危坐認眞學習。

暑假前還出了個故事。我跟著二姐和她的同學去陶然亭游泳池，人小腿短緊跟她們跑也跟不上，跑得急了腳下一滑，人就平著飛了出去，平著落下來，後腦勺先著地，摔了個中度腦震盪，在家躺了兩個星期。我媽從此嚴令我遠離游泳池和一切水域。後來我特別愛水，愛海，可能是小時候被管制造成的逆反心理？媽埋怨二姐對事故有主要責任，最擔心破壞了我的「聰明」，她後來堅持說腦震盪以後我沒以前靈了，誰也無法跟她考證。出了這麼大的事故，我媽也沒放過我，堅定地要我一個暑假學完二年級功課，必須跳到三年級。

本來一心只想糊弄我媽，不知怎麼就把考試也糊弄過去了，只犯了一個錯誤，把除數擺在除號裡邊了，愣把正確答案除出來了。我於是在一年級的年紀跳到了三年級。

我媽的計劃第一步試驗成功，高興得不得了，拉著我到處炫耀，並向所有人宣布我將繼續跳班直到上大學。我心裡很悲哀，這意味著我上大學前都沒有暑假了，上學時間也要短了一半——只能領一半的上學津貼！我心裡盼著再出個什麼事故，我好不用再跳班了，我只想和別的孩子一樣能在暑假裡痛痛快快地玩！

盼啊盼的，「事故」眞來了，這回事故出大了——文化大革命開始了，我媽再也顧不上逼我跳班了。

◇

比起後面的日子，我的短促童年是無比的幸福！我很快開始懷念我爸我媽吵架的日子，他們分別被關起來，很長時間再沒機會吵了。

第二章　生而自卑

從小聽的都是「惟有讀書高」，我讀書比同學都高，可是不讓我上學了，我還有什麼前途？還能幹什麼？我爸媽是黑的，我也永遠是黑的，是人都比我強……

我和二姐從小都很自卑，爲了我們雙親健在而又支離破碎的家庭，總覺得比別的孩子缺陷很多，從性格和行爲上都受到影響甚至扭曲。我二姐的表現是清高，她學習努力成績總是很好，很大程度是爲了「成績好」比別人強，有清高的資格；我的表現是「驕傲、愛出風頭」，這兩條總是在操行評語上出現。上小學那點課程對我一點不難，跳到三年級也是輕鬆得很。復習只有回家才做，不在學校裡做，不能讓人看見我也需要用功，我偏要顯擺出來我比別人「聰明」，我一點不用功，照樣能考第一。對我來講，考試第一個交卷比考第一還要重要！我們一定得比的孩子有強的地方，爲了彌補心靈的「缺陷」。

跳班到三年級風光了一陣，老師總是用我來鞭策班上的同學：「看人家小同學都能……你們難道不羞愧嗎？」我聽著心裡美得很，故意拿著不在乎的勁兒，那麼「飄著點」自覺挺瀟灑的。甭管是「最小的、最聰明的、最靈的、最快的、最驕傲的」，只要是「最」，我就高興，哪怕是玩兒也要是「最淘氣的、最膽大的」。

小時候形成的性格是很難改的，哪怕是壓制埋藏多年，有機會就要迸發。即使現在是成熟不惑的年齡，我仍改不了要對「最」、「第一」、「第一個……」有原始的衝動追求。我二姐也是依舊清高，清高著她的淡泊。

◇

記不清文化大革命是怎麼開始的，突然一天院子裡擠滿了人，出出進進把我家的東西往外搬，那是媽單位上的造反派來抄家了。我在對面北屋李姨家門檻上坐著，看著全過程。只注意數著記著搬走了什麼，沒記得當時心裡有多少害怕和悲傷，只是一心想著千萬別讓人認出我是這家的孩子。

我二姐承擔著所有的沈重，一直守在家門口，直到東西搬空了，造反派通知我二姐，我媽是「歷史反革命兼現行反革命」，已被革命群眾隔離審查，不准回家。我追到大門口，看著裝滿我家家具的卡車絕塵而去。回到家裡，屋子空了，一下大了好多，二姐一把摟著我接著哭，說：「別擔心，有我呢。」我心裡堵了好多東西，又很空蕩蕩的，又想哭又想笑，說不上來是怎麼個勁兒——到現在我也不明白怎麼會在那個時候會想笑！

幾乎是同時，我爸也被街道革命群衆管制起來了，是我一個表哥趁著一個月黑風高夜偷偷跑來送的信兒，表哥像地下工作者似的，輕輕敲門，閃進來壓低聲音傳達消息，再把門開一條小縫，見院裡無人機警地閃身出門，一點聲兒都沒出。這個情景眞正讓我感到了處境的危險，心裡慌張起來。沒有爸媽在，只有往我二姐身上靠，二姐比我高一個頭，倚靠上去能給我安全感，其實她只大我四歲，連大孩子都算不上呢。下學回來我坐在門口等她，不敢一個人進屋，她回來就再不離開她一步，去廁所也得跟著（公共廁所在胡同口，來回要好幾分鐘，那幾分鐘的孤獨和恐怖是我一個人無法承受的煎熬）。

那時我的三個年長的哥哥姐姐都在外地，一個大學畢業分配在大連，一個在大學裡直接參加「軍訓」再教育，還有一個一九六五年就去了寧夏建設兵團。家裡只剩下我和二姐。長兄長姐誰也顧不了周濟家裡，我爸根本沒工資，幸虧承恩胡同五號同院住著自家兄弟，爸不至於沒飯吃。自我媽被看管起來，她單位上本著革命人道主義，每月發給我和我二姐十塊錢生活費，兩個小孩相依爲命過起窮日子來，一過就是兩年！

一個月十塊錢，養兩條命，即使在那個錢還値錢而命不値錢的年代，再賤的命也難養活啊！二姐承擔起管家管賬的責任，兼做我的家長。管十塊錢的家比管幾十億的家難多了！就那麼筆小賬活活難死聰明的姐兒倆：房租水電三塊多，剩下不到七塊錢，買五十斤玉米麵加幾斤糙米，又去掉六塊多，半斤油幾毛錢，剩下一塊來錢是我倆全月的菜錢——平均一天兩三分錢。最怕天冷，沒錢買煤。

我家的房子是教育部宿舍，是四合院裡的南房，老式房子特別高，夏天涼快冬天很冷。屋子差不多六米乘七米，方方正正的，從四分之三處橫打一道隔斷，裡屋是七八平米一個長條，外屋還很大有二十幾米。抄家以後我和二姐就退守到裡屋，外屋太空了，住著害怕。爲省電只開裡屋的燈，還換了最低瓦數的燈泡。天冷了就早睡覺，幾床被全搭在一起，兩個人擠一個被窩。實在挨不過去了必須生火買煤了，我們倆一起去煤廠買，買的煤不多，爲的是能順手牽羊多撮點煤面兒回來打煤茧（煤茧：煤面加水和成泥狀，趁濕攤平，畫成方格，待乾後敲開，即成大小均勻方形煤塊，供煤爐使用，以取暖）。爐子當然只能生在裡屋，二姐爲了省煤，學會了「燜爐法」，老是封著火，不死不活陰陰地燒著，沒多少熱乎氣兒。外屋是眞正的冰窖，水缸裡總有一層冰，要乒乒乓乓砸一陣才能舀著水。煙筒破了湊合使著，那兩個冬天我們倆沒中煤氣眞是不可思議。

正在發育的孩子本來就能吃，沒腥沒油沒菜，更會餓了。三年自然災害時，我正在蜜罐子裡泡著呢，餓著誰也不能餓著實驗幼兒園的孩子。比全國人民晚了幾年，我到底還是經歷了「自然災害困難時期」。我餓，餓得厲害！在學校整天就盼著晚上「爐邊燒烤」的幸福時光。

我們每天只晚上做一次飯，做晚飯時，二姐終於把炮著的爐子打開，架上餅鐺（「鐺」此時讀「撐」，平底鐵鍋，北方烙餅的炊具），壓抑了一天的火苗在鐺底下跳舞，給屋子添了暖意和活氣。鐺燒得很熱時，滴上幾滴菜籽油，熱油滋滋啦啦發出香味，趕緊攤上和好的濕玉米麵，蓋上鍋蓋靜等十幾分鐘，就可以吃上金黃滾燙外焦裡嫩香甜無比的貼餅子了！我的世界白天是一片饑餓的空虛，只有此刻無比充實和幸福！在我央求之下曾被允許「司油」，只一次就被二姐永遠剝奪了權力——她嫌我多倒了幾滴，油是我們的奢侈品，二姐用油時總是像做化學實驗般嚴謹，她的態度讓我深感菜籽油的神聖（我們不買花生油，專買菜籽油色重味重，是更高層次的享受！）。吃貼餅子時要做三鐺，第一鍋我全吃了，第二鍋再跟著二姐蹭一點，第三鍋是我們倆第二天的早、午飯。我吃完第一鍋從沒覺得飽過，老是覺得二姐的那鍋更脆更香。好多年後一次偶然談起往事，二姐淡淡一笑說：「那當然了，我的那鍋餅更薄，才會更脆。」她的餅本來就薄還要再讓給我吃，她得比我多挨多少餓呢？

我雖不完全了解局勢嚴重的程度，已經很懂事，能忍住不說餓，還會想法子幫忙了。深秋時節是北京人買冬儲大白菜的季節，滿街都是白菜垛，我們沒錢買。我密謀策劃了很久，開始行動了。深秋天黑得很早，我背著書包裝作下學回家的學生，本來是學生，因爲要做「壞事」心裡虛，老怕人家看出書包是空的，故意鬆開鞋帶，走過白菜垛時蹲下去繫鞋帶，看左右無人趕快從地上抓一把白菜幫塞到書包裡（打死也不敢拿整棵的），一路上繫幾次鞋帶書包就裝滿了。我的心狂跳生怕被人當賊拿住。到了家獻寶似的獻給二姐，二姐又高興又心疼，說：「回頭我去撿吧。」我說：「我比你會撿！」輕描淡寫像個老練的「賊」。有了菜我們做了一大鍋白麵片，放好多水，兩個人不用謙讓都能喝得很飽，非常的奢侈滿足。後來還企圖撿白薯，終於沒敢，只揀了兩三回，白菜幫季節就過了，從此「金盆洗手」，幸好沒養成做賊的習慣。

好多年以後我才知道家裡好多次險些斷頓，爲實在沒錢了二姐偷偷哭過多少次，去央求街坊大媽阿姨借幾毛一塊的才能接濟上下頓。後來，二姐永遠不願跟任何人借錢，不願欠別人錢，也不願別人欠她的。她的「錢」哲學正好跟我和我爸的反著，是「能掙多少，就花多少」。我們倆是同胞親姐妹，從小性格有很大的反差，我是熱烈，親近人群，浪漫仗義，不管不顧；她是淡泊，清高，安貧樂富，責任感很強。從小在家裡總是她幹活多，我只管任性地撒嬌玩耍，闖了禍爸媽總要先拿二姐是問，待發現禍首是我，就輕描淡寫輕責幾句帶過，非常明顯的偏心。小時我養了隻貓，特別聰明，起個名字叫「貓妖」，我愛得不得了，就是老忘了它要吃飯的事，貓妖餓了就找二姐，玩兒總是找我，氣得二姐罵貓妖沒良心，可還是負責「沒良心的」飲食。長大後我們各走各的路，有一段甚至很疏遠了。爸媽老了以後都是我倆負主要責任，這才又走得近了。在我心裡，二姐是我永遠的、惟一的同胞親姐姐，我們曾相依爲命，我欠她好多的玉米麵餅子和比血還濃的親情。

◇

餓，不是最難忍的。我從「最聰明的小同學」一下子變成黑崽子。出風頭的事再也不敢想了，我學會低眉順眼，沈默是金——千萬別引人注意！從那時起，我的性格巨變，不愛和人講話，講話時也再不抬頭不抬眼。要等到二十幾年後IBM才訓練成我「目光接觸」的能力，找回來我風風火火的本來性情。

爸是歷史反革命，媽是歷史加現行，我們自然是黑的，不可能沾「紅」的邊，二姐不是紅衛兵，我不是紅小兵，當時學校和社會上是紅的海洋，沒有紅箍走在街上特別扎眼。我找了一塊紅布放在兜裡，放學回家趁人不注意套在袖子上，不是我嚮往參加紅什麼兵，有塊紅色走在街上心裡覺得安全一點，這是我惟一的大膽妄爲，目的也是爲了「千萬別引人注意」。我和二姐除了上學下學，再不出門。街上的紅色如火如荼，只要上街就得遇見打人、遊街的情景。有一次下學，我抄近路回家，走到東北園胡同，前面一堆火擋住了去路，火堆旁跪著兩個人，一個是女的垂著長髮，紅衛兵把書一本一本往火堆裡扔，火苗躥起來直舔兩個跪著的人的臉，我眞眞切切地聽見火燒毛髮的「滋啦」聲，聞到焦糊裡有人油的味兒！回到家我哆嗦了很久停不下來，後來老做同一個噩夢：夢見同一堆火，跪著被燒烤的是我爸我媽。

媽被關押的時間很長，每到發薪日，二姐帶我去領生活費，盼著萬一能看見我媽呢？借的一輛破舊的自行車，二姐騎車帶著我，二八男車❷她蹬起來很困難，腿不夠長只能扭來扭去的；沒有後支架，我直接坐在後輪子上，沒走多遠就硌得生疼，後來在後輪上綁了個小枕頭，改良以後可以勉強忍受。從和平門到大北窯騎車要一個多小時，去時還好，因爲抱著希望，回來時兜裡有了十塊錢，兩個人反而要一道哭著回來，多半是因爲沒看到媽，偶爾見著一兩次更難過。二姐到現在都能歷歷數出各次見到我媽的情景，我只記得清楚一次：

領了錢磨蹭一會兒，眼看又沒希望了，我們倆垂頭喪氣打算往回走，二姐騎上車突然說咱們繞著圍牆轉一圈再走，圍牆挺高的，只有一小段是柵欄，可以望進去，眞看見了我媽！她和一群人蹲在地上拔草，我們不敢喊，眼巴巴地看著，希望她能抬頭看見我們。她拔得很認眞，低著頭只能看見被剪得亂七八糟的頭髮，遠遠地蹲在那兒人顯得很小。我們也不知站了多久，沒引起我媽的注意，引起了戴紅袖章看管人的注意，開始向我們這邊走。二姐拉著我飛身上車趕快就跑。那一次的傷心非同小可，哭得天昏地暗，居然忘了餓，連晚飯都沒吃，直哭得睡過去了。後來我們每次都繞牆一周，在柵欄附近流連一陣，再沒見著我媽，她到別處拔草了。拔草，是造反派專門爲這些知識分子反革命想出來的，別的不會幹，就讓他們拔草，把所有的草都拔乾淨，前腳拔了後腳跟著長出來，草們配合著革命者不斷地生長，來折磨反革命者。我媽的右手感染化膿，還要接著拔，到現在食指第一節明顯缺一塊。右手寫不了字也不能耽誤寫認罪材料，我媽用左手寫，後來左手練出來一筆好字。

我還記得我倆惟一一次的眞正奢侈，那是中秋節。二姐興沖沖地回來，讓我猜書包裡是什麼，我哪兒等得及猜啊，撲過去一看：香蕉！二姐花兩毛錢「包圓兒」了（北京土話，帶兒音；意思是全買了）一大堆爛香蕉，雖說爛了點兒，可畢竟是香蕉！我們晚飯就吃香蕉了，爛的地方只要是甜的，都吃了。吃完，二姐叫我一起賞月，我家裡屋只有一個一尺見方的小窗子，高高的，還有幾根鐵杆，很像電影裡監獄的窗子，看不見中秋月，只有清冷的月光。賞著賞著就又哭起來，哭著還讀詩——

二姐：床前明月光，

我：疑是地上霜，

二姐：舉頭望明月，

我：低頭思爹娘。

我們相依爲命地活著，只是活著，沒有了驕傲，沒有了尊嚴，也不再做夢。

◇

過了兩年，媽終於回家了，她的正式工作仍然是寫交待材料。我們倆瘦骨伶仃長高了許多，更顯得媽黑瘦矮小，爸比媽受的折磨輕一點，他及時辭工回街道，證明是絕對英明之舉，他同事的老師後來被打死了，也是歷史反革命，「歷史情節」比我爸輕得多呢。那一段時間家裡很安靜，爸和媽也不太吵了，說話都壓低著聲音。媽的工資仍被扣發一大半，但是比十塊錢多。這時我爸也能經常掙些臨時工錢，多少要看活兒累的程度，一天八毛到一塊二，我爸現在知道珍惜錢了，花錢很省，還主動交給我媽一些。爸一直保持樂天，會繃起胳膊顯示幹活練出來的肌肉，得意地跟我們自誇自封自己是幾級瓦工……爸仍回承恩寺住，但差不多天天來，家倒是更像家了。有了爸媽的生活是好多了！我們不用再挨餓。

我畢竟才十來歲，偶爾忍不住淘一回氣，都是偷偷地。只有一回鬧大了——

我們家院子是原來的師大宿舍，住的知識分子比較多，紅五類少，家長都囑咐孩子不許去胡同裡玩，怕惹禍招事。院子裡孩子不多，同年齡的只有我一個女孩，我自然就隨著男孩的遊戲習慣，比如彈球、拍三角。「三角」是用菸盒疊成的，放在地上，拚命地在旁邊拍，看誰能把三角拍得翻過來。

還有一項是我們最喜歡的，上房。只是風險比較大，誰家的大人都不允許，玩的機會比較少。一天下午，各家大人都不在，我和三個男孩就上了房。四個孩子差不了一兩歲，只有一個比我小。在房上坐了一會兒，大家都覺得沒勁，我動議冒險遠征，大家都躍躍欲試但都有點怕，我說我帶路，隨便揮手一指，就帶領隊伍向著那個方向出發了。

我儼然是領袖，前頭領路還要照顧著全體不要落伍。北京的老房子都是人字形的屋脊，兩面坡度很大，爬著不容易走著更難。我嫌匍匐前進太慢，決定直立行走，跨著屋脊，兩腳擺成八字就著斜坡，兩臂張開保持平衡，很像走鋼絲的姿勢，懸得很，但是一溜煙就過了一座房，比爬快得多，說不怕是假的，但是非常刺激好玩兒！我的部隊沒人敢照我的樣子，但是我示範的高難度動作，起了大大鼓舞士氣的作用。就這樣，我走著，他們爬著，經過了許多房子和院子，來到一處，聽到下面熱鬧喧嘩，我們都趴下來往下看，看起來是個大操場，有好多學生。蘊生（我們中間最大的）嘀咕：「這地方怎麼眼熟？」正在這時被下面人發現，一聲喊，大家都抬頭往上看，我低喊一聲：「不好，撤！」——我看見了蘊生的媽！原來我們到附中走平路要十五分鐘左右，我們眞算得上是遠征了。

我們撤到一處背靜的房上，蘊生很沮喪，我鼓勵他說說不定你媽沒看清楚，先不必發愁。我們按原路撤回，路上經過一個空院子，我下到院子裡，他們在房上接應，搬上來兩個醃菜罈子，我執意要把罈子運回家，爲紀念我們的遠征。下去容易上來難，我險些被困在空院子裡。

泥猴似的到了家，天都快黑了，在家等著我們的不只是蘊生的媽，還有我媽和街道革委會委員大媽，沒等逼供，我先招了：「我出的主意，我是頭兒。」一蘊生他們罪過輕了點，都跑我這兒來了。委員大媽把罈子沒收了，嚴厲教訓我媽不許亂說亂動，也得管住孩子不要亂說亂動！我被媽罰站，只能在屋子外聞著各家晚飯的香味兒。情節太嚴重，連二姐也不敢徇情枉法給我送點吃的。覺著站了一輩子了，才被允許進屋，我媽沒再說我，她在哭，我一下也哭了，說再也不敢了，我不敢再惹禍了。

◇

從此，我再也不淘氣了，開始「吃書」。能摸得到的書我都看，看得飛快。我從小就愛看書，只有看書時能安靜下來。飢寒交迫的兩年沒顧得上看書，也沒書看，後來又抄了一次家，書連同別的都被抄空了。這時二姐和她的同學不知怎麼找的秘密通道，去師大圖書館「借」書。圖書館前門有大封條封著，攔不住幾隻小書耗子來回搬運了好多禁書，是眞的借，偷運出來，還要自覺偷運還回去的，一來一回增加了一倍的風險。秘密被我發現，我死纏爛打，苦苦哀求，還以告密和絕食相威脅，終於被允許加入秘密讀書小組。

中學生們當然優先，我只能排在最末，在幾個人中間竄來竄去，看誰一放下書趕快撿起來看一會兒，正主兒一伸手，乖乖地交出去，又像小狗找骨頭似的尋逡下一個機會，經常是幾本書跳著看，速度是最重要的，遇見生字就猜過去，不查字典怕耽誤功夫。我突然又有了書看，一下進入痴狂的「吃書」境界，根本不管消化不消化，一本接一本地吃，《紅樓夢》、

《俊友》、《三國演義》、《十萬個爲什麼》、《羊脂球》、《鏡花緣》、《福爾摩斯》、《小五義》、《圓桌騎士》、《封神榜》、《一千零一夜》、《西遊記》、《紅旗譜》、《水滸》、《紅與黑》、《青春之歌》、《尼摩船長和他的兒女》、《離婚》、《簡愛》、《駱駝祥子》、《交際花》、《高老頭》……甭管是什麼，通吃！有的書是絕對封鎖不准我碰的，那就要靠機智和膽量了，連《金瓶梅》都偷著囫圇吞了半本，淨顧著別被抓到了，食而不知其味。當時最愛的是《紅樓夢》和老舍，翻來覆去看過很多遍，到現在還愛。別的都沒太消化，後來很多書都重讀過了，讀書的習慣從此根深蒂固，吃書猜字的毛病也很難改了。

十四歲時我自認爲已經博覽群書，決定要開始寫自傳體長詩，寫的都是風花雪月，是現實社會滅絕了的東西，直寫完兩本日記本，本子是緞面的，可高級的那種。寫長詩我有意境——我正在嘗試我的初戀，對象是男籃隊長，當時我是師大一附中的女籃主力，因兇狠狡黠而得外號「貓」。少女隊友們都認爲男籃隊長很帥，簡直「帥呆了」。沒想到我們倆眞好起來了——我是女籃隊員裡最醜的一個。長詩的創作被粗暴地中斷——被我媽發現了，嚴厲批評我思想不健康。我悲憤交加，學著黛玉的樣兒焚稿葬灰，從此不讀詩，不寫詩。

秘密地看禁書，秘密地談戀愛，神魂顛倒，一點沒耽誤了學習。這時我已經初中三年級了，學校又恢復了上課和考試，考試我還是一定爭第一名爭第一個交卷。打籃球，學習好，自信心稍稍開始恢復……當頭又是一棒，險些置我於死地。

我初中畢業時，學校已經恢復高中了，但是要「擇優錄取」，擇不上的就要插隊或待業。

老師同學家人街坊，所有人都對我抱絕對的信心。考試我拿手，還是「飄飄地」每科第一個交卷。成績公布之日，師大附中校門口布告欄上貼了兩大張紅紙，我不慌不忙先看成績單，我不在第一行，是全年級第二名，因爲「政治」是答卷加評語，評語綜合個人表現和家庭背景，我答卷滿分，加上評語以後政治成績被綜合成「良」＝80分，總分也就被綜合成第二名，這是我估計到的，已經挺滿意。再看「擇優升學」名單，直看到人都散盡，站得腳都痲了，也沒找到我的名字——我失學了!!

從小聽的都是「惟有讀書高」，我讀書比同學都高，可是不讓我上學了，我還有什麼前途？還能幹什麼？我爸媽是黑的，我也永遠是黑的，是人都比我強……我陷於迷亂，我想死。我天天去中山公園看著河發呆，我不會游泳，跳下去準能淹死一了百了。我沒機會跳，我媽和老師天天盯我的梢。過了最亢奮的危險期，我進入木訥狀態，什麼都無所謂，什麼都不想了，叫吃飯就吃飯，沒人理就呆坐著，當時離精神分裂也就半步之遙吧。

◇

待業了半年才漸漸恢復一點，徹底埋葬了讀書的夢。我想要自食其力，先跟西屋阿姨學畫彩蛋，一個月就畫得有模有樣的，阿姨拿了一個我畫的仕女混在她的作品裡去交活兒，人家沒看出來都收下了，西屋阿姨給我拿回來五毛錢，這是我掙的第一筆錢。

有了基本的「謀生」手藝，我沒忙著掙錢，四處亂撞想找一個「更好」的工作，先拜了個河南師傅練武術，下腰摔叉練得很苦，終未考上體育學院；又拜了個師傅天天去公園喊嗓子，想考文工團，海政空政我都去過，人家先問家庭出身，絕了參軍的僥倖；最後一次考的煤礦文工團，老師很和氣，還彈鋼琴伴奏，我唱了「打起手鼓唱起歌」，老師說這孩子可以照著女中音培養，希望的火苗騰地躥起來，很快又到了「塡表」一關，我死盯著家庭出身，父母政治狀況兩欄，認淸了我的命運，我是眞的沒希望了！

老師心疼我是好學生，無力讓我升學，但給我辦了「因病留城」（「擇優」要聽軍宣隊的），老師是怕我去插隊「把好孩子毀了」。人人認識我是籃球隊員，要「因病留城」，只能找了個荒謬的原因：高度近視。爲此老師還被軍宣隊叫去質詢：「難道近視到連農活都不能幹嗎？」不知老師是如何應對的，反正我留下來了。待業一年多，分配到街道醫院當護士，其他待業同學都分配到副食店，黑白鐵修理鋪去了。老師爲我費了多少苦心，擔了多少風險，才爲我爭取到這個在當時最好的工作。

我感謝老師，感謝這份好工作，我第一次領學徒工工資是二十三元，心裡竟然很喜歡，那時我差兩個月才十六歲，老成得沒人能看出是童工。刷針管、刷廁所，搞衛生、學打針、放射科、病房……安安靜靜勤勤懇懇做我的工作。其間，初戀結束，開始另一段孽緣，恢復高考時，本來已經複習到差不多的火候了，我爲個「情」字罷考，我媽氣得要殺要打要驅逐還以死相脅，我到底是沒考，只爲了讓我愛的人心安。看著我姐上了人民大學，我說不後悔也眞的不後悔，我付出，得到了當時於我是最寶貴的東西，值得。付出，得到，失去了，想再得到，就再付出罷了，這本來是人生價值實現的輪迴。

後來，我生病了，一病四年，躺在病床上是專家、醫生、實習生的活標本，報了三次病危，沒死又活過來了。我的野性全收了，夢沒有了。除了自卑地活著，我一無所有。

第三章 敲門

我已經奮鬥爭取到文憑了，那雖只是張站台票……我會不停地試著登上新生活的列車，先上車，後補票，只要是往前走就行。

我的生命裡有兩件最大的偶然，一是出生，二是生那場糊塗大病，這兩件事完全不受我的支配。除此之外，多大多小的事兒都是自己的選擇，這也就斷了埋怨別人懊悔自己的後路。

到了一九八三年底，四年大病死去活來糊里糊塗說好就好了，再生的不易使我重新審視生命，要改變生活的激情一發不可遏制。「病中方四載，世上已千年」，突然發現世道變了，好像除了我的椿樹醫院哪兒都開始要「大專以上文憑」!要想改變生活,拿到文憑是第一件必須做的事。這時考大學仍有可能，但是上學太貴了，上學需要的四年已經用在生病上了;學費再低也是錢，沒了工資還要搭生活費，我承擔不起。我只能用最快最省的方法:高等教育自學考試。

花兩毛錢坐一個多小時車到南菜園考試報名處，問人家哪種文憑考的門科最少，就選了英語專科，就手交了十塊錢第一門考試報名費，是「大學語文」，三個月後考。轉身去了郵電學院找在那兒教書的大姐夫借書，抱回來兩尺厚的文學、哲學、政治經濟學、馬列理論，應有盡有，自己只需要買英語課本。同樣本著「快、省」的原則，買了許國璋四冊課本❸，比《靈格風》之類的便宜多了，重要的是電臺正在播著廣播課程，跟著收音機就可以學，最省錢。

自學考試一年考兩次，三月和九月各考不同的門科，我打算要趕上所有可能的最早考期，先仔細研究了考期安排：第一期一九八四年三月與我相關的還有英語第二筆試，但我只能報大學語文，英文還沒學呢！看好了第二期一九八四年九月能考三門：哲學、攻治經濟學和英語第一筆試。一九八五年三月能把英語第二筆試連其他的一起考完，英語口試要到二筆試通過最後再說。一年半，看起來是最快的可能了，就照著這個目標做了！準備齊全，我開始了我的第一次修煉。

◇

我像個吝嗇鬼掰分掐秒在算計時間：一天二十四小時，二小時要花在路上，我住在工人體育場附近，到南城琉璃廠上班路上怎麼也得兩小時，坐公共汽車也省不了時間，還是騎自行車省點錢，四小時連睡覺吃飯在內的一切生理需要，去廁所時是可以看書的，時間不會「浪費」！八小時工作是鐵定的，一天只剩下十個小時學習。怎麼算怎麼不夠，我就設法「偷」時間：盡可能多地換成病房夜班值班，病房不大，沒有重病人，半夜病人都睡得挺踏實。從凌晨一點左右到五點能偷出來四個小時！而且，下了夜班白天就名正言順是自己的了。那一年半我少說上了一半的夜班。我的身體奇蹟般地經受住了疲勞極限試驗，我惟一擔心的是頭髮，經常拉拉新長出來的頭髮看是不是還結實地長著，頭髮也爭氣，再沒脫落的跡象。那時的搏命經驗，爲以後十幾年外企生涯打下了功底。

學習眞的是苦，但因爲是自己選擇要做，也不怎麼覺得苦，倒是讓周圍的人看了害怕，家人和朋友良言苦口勸我悠著點兒（即小心點兒），「再病倒了怎麼辦？」他們口上這麼講，心裡還有一層意思，不太相信我能做成什麼就更爲我不值。我的回答也簡單：「反正再病倒之前我得活一回！」我心裡早想定了，萬一再病倒，我絕不再做行屍走肉了，就自己了結了算了。我的那場病確實有點怪，四年愣是沒能確診，已經成了幾個北京大醫院血液專科的研究專案，名醫們會診很多次，就在我病床前爭論，有的堅持是白血病，有的不同意，說更像再生障礙性貧血，還有一派要按骨髓瘤治……我躺在床上聽著聽著也就無所謂了：反正哪個都是不治之症！治療方案換了無數，不變的是每星期往裡輸血往外抽骨髓（化驗），病危報了三次，頭髮也脫光了，突然說好就好了！醫院窮追不捨了很久要跟蹤觀察，我拒絕配合，再也不去醫院覆查了，醫院是我的傷心之地，再說我也沒時間了。

我的學習計劃完全配合考試計劃，考語文之前只念語文，考完語文立即「轉台」，強迫自己不得再想任何語文考題的事。到家就開始哲學、政治經濟學，幾天後感覺哲學稍微「容易」一點，就把時間多分點給政治經濟學。苦也是做，樂也是做，不總想著苦，我還確實從學習中嚐到了樂趣，原以爲從小看了那麼多的雜書，考語文總沒問題，這次才認眞地學到最基礎的基礎知識，開始眞正欣賞中國語言的魅力；剛開始時怕死了哲學，但是背著背著竟眞覺出點道理，居然還「開小差」要套回生活裡的問題思考幾回；政治經濟學也很有意思，只是到社會主義部分就怎麼也理解不淸楚，只能死記硬背。所理解的、生背的，都成爲我寶貴的知識基礎，在進入現代商業和IT行業的陌生世界以後，自學得來的知識鑰匙常常幫我去理解。從這一段自學經驗，我不僅得到了些知識，最大收益是我學會了制定目標、專注和自覺自律。

◇

這幾年常有人問：「當時什麼動力能使你如此刻苦地自學？你的遠大理想是什麼？」

「只有兩個原因：我實在想換一個與健康人打交道的工作（病癒之後我再也不能恢復職業的冷漠，我曾是病人，再看見病人比病人還痛苦）；還有，我眞的窮怕了，想掙多一點錢。」我的回答常讓人失望，但那是眞的。四年生病一直拿勞保工資每月三十元，生病的人總給健康人添麻煩自覺理虧似的，不願再向親友有任何非份求助。憑一天一塊錢活著，把錢算夠了一點也不容易。在我重新上班的時候，發現四年前的鞋都小了（生病四年只穿拖鞋把腳放大了！），可我買不起十幾塊錢的一雙鞋，不得不擠著腳上班，後來買了新鞋（就是我到長城飯店上班穿的那雙眞豬皮鞋），不怎麼捨得穿，還是要經常穿小鞋，也潛意識地「臥薪嚐膽」，趾痛連心不斷提醒我「錢」的重要。那就是我當時最大的「理想」。今天的理想是：把優秀的外國企業做成中國的，或者把中國的優秀企業做成國際的。放在十四年前，打死我也想不出來。雖然當時的理想太「低級」，畢竟有了初始的追求，沒有這一步，到今天可能連夢想的資格都沒了，別提什麼遠大的理想。

◇

一門一門地啃，幾門幾門地考，竟然全部按計劃通過。到一九八五年三月，只剩最後一門英語口語考試，安排在六月還是七月記不清了，我離文憑只有一步之遙。十四個月應該算「快」了，「省」是絕對的，我算了算：買書＋報名費＋收音機電池＋公共汽車票（電池是必要的，因爲要每天聽一小時許國璋《英語》。逢考試時我坐公共汽車，不騎自行車以保持體力），全部費用不超過人民幣一百五十元，這多半能上金氏世界紀錄了吧？眞應該熱情謳歌中國教育的奇妙體系，它給有志自學者實實在在的機會。學不成一定是自己的事，別抱怨沒機會。

學習靠刻苦，靠持之以恆，如果能靠上些天賦就更好了。說起來有點滑稽，我考的是英語文憑，卻在英語上花的時間最少，我在初中裡只學了用英語喊革命口號，十年後開始自學時已經連口號都不會喊了。我要先趕著其他科目的考期，只給英語留下每天六十分鐘。許國璋教程每周講三課，一三五講新課，二四六復習，星期日總復習一周課程。我每天聽兩遍廣播課程，等於每一課聽了四遍，在聽的同時，大聲跟著念每一句話，哪怕廣播裡說的是「請翻到××頁」或是「今天就講到這裡」。跟著念有兩個好處，即鍛鍊了發音語感，又必須全神貫注，結果效率極高。到考下文憑時，全部學習英語的時間不過是十六個月每天一小時聽廣播教程，正好學完許國璋四冊。一九八三年十一月開始自學時廣播裡正講第三冊，我不管也管不了順序，就倒著學完了。我對英語的組合規律似有天然的敏感，念出來，也就「看」到了，記住了寫法，從未花任何「額外」時間背生詞、記語法。比起其它門科，英語簡直是不費吹灰之力。原爲最快最省挑了英語專科，誤打誤撞碰上了自己的天賦。這要感謝我媽媽把語言天賦給了我。我堅信每個人都有天賦，只是並非每個人都有機會發現、發揮自己的天賦。我最後走成了職業的路，不知道是否因此永遠沒機會發掘其它的天賦？

◇

我快要拿到文憑了！下一步目標很明確：盡快換一個「好」工作。計劃還沒想好，可以慢慢想著，我先揀起了第一塊敲門磚。

一九八五年三月底的一天，看到《北京日報》上一則北京外國企業服務總公司招聘廣告，招聘英、日、德各語種人才，將外派至駐北京的各外國商社，學歷要求大專以上文憑，方能參加外企服務公司另設的考試。「北京竟然有外國商社？」一打聽才知道都是在涉外大飯店辦公呢，怪不得我不知道。心裡想肯定沒戲唱，也就沒有患得患失的負擔，興致來了，就拿這個做一次求職練習。正上著班，找不到正式信紙，就拿一張處方紙寫了求職申請。因爲是第一封求職信，也是迄今惟一一封，所以還記得大概。(不知外企服務公司檔案裡會不會還存著？)

尊敬的北京市外國企業服務總公司人事部領導：

本人吳士宏，現職北京宣武區椿樹醫院護士，自學英語，除最後一門英語口語以外，已通過成人高等教育自學考試英語專科所有規定考試。由於成人高等教育自學考試考期緣故，我要到×月後方能參加英語口語考試並得到英語專科大專同等學歷文憑，特申請報名參加貴公司招聘考試，望能予以破例考慮，文憑後補。

隨信附上免冠一寸近照一張，如貴公司對本人申請不予考慮，望賜還照片爲感。

敬啓者　吳士宏

一九八五年三月×日

一個月後，我得到外企服務公司通知，去參加考試。

先考英語筆試。外企服務公司的英語考試每次都是臨時命題，出題的易老師曾經在牛棚蹲過八年，把《牛津大辭典》倒背如流，出題時天馬行空從天文到地理，不定落到哪個科目上，聽說考出的題能到六十分就是很不錯的成績。我記得那天考的中譯英是國際新聞，我每天聽國際廣播電台英語廣播，做起來很順手；英譯中難出我一身汗來，是關於農業的，許國璋四冊裡沒講過農業！

無論如何，又接到了口試通知，又是一身汗！我還沒做過任何眞正的英語對話練習，我的口語只是跟著收音機鸚鵡學舌而已，別管收音機裡念什麼，我都大聲跟著念，練出來字正腔圓的發音，可發音和眞正的口語能力是兩回事！幸虧還有兩星期，我立即看報紙找口語班，決定報名參加國旅（中國旅行社）的業餘導遊英語短訓班，這個班能配合我上班和考試的時間，而且如果能考上只用交很少的錢（條件是學成後要爲國旅當業餘導遊，也只能掙很少的錢）。也是先考筆試再考口試，考完一個星期沒回音我就急了，要是沒考上我可沒時間再找別的轍了！氣急敗壞之下我給國旅打電話，說考不上你們也應該早通知我呀！得到的回答是你不用上口語班了，可以直接上團了（你說許國璋英語神不神奇？！後來凡有人問如何自學英文我必定力薦許國璋）。

本來要先跟著正式導遊見習見習，臨時旅行社裡調度不開，就讓我一個人直接上了！帶的是美國西雅圖一個高中合唱團，二、三十個高中生加老師和家長，算挺大的旅遊團。那是我生平第一次去北京機場，不但怕接不到團，還怕把自己丟了，總算把大家安置在大巴上，我站在車頭「導遊位」上，拿著話筒就是不敢轉過身來，我的第一句詞兒是「歡迎大家來到北京潮白河」（車過潮白河時我才說出話來），滿車人急忙翻手裡的中國旅遊手冊，估計在查「潮白河」是什麼名勝。對我的破英文他們一點不挑理兒，還爭著教我。我白天熱情服務帶他們去八達嶺故宮，晚上回醫院上夜班，當了三天的導遊狂練了三天口語。臨走時大家難捨難分，學生們一致通過送給我一個英文名字：Juliet，我一直用著，也是紀念感謝我碰到的最純樸厚道的美國人民。

◇

送走美國人民第二天，去外企服務公司考英言口語，考試順利極了，最後考官問了句會不會打字，又嚇了我一大跳！我沒見過打字機，但偷偷看了屋裡沒有像打字機的物件，問了考官說今天不考，我就說我會，心裡說我馬上就學會不能算撒謊。衝出去借了二百塊錢買了台打字機現練，兩個星期練到手拿不了筷子終於練成準專業打字技術，最後也沒考，有驚無險。幸虧被錄用了，要不得多久才能還上打字機錢呀。不過值了，有道是藝不壓身，幾個月後進了IBM，我暗自慶幸先學會了這門手藝。

再一個月後，調動手續完成。（在當時，調動工作不是件容易的事，必須得到員工單位的批准。）調動過程中我接觸了小雷，他是外企的人事經理，走路說話像颷風打雷，頭一眼就告訴人他當過十幾年兵，特好特優秀的一個人，我們到現在一直是好朋友。他後來也「外派」了，也是自學的英語！稍微熟識一點以後，小雷講給我聽，爲什麼外企服務公司會對我「破例考慮」。

「外企服務公司人事部每天收到上百封求職信，都是打印的，乾淨漂亮，還有香水信紙呢，沒看過用處方紙寫的，沒文憑，還要還相片？！大家傳看了一遍照片議論了一圈，誰也沒看出來這人憑什麼這麼狂，就說把她叫來考考，到底看看是怎麼個人兒。」原來是這樣我才能有考試的機會啊。

我趕忙解釋：「眞不是我狂，我哪敢狂啊，我就那麼一張能用的相片，還是現從工作證上撕下來的。心想您留著也沒用，就順手寫了『請賜還』，也沒多想。」我當時沒告訴他我還想用那張照片繼續求職呢，要照新相片又得花錢。要說那張照片實在是慘不忍睹，是我病癒剛上班爲補工作證照的快相（上面印著騎縫章，用酒精棉擦了半天也沒擦淨），四年激素吃出來的「滿月臉」（醫用術語）橫比豎寬，還有黑框眼鏡從中再加個隔斷新長出來的頭髮也就兩三寸長，用火剪燙了爲能伏貼著點兒，可是沒燙好，有大圈有小圈，挺怪異的。我記得小雷說話時上下打量我，估計心裡說眞人比相片也強不到哪兒去。

好險！我是無知又無畏僥倖走成了個偏鋒。如果先知道考外企的多是些外貿、外語學院的本科畢業優秀高材生，我可能根本不敢動念頭了；如果看了求職大全或者諮詢了專家意見，我的求職信可能與大家的一模一樣，引不起好奇引不起注意；如果不是熱心腸又有幽默感的小雷拆讀了我的求職信，換個人可能一笑就丟到一邊了；如果我自學考試再拖上個半年就趕不上「這撥兒了」（此處應用天津話念）；如果……如果……我眞是幸運，第一磚就引出塊玉來，那在當時可是多少人嚮往的和闐玉啊！但是，不管有多少的偶然，有一點是必然的，我已經奮鬥爭取到文憑了，那雖只是張站台票，但是我用命掙來的，考不上外企我還會不斷往別處寄我的照片，我會不停地試著登上新生活的列車，先上車，後補票，只要是往前走就行。

在當時調動工作單位不是件容易的事，必須得到原工作單位的批准。申請調動工作時醫院領導誠懇地挽留我，因爲我病癒上班以後工作努力挺模範的。我努力工作是因爲知道了能健康能工作是多麼的不易；自己病過一回，知道病人有多麼痛苦，對病人的態度也就好了。有幾個街道的老人常來打針，專門找我，我換班時他們能坐在生硬的木頭椅子上等我很長時間，或者先慢慢走回家，等我上班再慢慢地走來找我打針，專爲「像菩薩似的姑娘下手輕，語音兒軟，心疼人」。有一度差點被宣揚成「身殘志不殘」的典型，我直勁兒說：「我不是眞殘，我不夠格。」總算死活給謙虛過去了，我好不容易做回個健康的人，忌諱殘啊病啊的。院長告訴我醫院對我很重視，正準備提撥當護士長，還鼓勵我應該盡快交入黨申請書（院長兼著黨支部書記）。

我想著十年了沒給醫院做什麼貢獻，倒是花了醫院和國家大筆的醫藥費，四年裡輸過一二百次血，每次至少兩百毫升加起來得用桶拎，那是多少錢啊，眞的是黨和國家給了我第二次生命。我也欠椿樹醫院的情。院長是好人，對我是一片好心，對他我說不出一句硬話，只能軟磨。我決定實行「賄賂」，買了一瓶最小裝的果珍❹，每天去「一樓半」（後來加造的夾層）的院長辦公室給院長沏果珍，沏到第七八天頭上，院長長嘆一聲說：「我牙不好，不能喝酸的！」

一番諄諄囑咐加祝福之後，放我走了。我也說了很多感激的話，我對院長保證會努力工作，也會努力爭取入黨。雖然今天還待在黨外邊，可我一直都在努力工作，努力進步。院長，您放心。

◇

一九八五年五月底，我調到北京外國企業服務公司。當時在華在京的外國商社沒有獨立註冊的法人機構，都是「代表處」，代表處的職能只是聯絡和「代表」總公司在華發展業務，而沒有直接經營權和當地人事權。所有外資商務合同只能在境外簽署；外國商社和外國人要雇用本地雇員，只能通過外企服務公司，程序是外方向服務公司提出所需人才的基本要求，由服務公司推薦給外方，如面試合格，服務公司與外商、外國人直接簽訂合同，並直接接收所有外派雇員的全額工資。本地外派雇員的眞正單位是外企服務公司，工資是服務公司發的，是職稱工資加上外派工資提成❺，比如我剛去時，工資是五十六元（大專工資水平！）＋外派工資百分之十＋書報費、洗禮費之類的。當時我已經太知足了。外派工資提成標準一直是外派雇員和服務公司的矛盾，七年後我脫離服務公司成爲ＩＢＭ的正式雇員時，服務公司已經把外派工資提成增加到百分之四十。我倒是一直沒對提成太低有太強烈的抱怨，因爲我心裡感謝服務公司對我的「知遇之恩」。再說，服務公司還管著我們好些事兒呢，福利醫療、出境簽證，保護我們在外商公司的權益不讓我們受欺負，還有政治學習組織關係等等。

所有新員工都要先參加服務公司的外事紀律教育，講的是愛國主義、對洋人不卑不亢、外事禮儀等等，當然也要講反面事例，我奇怪爲什麼會有人端著金飯碗還會貪圖那點蠅頭小利。經過一個月的教育，給我留下的最深印象是，每個人都必須努力把自己「派」出去，如果三番五次經推薦而不能爲外商接受，或是三番五次被外商退回來，服務公司是不會總爲你捧著鐵飯碗的，別提「金」的了。這時我又想起院長的提醒：「你要想清楚，你可是要扔了你的鐵飯碗啊，外企可是個競爭激烈的環境……」我除了自學和自己較過勁，跟誰也沒競爭過，我心裡越來越害怕，可是已經沒退路了。

六月底，人事部通知我第二天面試，是一家叫ＩＢＭ的美國公司，職位是辦事員，工作內容是行政勤務。面試之前領導都要談話，通常是鼓勵加壓力，督促要最好發揮爭取能讓外商看上，好能派出去（我們私下裡自己說「賣」出去）。領導對我談的有點特別：「這次很有可能派不出去，你只管好好做，不要有壓力。」再聽領導介紹，才明白爲什麼只有鼓勵沒有壓力。這個ＩＢＭ公司特別傲慢，對本地雇員非常挑剔，連續退回幾個服務公司推薦的辦事員，最近揚言說如果服務公司再不能推薦合格的人員，就要向上反映爭取直接向社會招聘，與服務公司的關係更加緊張。我仔細聽了以後，心裡輕鬆了點，萬一通不過領導也不會怪我。

第二天下午，我被領到會談室，心怦怦跳得自己能聽見。這和我見過的惟一一群美國人不同，那是高中生旅遊客，這可是眞的美國老闆！屋子裡坐了六七個人，多是我認識的服務公司的人事部領導，只有一個人不認識，是華人面孔，這一定是ＩＢＭ公司的老闆了。我心裡暗喜，華人應該能講華語吧？領導介紹這位是邁克・李先生，是ＩＢＭ公司的經理；這位是吳士宏小姐，由服務公司推薦應試辦事員職位。現在請雙方交談。

我趕忙先說：“How do you do?”（您好。）我使個小聰明，萬一他接碴用中文就好了。

李先生用英文。後來知道他是夏威夷人，是華裔，但已經在美國第三四代了，娶的太太是義大利裔的美國人，根本不懂中文。我和小雷猜他家第一代可能是「賣豬崽」去的，不管小雷怎麼慫恿我，我永遠沒敢問邁克・李，我們的猜想一直不得證實。李先生連問候都沒有，第一句話就是：

“Do you know what kind of company that IBM is?”

（你知道IBM是家怎樣的公司嗎？）

「很抱歉，我不清楚。」完了，第一下就砸了！可是領導沒告訴我，我眞的不知道，這回不是打字的問題可不敢瞎說。

“Then how do you know you're qualified to work for IBM?”

（那你怎麼知道你有資格來IBM工作？）

邁克・李說話時根本沒看我。

「你不用我，又怎能知道我沒有資格？」我的話也挺衝的，脫口而出。

怎麼這麼說話啊？瞧不起人也別這麼過分啊。不管是IBM還是MBI公司有多大資格，找的不就是個辦事員嘛！我可有點生氣了，又接著用英文說了挺長一段話（後來別人發現，我一生氣英文就講得格外順溜），大意是我以前的同事和領導都相信我有能力做更多的事（我說了我們院長要提拔我當護士長呢），我能通過自學考試就是能力的證明，如果給我機會，我會證實我的能力和資格給你看。ＩＢＭ公司或是別的公司如果用我都一定不會後悔。反正這回派不出去領導也不會怪我，我挺驕傲地「氣節」了一回。

後來想想邁克・李也有道理，人家先看了我的簡歷，確實找不出來什麼「資格」。等到我當了經理面試別人時，還不是先看簡歷看「資格」嗎？只是我後來面試別人時從來都注意措辭、態度，包括肢體語言，不能傷害別人的自尊心。

在我說話時，李先生一直面無表情，使勁咬著鉛筆，一隻腳高高地翹在另一張椅子扶手上。在我和在座的服務公司領導看來，是一派傲慢無禮。我說完後，李先生說謝謝，沒別的問題了。前後也就十分鐘。

回到待派雇員集中的教室，大家問我怎麼樣，我說肯定沒戲。大家也說，憑經驗，面試時間越短機會越小，去不成也好，這樣的老板肯定不好伺候。正說著，人事部經理來叫我，告訴我，下周一上班！

◇

領導很高興，出乎意料剃了個難剃的頭❻，還談了個好價錢，當時服務公司向外商推薦的主要工種有司機、辦事員、秘書、翻譯，還有少量專業技術人員。各工種有大概的工資範圍，面試通過後再由服務公司與外商具體洽談定價。我的第一年外派工資是每月一千五百元，算是辦事員工資的中上水平。領導也很欣賞我面試的表現，後來幾年的新員工外事紀律集訓，總會講我的「成功經驗」的具體案例，並上升到「不卑不亢、機智、氣節」的高度。

我更高興！想想看，每月工資一下加了一百五十元！（我能得到外派工資的百分之十。）我立即喜歡上了ＩＢＭ公司，決心好好地幹。資格沒有，努力是保證足夠的！邁克・李也不那麼討厭了，不管怎麼說，人家「知遇」了我。邁克・李是我在ＩＢＭ的第一位經理，人一點不壞，太嚴肅其實是因爲內向害羞，熟悉以後也偶爾能看見他笑。他調回美國以前我已經是銷售代表了，在他的送別晚餐上，我終於找著機會問他當初爲什麼會雇我，他說他記得很清楚當時的情景，說不清爲什麼雇了我，可能因爲從我身上看到了點「精神」（"spirit"）。

新生活的大門對我打開，我跨進ＩＢＭ仍是一片無知，我珍惜機會來之不易開始患得患失，不再無畏，但是有了點「精神」，我只能前行，不想後退。

十四年後的今天，回首往事才知道自己有多麼幸運，我深深地感激所有識我，幫我的好人們！

第二部 IBM眞經

第四章　求生求存

「蘇珊，請給我一次機會吧，考不上我自己不後悔；要是我能考上，我不會讓IBM後悔！只請給我一次考試的機會！」

進門前先要弄明白「IBM」是什麼，問得不得要領，挺費周折才搞清楚：IBM代表國際商業機器公司（International Business Machine），有七十多年歷史了，從稱盤到打字機到打孔機一直賣到計算機（即電腦），現在是全世界最大的計算機公司。怪不得邁克·李那麼「牛氣」（即驕傲），看人家公司，在全北京最貴最好的長城飯店一租就是兩層，把客房全改成辦公室，白天門全敞著，整個樓層沒外人，迎著四樓電梯口的四二六房間是公司接待室，門口的牌子不大，有IBM三個藍字就足夠了。

第一天上班可千萬不敢遲到，前一天是星期天，我專門走了一遍踩準了到長城飯店的路線、時間。我到得最早，辦公室門沒開，走廊上是空的。我站在四樓天井欄杆旁往下看，是咖啡廳，從一層到頂通天徹地幾十米，咖啡廳裡還有個小亭子，有花有草有漂亮服務小姐，綠葉植物很茂盛，很高，我好想從四樓探下去摸摸那些肥厚的綠葉梢。空氣中有悠悠的音樂和香味。我第一次知道「優雅」和「豪華」是可以放在一起形容同一件事物的。當時一點兒沒敢想有一天也會坐在裡邊喝咖啡。看看左右沒人，我試著跳了跳，沒聲兒！地毯把聲音都吸走了。眞是奇妙。

我正心馳神往的當頭，聽見一聲「嗨」，是邁克·李，現在是我的老闆了，我也還了一「嗨」，覺得挺「美國」的，邁克·李打開四二六接待室房門，讓我進去，轉身就走了，我追著問有什麼需要我做的，他沒回頭邊走邊說「等會兒就知道了」。我在屋裡原地轉了一圈，哪也不敢碰。突然想去洗手間又不敢離開，探頭望望走廊盡頭有一扇門開了，那一定是邁克·李的辦公室，可我哪好意思哪敢問他廁所在哪兒啊。心裡突然委屈得不行，趕緊告訴自己要忍住要堅強應該幸福才對。正在難堪之際，有人來上班了，是個慈眉秀目太太模樣的台灣女人，彼此介紹知道了她名字是"Daisy"，雛菊的意思，丈夫姓李，是公司的高級技術人員，她和孩子隨夫隨父都跟來了，就順便也在公司做做行政工作。我好久都念不準"Daisy"，念成"Dizzy"，李太太好脾氣，由著我叫她「頭暈」了好久（dizzy的意思是「暈眩」）。寒暄幾句過後，已至情急不得不問了，才知道四二六房間裡就套著個洗手間。洗手間也是一派優雅豪華，不由得又感嘆一番。

人們都開始上班了，邁克·李過來簡單交待了一下就又不見了。原來，名義上邁克·李是我的經理，實際上我還有好幾個「老闆」呢。Daisy和另一位香港小姐負責接待，我們三人的「辦公室」都在四二六接待室，還另外有負責海關的、負責司機勤務的、負責採購的、負責賬務的……我是負責所有人的——是所有人的勤務。Daisy 帶我轉了一圈，我跟著她「嗨」了好多聲，一個外國名也沒記住。印象深刻的是公司裡全是各裔的美國人，加上幾個香港、台灣人，只有我和幾個司機是本地人。司機多半是直接從出租汽車公司來的，其中只有一個司機和我是從外企服務公司派來的，過了幾天這個司機也被退回服務公司了，就剩下我一個本地人是「組織」派來的。

◇

一圈轉過，我的「蜜時」結束了，開始幹活（後來我在微軟請的幾個經理都是立即被投入工作，有人要求至少有個「蜜月」期熟悉環境，我就跟他憶苦思甜，說我當初在ＩＢＭ只有個「蜜時」而已，知足吧。大家也就沒話可說了）。我在「老闆們」的指令當中忙得暈頭轉向跟斗趔趄，總是一路小跑著，再也顧不得欣賞地毯的美紗和音樂花香。這和自學的拼命又是不一樣的境界，那是對自己負責，這是要滿足幾個老闆。開始時我眞搞不懂，聽令去銀行取錢回來，就看見另一個老板的長臉，因爲「找你去海關辦事也不知你去了那裡」；從海關回來就看見桌上留的條子，又一個老板要買的文具應該是一個小時前交的……好不容易回到四二六房間，李太太和香港小姐同時去「喝杯咖啡」，我趕忙做複印，眼睛盯著電話心說：「千萬別響，千萬別響……」，我的英文發音湊合可還是挺破，就怕接了電話聽不懂誤了大事……莫里哀不就寫了個「一僕二主」就名垂史冊了嘛，要是有誰排個戲「一僕多主」，我非演僕不行，誰也別和我爭，誰也演不過我——我有「生活」！

在幾個「老闆」之間我最喜歡李太太和香港小姐——她們講中文。聽外國人的指令要特別費勁地留心，生怕理解不準確。小跑了一個月，天天晚上腳腫得脫不下鞋來（新鞋又小了！）。在這兒可不敢說「我身體不好，得過大病」，人家會特同情地說：“Oh! I'm so sorry for you!”（噢！眞爲你遺憾！）然後你就得回服務公司待派去了。我不是不想走回頭路嗎，那就堅持著！每兩周回服務公司政治學習，領導總是關懷問候，鼓勵我「堅持下去就是勝利」，聽領導告訴我已經打破服務公司外派雇員在ＩＢＭ服務期限紀錄時，我還眞感到了驕傲和光榮。

光傻幹不行，我挺快琢磨出個「竅門」，甭管是去海關去銀行還是去哪兒，出門之前我先小跑一圈知會所有「老闆」們，老闆們都受到了尊敬，臉就不那麼長了。我的小跑功底趕得上陳佩斯演的那個爲國爭光的太監❼。後來，在廣州「占山爲王」時，我走得快出了名，廣東的先生們不習慣走得太快，出街時同行的男同事緊追慢趕，總是落在總經理後面。我又總結出一招：優先時間管理法（後來才知道這一招是出過書上了論的，叫做“Priority Time Management”），把所有不急的事安排在下班以後再做，比如複印、非緊急傳眞、收拾整理接待室等等。

◇

累，我倒是不怕，我沒想到最大的挑戰是「孤獨」。當時IBM起碼有五六十雇員，一天到晚忙忙碌碌熱熱鬧鬧的，我卻眞實痛切地感到孤獨。除了接受指令時與人溝通，我就像個啞巴似的發瘋地幹活，這個世界不屬於我，這兒的話我聽不懂（不只是英語！），在我眼裡這兒的人都特高級，做著我一輩子也搞不懂的高尙事業，我在走廊小跑時總是溜著邊兒，怕擋了高級人的道。高級人們有時也挺客氣地衝我「嗨」，只會加重我的自卑。剛剛把老闆們理順了，剛剛學會了勤務工作，我的心又開始痛苦開始不安分。

有一天我下班已經是晚上八點過了，想淸靜一會兒就步行回家。剛從長城飯店拐出來沿街有些小販，賣烤白薯，賣瓜子，還有賣水果鮮花的。不知怎的就停下來買了幾毛錢的瓜子，就地蹲在小販旁邊，小販問了我：「不多買點？」也就不再睬我，熱情高漲地忙著向過路人推銷他的「不香不脆不要錢的大瓜子」，直到我腳蹲麻了，他也沒再做成一單新生意，卻一直熱情不減，一派的驕傲主人公的感覺。我羨慕他，他沒有自卑，他有目標，他爲他的大瓜子他的生意而快樂，而我呢？我不是自己的主人，我要侍奉很多個主人……我無法和我的同事交流，他們太高級了；我無法對親友和舊時的世界溝通，他們覺得我一步登天了，怎麼還會有這等無聊的「孤獨」……我不知道除了多掙了一百多塊錢，還有什麼價值……人啊人，眞是不知饜足的動物！幾個月前我還爲能多掙一百多塊錢狂喜，覺得自己是世界上最幸福的人，現在又覺得自己是一錢不値的一粒沙子。多年後興起卡拉OK，我有一個保留曲目是〈哭沙〉，有一次唱到「你就像塵埃消失在風裡」，突然一陣隱痛幫我回憶起那段「孤獨」，那個賣瓜籽的小販，那個自卑的我……多年後我也意識到對小販的羨慕是多麼無聊的矯情，眞是「子非魚，焉知魚樂乎？」（對不起，篡改聖人語錄了）。

孤獨自卑在心裡放著，照樣地小跑，聽明白所有的指令，把所有的事兒幹好，我從不能讓事情過夜擔擱（明天還有明天的事），我還會設計多任務最佳路線方案了，少跑了冤枉路更多做了活兒。老板們開始表揚我了，邁克・李特地來過四二六，露了兩回笑臉，我心裡偷偷問：「承認辦事員的『資格』了？」表揚多了，接的工作也越多了，時間越來越長，但活兒做熟練了順手了，日子顯得有了規律。我內心的規律卻在失衡，幾個月裡，我接連受到三次強烈刺激，更加速了自卑內心的裂變。

有一天我上街買了一大堆文具，回到長城飯店。司機小李幫我把幾捆幾箱的本子鉛筆文件夾卸到小平板推車上，小李就先把車開回停車場去。小推車就是今天辦公樓裡送水送盒飯常用的那種，貼地的一塊板下面四個小輪子，一端有個扶手，我推著小推車進不了轉門，試了試旁邊的推門是鎖著的，就請門僮幫我打開一下。門僮沒聽見，我就再問一遍，剛說：「先生，勞駕……」「先生」回頭說：「聽見了聽見了！你是哪兒的？（「你」重音）」我說：「我是IBM公司的，在這裡上班。」他問我要證明，我出來得急，沒帶外企工作證，我不是IBM的正式員工也沒有胸牌。我跟他解釋，他就是公事公辦不讓我進；請他給IBM打電話查證他說不能管，我自己又打不了電話——電話在門裡面他不讓我進去。這時周圍有許多等出租車的外國人，都轉過身來挺有興味的看這場「把戲」，我覺得像隻猴子被人耍，羞辱從頭澆到腳底，僵持了十幾分鐘，有個ＩＢＭ的同事從外面回來，幫我作證確實是ＩＢＭ的，才放我進去。同事是金髮碧眼的美國人。這是我在長城飯店上班的第三個月了，每天出出進進所有的門僮都是熟臉，這個把我攔在門外的門僮，他也認識我！他卻要把我攔在門外難爲我，明明有一種快感。我到現在也不能理解，那會是什麼樣的殘酷快感啊？爲什麼要難爲自己同胞兄弟姐妹呢？我回到四二六，進洗手間沒聲地哭了一場，心裡發狠再也不要被人攔在門外，別管是什麼門！

◇

另外一件事發生時，我沒哭，可是大發了一場暴怒！我的老闆之一是香港小姐，因爲同在四二六房間，她用我最方便，很快就把傳眞複印分發郵件接電話等等的技能傳授給了我。我從不說「不」，都接過來，給她騰出許多時間去聊天。她特別愛聊天。她聊她的我幹我的，一直相安無事。

突然有一天她滿臉陰雲，我趕緊想了想她交待的事都做了，見她一直不高興，在屋裡摔摔打打，把文件挪來挪去的響動挺大，我加著小心問了一句：「我能幫什麼忙嗎？」她轉過頭來嚴肅地說：「你能幫忙，每次喝完咖啡請把蓋子蓋好！」我一頭霧水說：「對不起，我沒聽明白。」她鼻子裡笑一下說：「你不是經常喝我的咖啡嗎？喝不要緊，用完了請蓋好蓋子。」我看看那瓶雀巢速溶咖啡，那是她個人的，放在辦公室裡，她偶爾自己喝，更多的是熱情招待高級同事們，我沒碰過，她也從來沒招待過我……我聽見腦子裡嗡的一聲：她在說我偷了她的咖啡喝！她說我是小偷，還賤到要偷幾勺速溶咖啡！我暴怒了，我氣瘋了！嘴裡不知說的什麼罵的什麼直把她逼得貼在牆角，我們倆哆嗦成一團，我是氣得渾身顫抖，她是嚇的！她才一米四出頭七十來斤，這時肯定感到生命之脆弱，她只說了兩聲：「你要幹什麼——」就改了口，只會道歉和「放過我吧放過我吧……」，我想要進一步暴力行動，沒打過人一時想不清楚怎麼動手，緊要關頭 Daisy 進來了，以爲要出人命，趕緊衝過來拉開。我喘勻過來一口氣，要她當著 Daisy 的面再承認錯誤，永不再犯。她乖乖照做了。我告訴她，再敢侮辱我，就要眞的不客氣，還宣布，永遠不給她幹活了！

從此，她變得勤快多了，又開始重操已經轉給我半年的那些工作。另外，四二六房間多了一瓶雀巢速溶咖啡，瓶子大得多，站在她的那瓶旁邊，特別像一米四的她站在一米六五的我旁邊，大瓶是我當天下班去友誼商店買的，三十多塊錢沒眨眼沒心疼，專等她在的時候我才喝。除了這兩個變化，我依然如故地做我的事，依然是一隻又乖又啞勤快的貓。我可以付出辛苦，人格是不可辱的。可是爲什麼連這麼個東西都敢侮辱我？還不是因爲我卑微，沒有任何社會存在的地位！

◇

轉過一九八六年的新年，開始年度公司財產統計。我的任務是檢查所有的桌椅板凳家具，對著去年的紀錄，在每一件上貼上「八六年已檢」的號碼條。幾十個房間裡上千件家具，查起來不容易，還要盡量不打擾人家開會工作。可是我挺喜歡這個活兒的，因爲第一次能有機會接觸神秘高級的計算機——我被教會用 Lotus 123，以便把查好的紀錄直接輸入計算機裡。我每天下班後才做輸入，爲的是能慢慢品味高級活兒的樂趣。那只是一台 PC/AT，用了很久了，風扇經常出其不意地發出一陣噪音讓我心驚肉跳，但一點不妨礙我驚嘆計算機眞偉大！我遏制不住強烈的慾望，每次幹完活都要「玩」一會兒，計算機從來不讓我失望，每次都有新的驚喜發現，我眞被迷住了！

這一天查到四樓的一個房間，裡面是一群本地人。這些人很特殊，沒有經過北京服務公司的推薦，是ＩＢＭ通過地方政府的關係從外地招收的第一批本地工程師，經ＩＢＭ正規考試嚴格篩選的。他們也是不屬於我的高級階層，沒有交談過，但是看到公司多了幾個生氣勃勃的同胞面孔心裡也很高興。我在門外就聽到裡面正高談闊論，猶豫了一下還是敲了門，進去說明來意，他們熱情歡迎請我盡管檢查桌椅板凳，就繼續討論。

查驗碼貼在桌面下面，我必須鑽到桌子底下去看，桌子下面很暗，我特地帶了手電筒。我不覺被桌子外面的話題迷住了，我關掉手電蜷坐著靜靜地聽，他們在討論準備去香港參加培訓，聽出來他們在準備考試，好像都有點擔心，說香港很熱不用帶厚衣服，說丟什麼都沒關係千萬別丟護照……七嘴八舌說的都是中國話，帶著不同的口音，聽起來親切極了，可惜看不見說話的人，只能看見桌子四周的皮鞋。突然一個念頭：他們也是本地人啊，我不能加入他們嗎？像被一道強光眩目，我一時看不見想不清，只知道很震撼很激動。我從桌子底下爬出來嚇了大家一跳，有桌子掩蓋著，加上我進去時間有點長，大家都忘了下面還有個人。我衝大家笑笑趕快出門，心裡多了點異樣的親切，覺得他們不是遙不可及，我想成為他們的同類，像他們一樣地存在。

如何行動呢？我先做了調查，其實也就能向司機和 Daisy 打聽。Daisy 挺奇怪地看我，這孩子怎麼突然變得饒舌？我想了整整三天。主要往最壞裡想：萬一不得逞，至少能繼續做我的辦事員，不過我知道自己，一旦動了念頭，很難承受失敗。如果不成功，我多半會要求退回服務公司，現在我有了在ＩＢＭ做辦事員的「資格」，可以去別處爭取比辦事員更高一點的工作。我到別處也能做得來二百塊錢的工作，有什麼可擔心失去的？我又還有什麼可以失去的呢？想明白了，我要行動了，這回不是為了溫飽，是為了爭取「存在」的價值。我走上五樓去敲門，開門的是蘇珊．凱文，培訓的部經理。據向 Daisy 調查得來的情報：蘇珊原來做過美州航空公司的空姐，來ＩＢＭ做培訓部經理更多的是為了來中國玩，負責招聘和培訓，第一批本地工程師就是經她手招進來的，是個特別和氣的人（Daisy 反覆說了好幾遍）。最後這一點對我最重要。我對蘇珊的印象也很好，我給她送信、送複印材料時，她從來都笑著說謝謝，說時都是正眼望著我，人長得優雅美麗，聲音也柔和好聽。蘇珊看到我以爲是來送東西，我開口請求能否占用她十分鐘時間，想向她請教一個小問題，但對我來講是很重要的事。蘇珊稍稍有點驚異，叫我快進來，笑著說：「當然可以。」

我的英語比剛來時強多了，事先準備了好久該如何講，面對美麗和善的蘇珊，我講得很順暢，從我的經歷、自學、面試、辦事員工作經驗來證實我的能力；加入ＩＢＭ以後對公司的了解加深，從而漸次產生了想做更多的事的願望；我了解到公司開始招收本地專業學員，我沒有專業基礎，但我會使用計算機（我把用 Lotus 123 的經驗算上了），我特別努力能學會，我想請求的是，有沒有可能破例給我機會參加ＩＢＭ專業人員招聘考試。蘇珊聽得很仔細，只問了幾個小問題，禮貌地告訴我她會考慮一下再給我答覆。謝過她，我心裡覺得希望渺茫，慢吞吞的腳步很沉，走到門口我忍不住回頭說：「蘇珊，請給我一次機會吧，考不上我自己不後悔；要是我能考上，我不會讓ＩＢＭ後悔！只請給我一次考試的機會！」蘇珊看了我幾分鐘，輕輕地說了聲：「我明白你。」（I understand you）。

◇

兩天後，蘇珊的助手來通知我考試。ＩＢＭ的專業人員應聘考試稱ＤＰＡＴ（Data Processing Aptitude Test），是偏重數據處理能力的智商測驗，全世界統一標準試題，人皆平等。由於是智商測驗，也沒什麼好準備的，立即就考。考試分成幾部分，分別側重測驗邏輯、幾何、形象思維等等，當然都以英語理解能力爲基礎，聽說來報考IBM幾十年招聘歷史上，只有不到十個人在規定時間正確做完所有的題，各部分有規定時間，總時間記得是九十分鐘，速度非常重要。

我沒見過這樣的卷子，剛上來有點蒙，在第一部分浪費了點時間，才把文字和圖形之間的關係弄明白。後面就越來越快了，我極度集中，第一份卷子收走連頭都不抬，馬上打開第二張按住就做，一個廢動作都不敢有，再伸手沒摸著卷子才知道考完了，鬆一口氣人就虛脫了。我沒做完全部的題目，心裡一點沒底會考成什麼樣。不管怎樣，我試過了，盡力了！

過了一個小時，助手打電話來要我到蘇珊辦公室，我剛虛脫過，腿還軟著，蹦起來就往五樓跑，嫌電梯慢從樓梯跟蹌上去，到了蘇珊辦公室，嘴不夠喘氣用的，只能眼巴巴望著她根本說不出話來，蘇珊笑著說：「祝賀！」這是我聽見過的最好聽的聲音！！

「不過，」蘇珊接著問我，介不介意再給我加考一門計算機語言的考試，蘇珊委婉的解釋這是鑒於我的特殊情況破例增加的考試。我說一點都不介意！我的底子這麼薄，多考我是應該的，關鍵是能給我考的機會就行！

再要考的計算機言叫RPG（Report Program Generator），是比較新的計算機語言，很近似英語，也相對簡單得多，對我而言可是天書！蘇珊夠體諒了，給我兩個星期準備。故伎重演：把書抱回家，熬夜！這次不同的是再沒時間可「偷」了，正經的工作量和工作時間是一點不能減的，即使一點覺也不睡，時間也多不了多少。第一個星期過完我幾乎絕望了，我剛剛念完第一本計算機基礎知識，還根本沒碰著RPG呢，可是不念懂基礎就別想懂RPG。只有死磕一條路。這次考試時比上次明白多了，覺得能考及格。考完了像盼親人似的盼著助理來報分，終於姍姍地來了，見了我兩手攤開說：「眞爲你遺憾」，皺著眉滿臉都是「遺憾」，大概是見我面無人色，她趕快又笑了解釋：「我意思是說你沒考到一百分，只考了八十九。」天哪，她幽的這一默可是能要人命的！

◇

我，於一九八六年七月一日（到IBM整整一年）正式轉爲專業學員（Professional Trainee），名片上中文印「助理工程師」。我又受到服務公司領導表揚：外派一年工資增長百分之六十，還是外商主動提的！工資單上多了幾十塊錢。工資已不能再讓我狂喜，我狂喜的是從此加入了優秀的一族，不再孤獨。這是我職業生涯的開始，是我從生到存的轉折。

蘇珊現在是我們的經理了，我謝謝她給了我機會。她一如既往地優雅微笑，告訴我開始時她很猶豫，實在太破例了。「但是，」她說，「你在門口回頭說話時，那種"Desperate Passion"感動了我，我想，應該至少給她一次機會。不用謝我，是你自己做到的。」蘇珊說得少，做得多，我後來才知道她還幫著抹平了我犯的無知之過。在IBM要調動工作必須先同直接經理講，而我連招呼都沒打直接找了跨部門的經理，犯了大忌。是蘇珊親自找我的老闆談，平息了他的怒氣，還委婉說服他也同意我考試。

後來我給ＩＢＭ新員工講課時，經常會用蘇珊的榜樣來演釋ＩＢＭ的基本理念之一：尊重個人。每當提起她，那個美麗的畫面就會浮現：蘇珊坐在我的對面，專注地聽我講，夕陽從她背後的窗子照進來，她的淡金色髮髻周圍的蓬鬆秀髮被光線襯托得絲絲清晰，像是加了一個淡金的光環，一個美麗的人，還有顆美麗的心……蘇珊後來回美國了，聽說不久就離開了ＩＢＭ，賣了房子賣了車，帶上大狗和丈夫一起乘豪華輪環球航海旅行去了。和她中斷聯繫十年多，我的心裡永遠爲她祝福。

"Desperate Passion"——可譯爲「不顧一切的激情」，或是「絕望的激情」。不顧一切，絕望，我都曾有過。如今人已走進成熟，內心的平衡力接近了榮辱不驚。惟有激情，願它永遠屬於我。

第五章　專業風範

所謂IBM人的專業形象和風格，是認認眞眞地從「童子功」練出來的。

從辦事員轉到專業學員還要有一個多月，我在交接期間還有更繁重的活——公司搬家工程。IBM此時已有近百名雇員，要從長城飯店搬到機場路的麗都飯店，工程浩大。我什麼勤務都管過，搬家正好發揮作用。不管搬家公司多專業，有些事非得自己動手的，這是我幹過的最累的體力活。協調搬家公司是個挺複雜的「系統工程」，我第一次練習當「頭兒」，關鍵時刻也能下幾個乾脆俐落的命令。

搬家隊的人都挺喜歡我的，說我不罵人，還愛笑。我高興，見誰都笑。不怕累，跑得更快了，心裡老是唱著歌。自卑禁錮了我多少年啊，終於蛻掉最外層堅硬如鐵的甲殼，自卑的毒素注定要歷經磨難才能排除乾淨，而心已得到從未有過的解放，踊躍跳動想要飛揚。所有的人都說我變化特大，我喜歡我的變化。話還是不多，還是和生人說話就臉紅，但是我開始抬起眼睛看世界、看人們。眞奇怪，態度一轉變成積極參與，就能發現周圍有那麼多的美好，其實一直都存在的，只是自己沒有抬頭看。我仍是無知，不知道職業培訓意味著什麼，但是我熱切地嚮往著，這次我不太害怕，我將與一群優秀的人爲伍，他們都比我強！還沒熟識甚至沒認識，我已經無條件喜歡上了我的伙伴。

由於搬家工作的辛苦努力，我得到表揚和獎金：一張一百元的外匯券。這筆獎金少得可憐，近似侮辱，按ＩＢＭ的規矩也確實少得不公平，但畢竟是我得到的第一筆獎金。那張外匯券我一直留著，後來南遷北調的搬來搬去好多次，現在找不到了。我好像天生是遷徙流浪的命，後來十幾年多次用上了「搬家的功底」，搬遷ＩＢＭ華南分公司和微軟中國公司二百多人的家，再加上一九八八年到一九九三年居無定所布北京搬了九次家，後來又搬到香港、廣州……算得上搬家專家了！

◇

公司搬遷妥當，衆神就位，也就到了七月一日。這天我要自己慶祝一下，中午去馬可・波羅餐廳吃西式自助餐（麗都飯店最喜歡修繕改造，這個餐廳早就被改建沒了）！那時麗都飯店不算太貴，自助餐好像不到四十塊錢，這一天我有足夠的理由奢侈一下——慶祝我到ＩＢＭ活了一年，又是新的生存起點。剛撿好菜坐下，看到進來兩位青年，都穿著嶄新筆挺的西裝，舉手投足帶出點拘謹不自在，一看就不是常來飯店的主兒，但透著英氣勃勃，軒昂自信。他們顯然不太熟悉環境，張望著從何下手。好像是第六感使我心念一動，正高興著熱情就特充分，居然主動過去搭話（空前絕後的舉動！），發現他們是第一天來ＩＢＭ上班，比我整晚

一年，但我們將是同班學員！自然得坐到一起吃飯，慶祝變成了三個人的。友誼從這一天開始，吵也吵過，散也散過，到今天還是好朋友。這二位是清華畢業的優秀學生，在校時都是風雲人物。我們三個是並著肩成長起來的，很長一段時間是IBM中國最高經理層裡惟三的本地人，我是最先離開IBM的。

一批八個人全部會齊。蘇珊給我們開會，布置學習考試計劃，準備八月底去香港培訓。那時去香港是眞的出國，十一年以後香港才收回來的。這次是輪到我們興奮了，兩個月前我在桌子底下見過的那些鞋子的主人，已經從香港回來了，老練地給我們傳授經驗，沒講出什麼花花世界的花花故事，談的都是培訓如何殘酷，聽得我們變顏變色，趕緊收了心努力學習。每個星期有一兩次講課，其它都是自學，每個人都有一疊厚厚的教材和練習，人人自覺努力。去正式參加培訓前有好幾次階段考試，在規定時間大家各自在計算機系統上做，答每道題都要很小心，按下答案選擇就被系統鎖住再也改不成了，答完最後一道題，分數就立即反饋回考生，同時傳給經理的電子郵件箱。最後一次考試的分數還會同時送到區域培訓中心，如果不及格，就會自動得到通知被拒絕參加培訓。

學習仍然是很難，但我學得興致勃勃甚至幸福——這次是大家一起學，互相幫著，有個優秀的集體眞好！別管「天書」多難，大家一起解！我發現在小組裡我漸漸地也能參與討論，不只是汲取。第一次聽到大家說：「Juliet 説得對……」我高興得不得了，更想多多參與，我眞喜歡這種平等的感覺，而且是與這樣一群優秀的人「平等」。

與ＩＢＭ一貫直接從校園招收「新鮮出爐」畢業生的做法不同，我們那一批人都有幾年工作經驗，除了我先來了一年，所有人都是第一次到外企工作。並非全部是學計算機專業的，但多是一流大學畢業的，工科爲主，綜合素質都很優秀。在前面說過，ＩＢＭ當時只是代表處，不能直接到社會召聘，只能通過服務公司或其他由國家批准的官方中介公司推薦聘用。生源有限，再加上ＩＢＭ當時的業務規模不大，招收本地雇員也很有限，且帶著很強的「實驗」性質——小規模地招一些本地人，試試能不能培養成好用的材料。這個大背景也是我的僥倖，等到ＩＢＭ招聘渠道通暢走入正規以後，像我這樣「例外」的可能就更微乎其微了。

我們都喜歡上集體課，聽蘇珊講ＩＢＭ的文化理念和「三項基本原則」：尊重個人、客戶第一、追求完美。還有很多行爲準則，我記得最深有幾條：在任何國家經營要做守法企業公民，不得不公平競爭，誠實、守信、忠誠，等等。ＩＢＭ的終身雇用制一直到九〇年代初才打破，在此之前七十多年，在ＩＢＭ只有一個罪過會立即處以「解聘」極刑：欺詐行爲。這不僅是教條的原則，還有嚴格的內部「紀檢」審計制度保證。我們就曾見過一兩個例子，有兩個在ＩＢＭ供職十幾年資深位高的雇員，因爲報銷作假被立即開除。我自己對ＩＢＭ文化底蘊的總結是「眞、善、美」，「仁、義、禮、智、信」，由於眞心喜歡這些理念、原則，貫徹爲自己的行爲準則就變成最自然的事，我一直將其奉爲經商做人的原則，不管是以前還是將來。

蘇珊還給我們講很多儀表、社交禮儀的課，我們最喜歡“table manners”——餐桌禮儀，那堂課是在西餐廳上的，蘇珊請客。可惜只上了一次。經過一番薰陶，我們開始初具IBM人的「模子」，穿著、談吐、儀表，男的紳士，女的淑女，都帶著自信向上的精神。我那時已經學會簡單化妝了，突然發現自己原來不是太醜，很是竊喜了一陣，一下又少了一半分的自卑。

職業啓蒙教育對人的影響是最深刻的，舉職業穿著的例子，我認定在客戶面前的就是要西裝革履鄭重其事，客戶有一切權力可以隨便怎麼穿，我們要以規範體現對客戶的起碼尊重。一九九四年IBM改革正熱，中國公司全體可以便裝上班，幾個月後，我命令華南分公司全體改回正式著裝，並知會總部：各方要員如來南方視察，敬請委屈換裝。我有我的道理：那時候本地大客戶自己都開始正式著裝了，廠商起碼要跟隨客戶的習慣。我在微軟也曾努力嘗試想改變散漫的著裝，遭到了激烈的反對，爭論焦點是：「這就是微軟的風格。」我說：「微軟不見客户時可以盡管愛怎麼『風格』，但是，連鮑爾默和蓋茲見客户時都要改自己的風格！」最後變得西裝革履和背心短褲大拖鞋混在一起，更是不倫不類，我的努力終是未果。

◇

香港集訓的日期迫近，氣氛越來越緊張，最後一次「入學考試」是在出發前三天，綜合考那一大疊學過的教材、練習，涉及從操作系統到計算機硬件設備的所有基礎知識，還包括商業基礎知識。考試那天護照簽證機票都已經辦好了，拿在手裡很沉重——如果考試不及格就要交回去。這次去不了倒還可能再有一次機會，可誰願意落伍呢？在最後衝刺階段，我本想自己單獨復習——我已經有了自學的經驗竅門，獨立的高度集中對我是最有效的方法，與一群人在一起復習免不了受干擾，再說我也不是最困難的。這時我的同伴們仍然在集體復習，互相幫扶著大家都很無私，我第一次強烈感受什麼是「團隊精神」，暗暗羞愧自己的自私！我選擇了和團隊在一起。這也成為我職業生涯的一向選擇——不論是有形的人員組合，還是無形的信念組合。如果我不選擇團隊，也不會後來有機會成為精英團隊領袖，至多是個管規矩的經理而已。

考試之前我還經歷了一次嚴峻的考驗，爸爸突然中風住院，陪床護診加上焦慮，最緊張關頭復習突然被中斷。我對蘇珊說我可能去不成香港培訓了，不管多麼痛苦地不想失去機會，爸爸是決不能不管的。萬幸吉人天相，老爹恢復得很快，第二天就清醒了，清醒後他口齒還不清楚，看見我就說讓我好好上班去，別擔誤了IBM的差事！我眼淚一下就湧出來，幹不好我對不起我爸爸！第三天他可以肢體活動，一個星期就可以走動了，可以托付給二姐照料。不用太擔心了，我一頭扎回書堆。

◇

我們八個全體通過，我們要去參加第一期專業培訓啦！蘇珊擔心我們第一次出國情況不熟，特地帶了兩個清華的去香港打前站。樊玉和江岱先到了兩天，在機場接到我們，大家格外親切，見我驚嘆從天上就能看清楚啓德機場外面的萬寶路廣告牌上的小字，他們老練地告訴我說比這大的廣告牌有的是。香港的出租車開得風快，車外的高樓迎面撲過來再閃到後面，像大樹林子一棵接一棵閃不到頭。

我們住在新世紀酒店，在九龍尖沙嘴，是全香港最熱鬧的地方。大家扔下行李就約好了上街，吃晚飯還早，我們得先觀光。出酒店就要過馬路，我以爲是在北京，也沒找人行道，向左望望一輛車都沒有抬腿就過，就聽急剎車喇叭和一片尖叫同時響起——趕快回頭，是輛雙層大巴剛剛挨著我的腳跟剎住了，我一回頭鼻子尖差點碰上車皮，我趕快退回來衝著司機說：「對不起，我忘了香港開車是反方向的。」司機聽見說話才敢睜開眼，駕駛樓挺高，他剛才看不見我，以爲已經軋到車底下去了。

沒等著聽司機罵我，樊玉一把把我拎回來，命令大家回酒店，看他臉色鐵青誰也不敢不聽。大家坐好，他宣布，以後上街必須集體行動，還要保持隊形，前後各兩個男的，四個女的在中間（忘了說了，樊玉原來是清華籃球隊隊長，排型布陣是內行。）大家服從，以後眞的保持這個隊形，可惜開課後上街的機會就不多了。

第一次出國第一次上街就差點死了個輕於鴻毛，當時不害怕，越想越害怕。後來走的國家多了，也見識了許多「洋氣」，但只要一過馬路我就糊塗，非得兩邊都看好幾次才敢過。

第二天集訓開始。那時香港和新加坡都有IBM的亞太培訓中心，一九九三年以後大削減時只保留了新加坡的中心。我們的班有五十多人，來自亞太十幾個國家和地區，開學第一件事又是考試！考完試立即拿去判卷，這才開始每個人自我介紹，兼做了選舉班幹部的預選演講。班很大，自我介紹了一圈就一個多小時了，休息以後就少了一個人——開學考試沒通過，當時就「退班」回去了。我們幾個互相看看，用目光交流慶幸和鼓勵。以後四個星期每三天一小考，五天一大考，大考都排在星期一一早，讓你非得周末用功不行。再考不過，不會立即退回，但是總分會嚴重受影響，總分不及格就會影響以後的培訓，也會對職業發展有很大的影響。

香港就擺在那兒，再沒時間逛，只能晚上看看窗外的霓虹燈。教室裡座位是先安置好名牌的，隔幾天就重新打亂一次，爲使所有的人打破地域界限盡量橫向交流。項目作業都以小組布置，每人有單獨角色，但是必須與組員配合才能做，個人分高沒用，以小組的平均分爲重。迫使每個人必須參與全組，不僅做好自己的，還要明白別人的，幫助最差的組員。每個組的進度都不可能快——只可能是最慢的組員的速度。每個小組是「隨意」組合的，每個人要迅速學會與來自不同文化不同背景的人群交流，密切配合。課程是專爲熬人設計出來的。每人每天最少都得熬到兩三點才能做完作業，全組一起熬誰也跑不了。「全組一起熬夜」，這是ＩＢＭ前線（field）營銷隊伍最典型的工作特徵。ＩＢＭ是一個非常複雜的大機器，幾乎沒有一個人可以單獨完成的工作；團隊、配合、溝通，步調一致，是保持大機器正常運轉最重要的因素，也是培訓的重點。

我們八個人都分在不同的組裡，我們自己還保持著「組織」，需要互相支持著迎戰我們最大的困難：英語聽力！我在組裡的英文還算是中上呢，也不過是許國璋四冊再加點詞匯，聽專業課根本不夠用。第一天下來大家都有點傻眼，誰也沒聽懂老師用泰式英語講的課。最怕的是韓國老師，講什麼聽起來都像「前轆轉不轉後轆轉轉」❽，新加坡口音怪怪的，還傳染性很強，能聽懂多一點可跟不上，他們講話飛快，把好多句說成一串，沒有停頓，一口氣說到喘不過來了才隨便給個標點。每天下課我們趕緊一起湊筆記，東一點西一點連猜帶憶，明白了六七成，趕緊四散參加各自的項目組「夜班」。八個人中，老夫子的英文最困難，又本來是四平八穩不著急的性格，經常是我們湊了半天筆記了，他像老生起唱似的嗽一聲「嗯……咳……excuse me……」提個問題，大家跟著他找那個問題，才發現原來他還在十幾頁以前那兒琢磨呢，大家就趕緊折回去，再陪他過一遍。

除了小組項目作業，還有個人的專業風範訓練。不管是工程師還是銷售人員，統統從基本功開始訓練。訓練的方法是「模擬銷售」，場景設計簡單初級如同兒戲：學員，是賣鉛筆的銷售員，去拜訪一個初次見面的客戶（當然是想去賣鉛筆），預先知道客戶是什麼職位做什麼生意的。就賣點鉛筆這麼簡單的事，能講十幾個小時的課，做幾晚上的練習，還考四回試！賣沒賣出鉛筆不重要，要一個細節一個細節的琢磨：坐立神態，目光接觸，提問題，挖掘客戶需求，提供對客戶有價值的解決方案（就用鉛筆提供價值方案！），把握時間，寒暄問候，營造溝通氛圍……扮演客戶的老師手裡都有一個清單，哪一點做得好就勾一下，沒做好的或是老師忘了勾了，都從你的分數裡減。老師才不管學員們的抗議，每期學員都抱怨「太簡單，太機械了」，照樣得乖乖做乖乖考，還眞有不少考不及格的。

所謂ＩＢＭ人的專業形象和風格，是認認眞眞地從「童子功」練出來的。後來從書裡讀到關於「不同方式的傳授知識的效率」：如果只是單向的講授和聽講，聽講人在課後只能記住百分之一至百分之十的內容；如果當堂交流、練習，能記住百分之三十左右；如果課後短期內有意識地練習一次，能記住百分之六十，也就極有可能從理論知識提升到應用知識（applied knowledge）。如此看來，ＩＢＭ的反覆訓練是有理論根據的，直訓練到成爲職業本能。

從模擬銷焦專業訓練中我的收獲最大，我捧回去個「模子」，回去可以照著把自己往專業形象雕塑。我還終於練成與人交談時的「目光接觸」，膽量大多了。後來，偶爾和朋友說起以前我不敢抬眼看人，和生人說話就臉紅，朋友們笑得東倒西歪直誇我幽默。我感慨，訓練和經驗眞可以把人改造得認不出原型。我還知道了銷售技術裡，「聆聽」和提問題，比「說」要重要得多，也難得多！其實多麼簡單的道理：你想讓客戶把錢掏出來，連說話的機會都不給人家，人家憑什麼信你非買你的東西？但是很多銷售員在任務的重壓之下經常忘了這個基本的常識，逮著客戶就拼命地說自己的瓜好瓜甜瓜便宜，說得越多就是勝利，最後也不明白爲什麼沒賣出去。我有一次把客戶的需求問得太明白、聽得太清楚了，就非說服人家買更小型號更便宜的機器，苦口婆心勸人家少花錢，還搭時費力專給人家做系統需求分析，以論證爲什麼可以少花錢，終於說服了客戶；我還得趕緊著找別的轍補上銷售指標的「虧空」。這是好還是壞？反正是我理解貫徹的ＩＢＭ經商原則，這也還是今日大多數ＩＢＭ人的準則吧？幾十年來對ＩＢＭ的評論中一貫不變的總有「官僚、僵化、機械、死板」等等，但幾十年不變的也有「ＩＢＭ專業、規矩、守信、放心，人的素質好……」孰得孰失呢？這就是ＩＢＭ，惟一的ＩＢＭ。我堅信：「正直是建立成功企業的基石，以卓越的競爭探求爲起點，以對倫理行爲的承諾爲終點。」這是通用電器總裁傑克・韋爾奇(Jack Welch)說的。

小組項目的專業實用性很強，隨著學習各產品系列的過程，小組要做系統分析，方案建議，系統保證，最後是「結業論文」——爲客戶的首席執行官和最高經理層論證購買ＩＢＭ系統的投資回報。組員分工也按標準的ＩＢＭ配置：總經理、銷售經理、銷售員、系統工程師。我的角色是「總經理」，因爲總經理只做個開場白介紹隊伍成員，最後說「謝謝」，這是小組幫我的忙，改變了角色。不管我怎麼認眞投入，還是不敢談「投資回報」之類的事，怕做不好擔誤了整個小組的成績。改編後我的角色很容易演（到八年後我演眞的總經理時可就沒這麼容易了！），我的小組成績不錯，臨時組合的幾個人由衷分享團隊成功的快樂。

我們「班師回朝」，八個人的總成績中等稍稍偏上，大家互相幫扶著一起走過來，無一掉隊「傷亡」。蘇珊樂得合不攏嘴兒，比我們都高興，囑咐我們好好休息一下，我們眞需要補補覺了！我自己的成績算比較好的，但是一點沒有偷著樂——我淸楚地感受到危機，這個公司這個行業裡都是聰明人，我想在聰明人堆裡出頭，只有拼其他的東西——韌、忍，還有，我能拼命。我只有拼命努力才可能跟上這優秀一群。與優秀的人爲伍是我得之不易的幸福，我不想掉隊，必須拼命。

我覺得我眞幸運，馬上又有一個機遇，我趕忙伸手，又抓住了——

◇

一九八六年十月，IBM的中國本地專業學員已經招了兩批十幾位，都是按工程師招的。由蘇珊建議公司同意，要在這些學員裡「實驗」培養四名做銷售員。我聽到風聲第一個跑去向蘇珊報告，現在我膽子大多了，對蘇珊實話實說：「理工和計算機專業背景我都沒有，做工程師會太吃力了，再努力也很難做到最好；學做銷售我更喜歡，可能做得更好，您可以再看看我培訓時的模擬銷售成績……」就這麼，我從「助理工程師」轉成了「助理市場代表」。當時在中國「做銷售的」形象遠遠比不上「搞技術的」，但是我的直覺告訴我，在IBM「做銷售」的機會更大，特別是對我而言。要想做好技術工作實在是太難了，我無論怎麼超越自己也無法超越別人。當時只有四個人作爲銷售學員，學歷背景在銷售這行沒有太大差別。我們處在同一起跑線上。我甚至可能有機會跑前半步？直到今天我還很慶幸，能及時抓住這個機會，這是我職業生涯的一個重大轉折。如果我當時沒轉，晚些時候也會轉的，到時候我的競爭友鄰可就不只是三個人了！方向和時機對每個人的事業都很重要，審時度勢更要了解自己才能把握方向；時機，則只是爲有準備的人。倒退三個月，這個時機就不可能是我的；但是新的機會總會出現，我會不停地「準備」自己，總有可能抓住機會。

我們八個人就此分開兩個方向，四男四女正好又對半分一次：兩男兩女做銷售，另外一半繼續做工程師。兩個專業的培訓也正好從第二期分支，分別側重技術和銷售。第二期銷售培訓在雪梨，正是一九八六年聖誕節，所有的櫥窗裡是白皚皚的「雪」，滿街上行人都是短褲背心，正是盛夏季節，不敢看穿著紅袍的聖誕老人，怕看見他熱出的痱子。這裡的異國風情比香港又大不同，高樓少，人少，滿眼是綠色，點綴著鴿子就像草坪開滿了白花。周一到周五所有人都很閒適，到周末人們才緊張起來：滿街汽車頂著帆板帳篷緊急地往海邊郊外跑，周末商店都關門，只有酒吧開著。

在澳洲培訓要輕鬆得多，課間休息多了下午茶，聽說是隨英國風俗，肯定被澳洲人改良了：供應的茶點豐盛得像正餐，大家吃個不停。在澳洲人中間我們都感覺很好，突然覺得自己玲瓏苗條。這一期培訓是更專業的銷售技巧，天天都有模擬銷售訓練，增加了很多案例討論，這時我們的信心和英語都強了許多，討論中我們也可以發表一些「在中國的市場，情況是這樣的……」，班上的澳洲人像聽天方夜譚。培訓結束時老師給我的評語上寫到：「善表達，積極參與，有時能發揮團隊領導作用。應注意克服急躁……」這是在說我嗎？是我先天性格終於迸發？還是根本偷偷換了一個人？

在IBM參加了很多培訓，後來也講課，再沒有像初期培訓能留下那麼深的記憶，時隔十三年，細節都歷歷在目。我在IBM學到的很多專業知識和技能，十幾年活學活用都已轉化成屬於我自己的「應用知識」。一九九八年七月，我在微軟的伙伴大會上有個講題「談談銷售」，臨時編纂演講題綱，十幾年前初期培訓的記憶竟熟絡如昨，演講時我強調技能基本功培訓的重要性，竟隨手舉了個例子：「我觀察到鮑爾默訪問客户時的」套路「與IBM銷售培訓的驚人一致」，原是爲佐證ＩＢＭ培訓的道理，但把鮑爾默和ＩＢＭ聯繫起來顯得太怪異離譜，招得台下盯著我像盯著天外來容。ＩＢＭ像個治煉職業人的熔爐，吞迸青青綠綠的雛形底胚，煉出來藍衣熱血的專業風範。在中國二十年，ＩＢＭ至少培養了兩三千個本地雇員，我只是其中的一個。應該感謝ＩＢＭ的不只是我……

一九八七年五月一日，我轉正爲銷售員，要動眞格的了。不知不覺中，我的「理想」又升格了：我想做個好的銷售員，甚至想領先「半步」了！

第六章　五年銷售員

進入了經理階層，現在我們不再是「試驗」或「點綴」了，開始眞正接觸國際公司的管理。

一九八七年的中國IT市場開始比較活躍，儘管當時有巴黎統籌會的嚴格限制（巴黎統籌會是一個西方各國聯盟組織，「統籌」限制對共產主義國家的高科技出口，九〇年代中期方告解除，其時，所謂共產主義國家已經不復存在了）。中國的大企業如銀行、民航、遠洋、地質石油勘測等，開始積極引進計算機系統，雖然在巴統嚴格限制之下，但畢竟也能進口「大型」主機了。IBM和其他幾家老牌計算機廠家進入中國比較早，開始紅紅火火地做起生意來。中國仍處於完全的計劃經濟體制下，外匯管制極爲嚴格，企業拿到一筆外匯指標比登月容易不了多少，終於立項批准能買外國機器了，當然想取「眞經」，只認外國和尚。當時IBM中國的銷售員都是美國人，大多數都是在台灣大學中文語言留學生，很少有貨眞價實的計算機專科學歷，但是能講一口流利的國語，有的還能玩幾句「哥們兒」之類的俏皮，加上金髮碧眼和IBM的牌子，可以通吃中國客戶。

我開始做銷售，迎頭碰到雙重的困難：第一當然還是專業知識，培訓的畢竟只是個「模子」，要把客戶的具體要求套進去再做出方案來，沒那麼容易！來洽談購買計算機系統的客戶都是專業人員，早通讀了IBM技術手冊，我雖不是工程師，得比工程師還積極地學技術，客戶不會耐煩和一問三不知的銷售員談話的；最難的是：客戶不認我！當時外國公司非常少見用本地銷售員，還是個女孩就更不像了。給我配備的系統工程師愛琳是美國人，我倆搭檔負責同一組客戶，走到哪兒我都被當成她的翻譯，我急了，生生教會愛琳一句中文，一接到我的暗號愛琳就說：「Juliet 是我們的銷售代表，我聽她的。」

◇

當時，IBM在中國是個快樂大家庭，因爲是「試驗市場」沒有銷售指標，生意都是找上門來的，大家經常慶祝好像總能簽合同。也沒有利潤指標，幾十個外國高級職員拉家帶口，花的比掙的多幾倍也沒關係，住著最貴的五星級公寓，還連隨行家屬都領「艱苦補助」(Hardship allowance)，因爲中國太「艱苦」，所以國外休假也得多幾次，孩子們如果不在中國上學，可以寒暑假來中國探親，公司報銷越洋機票，還可以在公司打打零工倒掙點錢……那不是屬於我們的世界，我們一群本地雇員是個快樂的小家庭，像蜜蜂似的忙著幹活、學習。每天晚上十點以前都不回家，忙自己的事兒，還彼此交流，大家都轉正了，各負責一攤事，交流起來都是眞實業務，很是煞有介事。我喜歡在辦公室待到很晚，能守著計算機系統想用多久就多久，再說，辦公室四季空調冬暖夏涼，比住處好多了。那是一段充實而幸福的時光。

轉正後做了一年左右的「零工」，給有經驗的銷售員打下手，第一年就受了獎參加「百分俱樂部」（IBM對銷售人員的年度獎勵活動，是少有的可以有酒精飲料的IBM活動）。糊裡糊塗不知道是爲什麼——還沒直接簽過合同呢，反正是很努力過了，也就心安理得。那年「百分俱樂部」在新加坡舉行，那是第一次去新加坡，一點沒嫌它地方太小，心裡只有激動！歡迎儀式是在一個公園舉行，IBM把整個公園包下來了，專爲娛樂「銷售英雄」，大象和姑娘獻上新鮮帶露的蘭花環，讓人陶醉只想永遠當英雄。後來年年完成、超額指標，年年去百分俱樂部，永遠覺得第一次最好。

◇

我第一個正式負責的大客戶是中國遠洋運輸總公司。一九八八年原來負責中遠的業務代表是一位香港同事，調去做其它行業的銷售，中遠及運輸業當時並不是IBM的「香」客戶，沒有太多生意。這可是我獨立捧起的第一個「香餑餑」，滿心歡喜激動，去走訪我的客戶。第一站到了上海，沒想到等著我的是批判會。六七位客戶的主任副主任科長副科長加上工程師，拿著本子從頭「控訴」，交貨、質量、培訓、建議配置、安裝……似乎所有的環節都有問題，都積壓了很久，難怪客戶憤怒。我汗流浹背聽了一下午，記了半本子，除了連聲說「對不起，我一定負責盡快解決」，其它的話什麼也說不出來。批鬥會終於結束了，客戶可能覺得我認罪態度比較好，幾個人送我出門。走到大門口正好碰上副總裁，經介紹我忙畢恭畢敬施禮伸手，副總裁也伸出手，沒有握手，戟指我的鼻子開口斥道：「你們IBM……」，當時正是下班，向外走的人流經過大門口都駐足觀望，我無地自容。客戶爲我開脫說：「吳小姐是新換的業務代表，以前的事不是她的責任。」我掙出一句：「既然是IBM出的問題，當然是我的責任。」說完趕快閉嘴，咬緊牙關生怕控制不住情緒。

回到酒店把自己扔到床上先大哭一場，覺得委屈得不行，千頭萬緒的問題也不知何時才能解決。正哭的當口，酒店送上門來一個茬口❾，借題發揮我大鬧了一場，也當了一回客戶，把一腔委屈都撒在酒店身上。那一場發作讓酒店記憶深刻，兩個月後有IBM的同事去上海出差，登記住店時酒店經理戰戰兢兢問：「你們的吳小姐沒來吧？」在問題解決之前我顧不上去上海了，在公司裡翻天覆地查找問題的根源，動用一切可以動用的資源，直到把所有問題逐一解決，有些不是IBM的問題也解釋清楚了。後來，我和上海遠洋公司的客戶成了可以吵架的好朋友。

八〇年代末，中遠計算機系統面臨更新換代，原有的富士通機器運行了幾年已經不夠用；圍繞富士通升級，還是更新爲IBM或其它家的機型，將決定中遠今後幾年甚至十幾年的IT投資方向。激烈的競爭由此展開。中遠的計算機應用水平很高，要能與客戶交流必須有技術和專業的共同語言。我拼上命，白天泡在客戶那裡，夜裡學專業知識：不光是IBM的系統配置機器性能，還要學中遠業務，從客戶那兒借來船運、集裝箱、貨運管理等等書籍，取代了枕邊夜讀風花雪月的惟一一點自我的奢侈。還要滿世界尋找同行業應用IBM系統的實例，非得弄懂業務才能說出來為什麼先進的國際海運同行會選用IBM，好處在哪裡。工夫不負人，我漸漸地建立起自己的信用，客戶也越來越接受我，相信我。有幾次在技術討論會上就一些細節雙方爭執不下，我會站起來說：「這個問題我知道，技術指標應該是……」一副「連我都知道……」的不容置疑，居然常會有技術性的說服力，遠洋的客戶後來甚至誇我是「最懂技術的業務代表」，雖是亦莊亦諧的誇獎，不妨礙令我得意揚揚。後來，我怎麼也接受不了銷售員說「技術是工程師的活兒」，銷售員要對所銷售的產品具有相當的技術性了解，這是起碼的職業要求。

我一直覺得自己特別幸運，能在蹣跚起步時碰到這麼好的客戶，中遠是當時中國少有的國際型企業，全世界凡有港口就有中遠的分支機構，人人見多識廣，卻能接受了我這個土的掉渣兒的本地人做他們的「IBM代表」，我開始時實在水平很低，一點聽不懂遠洋業務，只會紅著臉提問題，能做的只有那點兒「敬業、真誠」，中遠的客戶像大海一樣胸懷寬闊，包容了我的無知無經驗。他們真誠待我，我更是拼命努力學習，直到能「登堂入室」，以準專家身份參加中運信息系統內部規劃會議。

◇

一九九二年又遇到嚴峻的挑戰，此時的競爭對手是IBM自己！專門有一群公司從歐美蔓來IBM二手機銷往中國，歐美市場都是租賃，客戶總是趕著租最新的機型，淘汰下來的機器仍然很新，但比中國便宜得多。如果讓二手機得逞，IBM只剩下主機操作系統軟件（即軟體）和一點服務的業務。首先要通過IBM的內部論戰。那時，要說服IBM爲何需要做特價報盤難過過五關斬六將，必須要使出瘋狂的執著，過了內部關不一定能說服客戶。此時，廣州遠洋的示範作用尤爲關鍵。案情尚在撲朔迷離之間，我拉著經理、工程師們全體到達廣州，幾輪艱苦談判終於見到曙光的端倪，晚宴過後已是晚上九點，我堅稱合同文本已經就緒，把客戶們拉回酒店。我知道競爭對手們就在門外虎視眈眈，過夜一定生出噩夢，哪裡敢回北京準備合同。讓經理們在套間裡陪著客戶聊天，我衝回房間準備合同。合同條款改動太多，根本用不上標準文本，幸好我預謀租了一架打字機，酒店只有老式的打字機，連塗改功能都沒有，饒是我打字嫻熟，打的是生澀艱難的英文法律合同文本，急中更易出錯，等到我把合同打好時，地毯已經變成白色——滿地是廢紙，天色也變白了——已是眞的曙光初露。我叫醒在套間裡東倒西歪的經理和客戶們，在史無前例的時刻（淩晨三點）簽訂了合同。

中遠也培養了我的酒量。第一次我眞喝白酒是一九八九年初在青島，慶祝系統安裝調試成功大家都很高興，午餐開始時卻氣氛沉悶，一問才知道，山東風俗無酒不歡，趕緊換白酒，高度的（酒精含量）！我是主人當然得喝，不知深淺酒到杯乾，守著這麼多好人醉了也不怕。滿桌山東大漢都是有膽有量，喝到興濃處吆五喝六，豪氣干雲。兩個小時下來，桌上只剩了我和客戶的主任，主任是中遠名震遐邇的酒仙，我問主任：「我是不是也該醉了？」他憑著老道經驗告訴我這回肯定沒醉。經過這場陣仗，我酒膽大增，也更對了豪爽的遠洋人的脾性。

我負責中遠業務一幹就是五年，先做銷售員後做銷售經理，直到一九九三年底我調離北京也調離了中遠，那時中遠的計算機系統已經形成了兩條長龍：運輸公司業務清一色ＩＢＭ主機，外輪代理全部是ＩＢＭ小型機系列。五年前我接手時，中遠還是富士通的用戶，一部ＩＢＭ機器都沒有。我對遠洋客戶還報以兢兢業業的服務，遇到問題不食不寢也要盡快解決，再沒有被客戶指著鼻子罵過。遠洋人也因此相信我，相信我的團隊，相信ＩＢＭ。那些「看著我長大」的遠洋人，已經成了我永遠的好朋友，我「風光」時他們遠遠地爲我高興、驕傲，我遇到挫折，他們就會主動找我「聚一聚」，每次都要回憶我們共有的往日光榮，每次仍是不醉不歸。那五年裡我常跑海邊的港口城市，遠洋的主要分公司稱爲「廣、大、上、青、天」，海是我的最愛，可惜總是來去匆匆，很少緣分親近。我神往很久想過一回「海員」的癮，本來已經走好了通天的「後門」，特批「夾帶」我登輪遠洋，結果由於ＩＢＭ的職責拖成無期，可能將會是永遠的遺憾。後來做民航業務又夢想客串空姐，也是顧著ＩＢＭ的工作拖過兩次機會，終是沒能得逞。

◇

我既定了要「領先半步」的目標以後，就不管不顧，全情投入了。不把自己累到極點就覺著不夠努力，對不起自己。在辦公室裡暈倒過兩次，吐過血（就像書裡描寫的「眼前一黑，嗓子一股腥甜熱乎乎一口噴出來」），犯過心絞痛（一含硝酸甘油就好），中間還鬧過幾次腎結石疼起來打滾，像魚似的打挺兒（猛烈變換體位可能幫助結石運動通過——這是我做護士時學的專業知識），疼過去接著開會。抽屜裡專門備著鬧鐘，一個星期總有幾次熬到早晨兩三點，再回住處不值得來回跑，就搬兩個沙發墊子蓋上軍大衣，在會議室睡幾個小時。鬧鐘六點一響，爬起來去酒店游泳（那時麗都游泳月票百塊錢左右，我在那兒自學會了游泳），精精神神又是新的一天。熬夜是大家的家常便飯，像我這麼驚心動魄鬧病的不多，我不但不休病假還拒絕去醫院，醫者自醫，自己開處方吃藥，「病們」擰不過我，鬧過兩三年也就不再鬧了，倒好像從此練就了金剛不壞之體。

其實當時熬夜經常不是爲什麼大事，比如爲把建議書格式修飾得好看點，就能花上四五個小時，說到底還不是得怪自己底子薄，學藝不精？有一次幹到凌晨，把投標方案書打扮好了，因爲用了點「新潮」格式，怎麼也打印不出來，早晨就是交標期限，印不出來我拿什麼交活兒？一邊試，還一邊哭著，一直折騰到天亮，早來上班的同事才解救了我。趕快化了濃妝遮蓋著又紅又腫的眼睛，努力收拾出一副專業形象，抱上剛印出來還熱乎乎的方案書去投標。

一九九〇年亞運會時我住在工人體育場附近，因爲住得近，能聽得清楚開幕式的工體現場聲音，全中國全亞洲的大事我卻沒顧上看電視，那是我連軸幹到第三夜，趕著把建議書翻譯成中文。當時正和王安競爭，王安公司正「火」著，又是唯一成功的世界級華人計算機企業，IBM在這個項目上很晚才介入，已經岌岌可危。人家的方案書都是漂亮的簡體中文，那時IBM沒有中文文字處理系統，只能我手工翻譯了再請人用打字機錄入。三天三夜用原始方法做出一份「中文建議書」，質量和王安的還是沒去比，但著實給客戶一個驚異，原來IBM這個「傲慢的老大」還眞的挺有誠意。這一口氣緩得很關鍵，爭取到了拉距戰機，直拖到王安破產，終於在兩年後簽下IBM在中國民航系統的第一個，也是金額最大的合同（截至一九九八年初我離開IBM時）。

清華籃球隊長那時是我搭檔的系統工程師，技術出色，是特別眞誠優秀的人，我們「代表」著IBM形象，客戶先接受了我們，信任了我們，然後才接受了IBM。這次又學了一門專業：國際航空票務結算業務。如果客戶不相信我們，哪裡會教給我們業務？我們又哪能有機會證明IBM的好處？可能要等到幾年後王安機被淘汰時才會再有一線機會。

當初客戶是二三十個人的一個小處，今天已經發展到五百多人規模的優秀國有企業，每年上繳利潤數千萬，一半來自國際業務。IBM系統升級過幾次了，今天仍然支撐著企業的骨幹業務。前幾天我們還去過馬總經理的新家，談起當年仍是新鮮的激動。一九九一年出國考察時我兼做翻譯，馬總的語言雅俗古今特別豐富，聽著享受譯著受罪，馬總見翻譯常常辛苦地鼻子尖冒汗，就慷慨封我爲「處級翻譯」。我說：「都八年了您得給我提級了。」馬總說：「處級夠高了，再說你現在有翻譯以外的事業了，不要再鬧著爭級別！」

付出的辛苦、心血，值了！不僅換來了職業生涯的「領先半步」，還得到了那麼多好人們的友誼，那是只有真誠能換來的。推銷，先要銷售自己，不能只靠說，要靠真練，要靠爲人！我多麼希望ＩＢＭ的銷售隊伍能保持職業榮譽，永不要讓客戶有「今不如昔」的遺憾。

一九九二年底ＩＢＭ成立了在華獨資子公司，是第一批在華註冊的外資獨資公司。獨資後可以直接雇用本地員工了，ＩＢＭ與外企服務公司商定給雇員自願選擇的自由，如果願意留在外企服務公司，仍然可以做ＩＢＭ的工作，可能很快分到房子。我們大多數人選擇了脫離服務公司，成爲ＩＢＭ的正式員工，徹底地沒有了鐵飯碗。很快，ＩＢＭ提拔了第一批五個本地經理，其中有我，還有兩個清華畢業的「黃埔二期」同學，還有行政和售後服務經理各一名。這是ＩＢＭ的人才本地化進程的序幕，終於有了本地人進入了經理階層，現在我們不再是「試驗」或「點綴」了，開始眞正接觸國際公司的管理。我們被「重用」，完全是因爲我們表現出來的實際能力，這要說回一點歷史背景——

◇

一九八九年的六月風潮，把在北京的外國人都嚇跑了。我在五月底才從澳洲出差回來，錯過了最激越的日子，只見到麗都商業樓一派奇異景象：小小的民航售票處前靜靜地排滿了外國人，各家大人都帶了「馬扎兒」⑩、乾糧飲水，輪流換班排隊等著買出境的飛機票，像早年間北京市民排隊買過冬大白菜，又是一副逃難的樣子。ＩＢＭ以審愼出名，很快疏散了所有外籍人員。偌大的辦公室只剩下幾個本地人留守，我當時已經又換了住處，租了間民房住在麗都附近，自然地也成了留守人員，每天的工作是挨個給所有本地員工打電話，聽到聲音知道人都平安，囑咐大家不要上街。

略去憂國憂民熱血沸騰的敏感情節不提，四日剛過去四五天，客戶開始來電話，催問IBM何時派人去安裝系統！我們目瞪口呆，心裡說不上怎麼個勁兒，這個時候還有人想著安裝系統？請示撤到香港的總部，總部說不能派人回來涉險，你們酌情行動，安全第一。我們商量商量，終歸是客戶第一，三三兩兩開始出差給客戶服務。等到八月左右，總部和外國人開始陸續回來幾個，發現這些本地人儼然挑起了大樑。

一九九〇年IBM中國的口號是：「掙一美元！」意思是要做到收支平衡。要想不虧本，無外是「開源節流」，古今同理。當時IBM採取了最有效的「節流」：把已經撤到香港的外國雇員再撤回美國，已經撤回香港的香港人就留在原地，可以由本地人承擔的工作就交給本地人。IBM的中外雇員比例第一次接近平等。一年下來，業務做得一點不差，還第一次有了利潤，每個人得了一個紀念牌，上面鑲了一美元硬幣。

挑過大樑，我們都有了膽氣，我們能做外國人能做的事，還能做得更好——起碼性能價格比要好得多！我坐進了單間的經理辦公室，躊躇滿志，這回我的野心又膨脹了，我想超越的不再只是自己的同伴，新設定的目標是：做高層專業經理人。這意味著首先必須超越同級二十幾位外藉經理，他們個個比我資深得多，那又如何？！

◇

這次的野心實在是狂妄，以致我不敢和別人提，怕說出來讓人笑話，更怕做不到讓自己笑話，只在心裡暗自較勁。三年後我登上華南分公司總經理的座位，回視當時的野心，發現的竟是偏執和狹隘。我和我們這些本地經理人的成長，絕不只是個人奮鬥的「本事」，依托的是IBM尊重個人的企業文化，受益於很多IBM前輩的經理人，他們都是港、台及歐美人士，是優秀的職業人士。對於文化的異見，不應與職業標準混爲一談，民族血源不應是職業人的種族偏見，這是我離開南方時的重要心得和昇華。

第七章　南天王

市場、政策、高層「人氣」擺在那兒，華南業務超過華東，在跨國公司裡屬於罕見。

一九九七年一月，ＩＢＭ中國公司新年大會在北京國際展覽中心舉行，此時規模已逾千五，北京就超過一千人。我心中感慨，離開北京才不到三年，竟有這麼多的新面孔。我從廣州趕來主要是為了觀摩學習，為操辦華南的新年大會做準備。此時是「客」，自知應該謙虛，切忌張狂，悄然坐在第十幾排靠邊的位置。台上大中華區總裁一一介紹要客貴賓，突然聽到，「還有……ＩＢＭ華南區總經理，我們的南天王——Juliet Wu!」追光在前三排ＶＩＰ座位巡梭卻找不到目標，我站起來揮一下手，只給一千多人留下模糊的輪廓。坐回黑暗裡，心，飛回我的南方……

◇

一九九四年六月，我調到廣州，職務是華南區銷售經理，ＩＢＭ只有幾個人知道這個職務是為接任華南總經理做準備。我到南方，當時華南總經理章生起了至關重要的作用。前文說過，我在一九九三年初才被提拔爲經理，到當年八月份我被調到香港做一個「特別項目」，爲ＩＢＭ在中國的長期戰略所做的中國研究項目，我離開北京時，我的部門已經篤定完成了全年的銷售計劃。剛到香港，章生就來找我，開始慢工細活地游說我在項目結束後來廣州工作。我對章生玩笑：「你還沒被我煩夠嗎？」

章生曾做過我的經理一年多，我倆是水火極端的性格，我當然是火，總處於行動進行時；他是水樣的冷靜，邏輯思維極爲縝密，把頭髮都快累光了，人瘦得成了影子，仍不改十思而後行。我最怕和他討論問題，準定忍不住拼命地踢桌子跺腳發出噪聲，任由我急促的「馬蹄聲聲」，一點不干擾他「讓我們從另一個角度再想一想……」。

章生以管理嚴格出名，每個員工的報銷單都會仔細審閱，我是「問題」最大的。終於有一次章生忍無可忍，以電子郵件的鄭重形式提醒我（可以直接談話溝通的題目，如果接到老闆的電子郵件，通常表示其嚴重性）：「Juliet，你的經費比別人都超支了，你要注意，要以對待自己的錢的態度對待公司的錢。」我馬上以郵件方式回答：「章生，經費是否超支應以銷售額比例衡量，不應『比別人』。順便提一句，如果是我自己的錢，我絕不會如此地謹愼計算。」章生再度回覆：「那麼，你不應該以對待自己的錢的態度對待公司的錢。」

不過，章生律己更加嚴格，從來把公事私事分得涇渭分明，即使到了南方有充分的化外自由，也從不會在用公司車接太太之類的小事上「失節」，讓人頭疼之餘，不能不佩服。

盡管頭疼、跺腳，從心裡不能不承認章生對我的幫助和栽培。我成爲經理後接替了他，他一九九三年去了廣州籌建華南分公司，一九九三年六月十八日成立。華南分公司是他的「新生三個月至親至愛的孩子」，他就來找我，要請我去做他的接班人——這就是IBM企業文化造就出來的優秀經理人！

章生為「誘惑」我，特地邀請我去參觀他深深引為自豪的IBM華南辦公室，當時在世貿大廈，初建時人員不多，清潔整齊。章生無比驕傲地問我：「感覺如何？」我說：「很好，就是人都太乖，太安靜了。」章生說：「這正是我想請你來的原因。」

◇

一九九四年六月二十三日，我攜帶全部行李從香港坐火車到廣州，從車站直接去辦公室開始工作。回到名雅苑寓所已是二十四日凌晨，打開空調和熱水器，不料電壓過強燒了保險，只好草草用冷水洗澡就寢。沒有空調冷氣的遏制，蚊子全體出動，公寓已經空置幾個月，大群的蚊子們餓到瘋狂，突然聞得香肌玉膚，蜂擁齊上饕餮飽餐。我第一夜入住，什麼武器都沒有，最後只好用一條毛巾遮臉以期保持「顏面」，至於身體，就聽天由命了。沒想到第一夜就被蚊子咬得我哀哀哭泣。我在廣州的第一個酷熱的星期只能穿長衣長褲，為了遮擋蚊子製造的恐怖痕跡。

廣州人以精明務實的生意人著稱於世，凡有冒險精神的都去開自己的買賣，自己當老闆。選擇到外企大公司的多是最乖的好孩子。我的第一件事，是把「乖孩子們」踢出去，趕到市場上去！我告訴我的銷售員們，別怕犯錯誤，什麼錯都不犯基本上等於什麼事都不幹，都給我出去犯幾個漂亮的錯誤來看看！這時我的示範作用已經不只是如何談下具體的合同，我用誇張的「江湖風采」給我的隊伍示範膽量、氣魄。

我開始制定內部競爭的目標：我們要超過華東，我們可以超過華東！開始時我的吆喝沒有多少響應，乖乖的隊員們看著我笑，斯文地包容經理的「痴人說夢」，北地女子嘛，可以體讓她的乖張狂妄。我堅持不懈，大會小會呼吁不止，終於感染了我的隊伍，大家有了競爭的目標，有了競爭的膽量，目標變成了大家共同的追求。

我在南方的兩年半當中，華南分公司從四十幾人長到二百四十幾人，業務翻了幾番，終於超過了人衆「年長」的上海華東分公司。市場、政策、高層「人氣」擺在那兒，華南業務超過華東，在跨國公司裡屬於罕見。ＩＢＭ強調的是團隊合作，我的「內部競爭」實屬悖論。但是「悖論」畢竟實現了奇蹟，我不以爲悖。如果我執掌的是華東分公司，也一定會挑選一個競爭目標去激勵我的團隊，外部最強大的競爭對手，或者乾脆是ＩＢＭ北京總部？ＩＢＭ的地區分公司長官並不承擔如微軟的直接銷售壓力，反正是矩陣式組織，大團隊式合作，做到做不到並沒有職業性命的交關。但如果沒有自我競爭自我挑戰的目標，事業生活將多麼無聊？

接任總經理以後，角色變化很大。從前線衝殺轉變爲後台運籌帷幄。要學習除銷售外所有不熟悉的領域：人事、財務、服務、渠道、市場、公關、政府關係、媒體……我更勤奮地學習，還要感謝我的團隊和章生對我的巨大幫助。

我接手的經理隊伍幾乎是清一色的香港人，開始時大家都很客氣，但我知道他們都不太看得起我，「不過是因爲本地人的身份才能有如此機會，除了一點銷售業績還有什麼？……」居移氣，養移體，在其位，謀其政，這時我心裡已沒有太多的不平，本來從學歷經驗都沒有過人之處，時時警惕自己要公平無偏見，要謙虛善學習。本地人和外籍人是不同的工資結構，我的工資比香港同事低很多，能給別人長工資提級發獎金，心裡沒有任何不平，竟比自己拿到還要快樂！從這些優秀的職業人身上我學到了很多東西。日久見人心，我離開華南時，竟有了好幾個香港的好朋友！香港人的工作觀非常實際，「反正都是打工，無所謂啦！」但都最懷念華南的經歷，稱那是「最快樂的工作……」。

總經理仍然需要接觸客戶，或者是簽約如儀的擺設，或者是死馬當活馬治的危急關頭的最後一擲。我堅持要有後者，畢竟能在前線廝殺中體現英雄本色。這種「超級銷售員」的角色沒有相濡以沫慢工細活的時間，更需要超出技巧的詩外功夫。治活了不少「死馬」，只舉一個例子：

一個銷售員愁眉苦臉地來找我，報告一個關鍵案子必輸無疑了。是在IBM一個本不是太強的製造業的客戶，據可靠消息，競爭對手已經在準備最後合同，並放出風聲，志在必得。我仔細問過情況後，不得不同意銷售員的判斷。此時再做責備毫無用處，我只建議銷售員做最後努力，安排我拜會客戶決策人物。兩天後銷售員來報時：只得到三十分鐘的約會時間。

我登時大振，仔細研究過所有相關的資料，告訴銷售員：我們三十分鐘的目標是達成下一個約會，銷售員仍是一臉愁雲慘霧，不解這與項目何干？在寶貴的三十分鐘內，我與客戶的副總裁大談特談企業管理、人力資源，三十分鐘一到，我遺憾地說時間不夠用，邀請副總裁親臨我的公司再做切磋。又過了三天，副總裁親自從深圳到廣州，我們於是有了一整個下午和晚上，從容切磋企業管理，人力資源，還有許多許多IBM的好處……一周以後，銷售員面無人色拿著一份傳眞給我看，上書：「致IBM公司，經我公司董事會研究，決定不採納貴公司建議的方案，對貴公司的努力表示感謝……」正在面面相覷說不出話的時候，秘書氣喘吁吁又送來一份傳眞：「致IBM公司，經我公司董事會研究，決定採納貴司建議的方案，對貴公司的努力表示感謝……」這一份只少了個「不」字，先前有「不」的那份是錯發的，改了公司名字發給了我們的競爭對手！我的銷售員說：「終於理解了一點點，什麼叫做『詩外功夫』。」

IBM的傳統優勢是「銷售」，而不是「市場」，重「直銷」而輕「渠道」，以我全體二百多人的隊伍，就算人人具備「超級」的銷售本領，也不能覆蓋華南五省的廣大地域。做爲總經理，職業觀念發生很大的轉變，我必須動腦筋思考，如何在沒有分公司的地方開展業務。華南五省包括廣東、廣西、雲南、海南、福建，我跑過所有的地方，市場形態各異，要在所有主要城市設立分公司肯定不是最划算的做法，如何能遙控而確切地把握市場的動態？百思之下，悟出道理，單憑一己之力只能撥動眼前的方圓之地，若要撥動大市場，必須團結發動

「我」之外的資源，我開始試驗與外地渠道伙伴和地方政府的合作，四兩撥千金的效益立即顯現，我離開南方後。在管理全國渠道的職位上又有更大的發揮心得。

我離開南方時也交了一份「畢業論文」，在一九九七年一月華南分公司大會上做的年度報告，總結對華南五省市場的認識，華南是非常活躍的市場，但ＩＢＭ傳統優勢的大客戶群並非主流，要抓住中小型客戶的市場機會必須重視渠道合作，必須注重支持推動多元化應用軟件。我提的ＩＢＭ在華南應持的策略，其中有幾條重要的「新意」——要積極尋求本地的合作伙伴，在廣東之外的市場採取依靠幾個核心伙伴，其中必須有直屬於當地政府的企業伙伴，能夠最大限度地利用地方政策和政府支持的優勢，牽動當地媒體，遠程啓動市場，在當地市場較爲成熟、可以達到每年××百萬美元營業額規模時即建立分公司；ＩＢＭ要與軟件開發商密切合作，主動支持和推動在ＩＢＭ平台上應用軟件的開發。華南分公司的組織機構及人力資源策劃也與華南市場戰略配合。ＩＢＭ是全國一盤棋，分公司各功能有點像配給制，我認爲華南市場就需要比別的地方需要更多做渠道的人，不一定要按配給名額非增加多少銷售人員，多少工程師等等……組織也應有偏重……

我最心心念念的是我的團隊，在報告中強調要更加大力度培養本地人才！人力資源策劃應重視現有人員的培養，要防止無度擴張，繼續推行「師傅制」（華南分公司是ＩＢＭ中國公司「師傅制」的試點），過去兩年多裡，乖孩子們已經成長爲能夠戰鬥的隊伍，已經成長起來幾位本地的經理，我們年輕的華南分公司甚至誕生了第一個孩子！

我提出：華南分公司的遠景目標，要成爲華南最優秀的外企，要成爲ＩＢＭ中國最優秀的分公司。這是我第一次嘗試以經理人的身份爲企業提出「遠景」——Vision。未能率領我的華南團隊去實現這個我深信可以達到的遠景目標，只能是深深的遺憾。

◇

南方有很多好玩的經驗，由於離總部遠，我能找到很多「玩出格」的縫隙，比如和媒體的聯繫。ＩＢＭ對媒體交道有嚴格的控制，沿用全球統一的公關公司，新聞稿也是統一由總部發，分公司沒有單獨做媒體活動的經費。我發愁了很久，沒經費如何能主動地煽動市場呢？終於想出個好法子：用個人身份和自己的經費！我請記者們到家裡來玩，交朋友，喝酒聊天唱歌，因爲先聲明了是個人而非ＩＢＭ華南總經理，大家都非常瀟脫，交到了朋友是我個人的福氣，搞好了媒體關係與我的工作有益，一舉兩得，怎能讓我不得意？亞特蘭大奧運會ＩＢＭ系統出了問題，全世界爆炒沸沸揚揚，獨有南方媒體比較理性地對待，從此我喜歡上媒體的朋友，不管多少次高層經理培訓，再也達不到「對媒體要時刻警惕」的境界。

ＩＢＭ的廣告費用也是嚴格地撥款監管，我只有廣告地點的建議權，看中了一塊寶地，咬緊牙關不鬆口，終於在十一個月後打通所有關節，在我離開前二個月，一九九六年底終於亮起了ＩＢＭ的廣告牌，地點是迎接所有降落廣州八方來客的過街拱橋，ＩＢＭ廣告語上方是廣州市政府的「歡迎來廣州」和「擁軍擁屬模範城」，國際商業機器與本地色彩的融合，正顯示我的理想期望，不管別人怎麼說，我很得意。

我初來廣州時單純是事業的考慮，對南方人有典型的北方偏見。在各層次深交之後，越來越了解南方人：講實際而少浮誇虛僞，會享受而不羞羞答答偏要遮面「斯文」，善經商可以有共同的效率、效益語言，而且，一點不缺乏細膩美好的人之本善……我「一不留神」竟喜歡上了南方，也交了很多南方的好朋友。遺憾的是我終未能學會講廣東話。我自恃語言天賦曾誇下海口，三個月學會廣東話，也確實努力學習，不到三個月敗下陣來：只要我說廣東話，所有廣東人立即笑得前仰後合，極爲影響效率，我惱羞成怒追問再三，終於得到一致的答案：「你把廣東話講得太柔和好聽，所以不像。」沮喪之餘，我決定放棄廣東話，而不想放棄「柔和好聽」。結果只傳染了些南方口音，鬧個不倫不類，一次我回北京，從機場要出租車回麗都飯店，因爲路程太近怕司機不高興，心裡忐忑。司機很和氣，一路搭訕著聊天，自然地建議：「小姐，快到國慶了，天安門很好看，要不要去轉一圈？麗都飯店到天安門順路，一點不繞遠。」來過北京的都能知道這兩個地方只繞十幾公里那麼一點。我笑得噴出來，告訴司機我是北京人，他說：「別逗了，你的口音再怎麼裝也是南方人。」一直到了麗都我也沒能說服他關於我的籍貫。

◇

南方，濃縮了我職業生涯和生命歷程的許多精彩，我難以忘懷。

我在這裡付出了很多：北雁南飛，言不盡的孤獨；爲太投入工作傷了愛我、我愛的人，痛失良緣……

我在這裡得到的太多：我帶起了一支隊伍，我們一起成長，一起做出輝煌業績傲世驕人；我結識了ＩＢＭ內外很多優秀的人，不管我再到東西南北，南方總有朋友惦念我，其中也有曾與我彼此心存偏見的香港人；我學會了做經理，克服了褊狹懂得了大度，能凝聚起不同文化背景的各類優秀的人，在這裡我開始眞正懂得什麼是經理人的幸福；從超級銷售員的英雄角色「退到」培養和欣賞英雄團隊的高度；從身先士卒衝鋒陷陣兼備了運籌大市場、管理公司全面運作；我完成了又一次蛻變昇華——從用「命」做事，到學會思考；從不知前路的迷惘，到有了清晰的理想——我的下一個目標，不是再要去超越別人，我想超越自我。

超越自我，先要完善自我；理想是要去做國際化的中國企業，或是中國化的國際企業，爲了理想我需要知識，需要學習。我應該退下輝煌的舞台，去念書。我一直認爲自己沒有那些起碼的學歷，要上大學進修可能會很難，思考的過程中遇到一個機緣，促使我最後決定去上學。

一九九六年五月，我受一個同事之託，代做一場演講，對象是Wake Forest大學ＥＭＢＡ班學員。Wake Forest不是一所非常知名的學校，但是個好學校，包括ＩＢＭ總裁郭士納(Gerstner)在內的許多公司的高級管理人員都曾在那裡念過書。學校位於北卡羅來納的溫士頓沙崙(Winston Salem)，一個盛產菸草、非常美麗的小城。開設了一個ＥＭＢＡ（Executive MBA，專爲高級行政管理人員而開設），招收高級行政管理人員，學員多來自美國大公司，學制一年半。EMBA班有一個課程安排，每年都要去歐洲或亞洲考察，中信公司爲來中國的團安排一些講座，其中包括IBM公司在中國市場的策略。

以我當時的水平，應當說講得挺精彩。我沒用IBM傳統的投影膠片輔助演講——到那兒才發現人家沒準備投影儀！臨時決定在白版上劃了三條曲線，一條是中國IT市場十年發展，一條是IBM在中國的十年投資戰略演變，還有一條代表中國本地人才在IBM（代表在中國的外企）的角色作用發展。演講完還不算，他們去廣州時我又做了回地主，聊天時我談到很羨慕他們能上學，他們就問我是不是眞的想上學，我說當然眞想，他們說全班人都願意做我的推薦人，我當時將信將疑，因爲一般來說，這樣的EMBA班需要研究生畢業後有若干年的高層管理經驗才能就讀，他們全體鼓勵我，說以我的經歷和經驗應該毫無問題，他們也用了「傳奇」這個字眼來形容我。

有全班人的推薦，一次面試，即免了一切其他考試，當時拿到了入學通知書。我終於有機會圓我的大學夢。EMBA學期一年半，學成後一定回來，這裡，才是我的國，我的家。我仍然褊狹地認定：在我的國我的家裡一定能再有我的輝煌，那是我想要的輝煌。我想也會有機會，面北占山再做他一回南天王！

臨離開南方時，我堅持做完巨大的搬遷工程，不能把工程留給繼任者。公司在一九九六年十一月二十八日搬到金碧輝煌的天河大都會廣場，全新的移動辦公環境，在諸多繁雜細緻的規定標準的管束之內，我費盡心思利用所有的機巧邊鋒，把華南分公司裝修成大中華區最受羨慕的辦公室，三層樓從天到地每一寸都有我的心血，爲選址我去過所有建築工地，坐過好多拉運建築材料的籠子吊車……我搬進去不到三個月就離開了廣州。

台上「封王」之前，我已經卸下冠冕，我把冠冕和不盡的感激，獻給我南方的朋友，是他們，和我一同鑄造了那段輝煌，攙扶我走過絕望的心境，幫助我變成一個更好的人。一九九六年的聖誕晚會，是我與華南分公司「家人」的最後團聚，我想獻給家人無可代替的絕版回憶，最後竟想出一場勁舞，還非得練高難動作追求準專業水平，爲了四分鐘的舞蹈練到爬不動樓梯。這在保守的ＩＢＭ實在太出格，也決非「總經理作派」，反正我的南方家人們都很喜歡！我將離去，無可顧忌。

◇

我最終沒有去念書，不是戀戀不捨「榮華富貴」，割捨不下的是親情。在我拿到機票第三天，年邁雙親同重病，各自住在不同的醫院，我和二姐在兩個醫院之間穿梭奔跑輪班照料，我心裡的鬥爭是不可承受之重。我痛苦地發現，我掙的錢不少，攢下的不多，全用來做父母的生活健康「保險」也不夠放心，再說，父母需要的不只是錢，他們更需要我！我幾次想咬牙爲自己「卑鄙」一回，跺了幾回腳，良心攔著我到底沒走出去。我向學校申請，延長一年我的入學資格。我準備挽起袖子再狠掙一年錢，掙夠了留給我的父母，再去圓自己上學的夢。

我已經和IBM說過再見，不能再回頭找草吃，就準備好要去外面找生活了。正在這時，IBM挽留我做全國渠道總經理。我先講清楚我的承諾是最多再做一年，這一年不是爲了IBM，是爲了我爸我媽。說清楚以後走馬上任，接手時已是五月底，才作了全年指標百分之二十三；又拼上七個月的命（自己開車，車禍都出了兩次！）。到年底交出來將近百分之一百三十，七個月做了全年的指標，順帶學會了管理渠道運營的精髓。七個月把中港台混合旅團結成能戰鬥的隊伍，和我的隊伍一起掙到了一塊獎牌：一九九七年IBM亞太區最佳業績集體。獎牌是錫做的，正面是關公，反面是商人寶訓：

「能識人，知人善惡……能用人，因才器使……勿卑陋，勿優柔，勿強辯，勿懶惰……」

牌子一直在我床頭放著。

一九九七年初離開南方，我本打算去美國上學，結果爲父母留在北京；我本是爲父母留下來的，結果一個半月後父親就撒手西歸，讓我痛斷肝腸……我對IBM「最多承諾一年」，結果只再做了九個月；離開IBM我仍未能如願去那個美麗的美國小城念書，而是花了一年半在微軟讀了我的「EMBA」……世道無常，人生難測。

雖是人生難測，但四十不惑。我已成長爲職業經理人，我已能把握自己命運的舵。南天王已是歷史，想要的，是更大的理想。

第八章 ＩＢＭ眞的有文化

郭士納帶領ＩＢＭ從深淵走上平原，保持了ＩＢＭ的完整，並使之煥發新的精神，譜寫了ＩＢＭ新的傳奇，不管是不是暫領風騷，ＩＢＭ是眞正的企業奇蹟。

ＩＢＭ的前身是一九一四年成立的ＣＴＲ（Computing-Tabulation-Recording）公司，顧名思義，公司業務是計算—製表—記錄（computing-tabulating-recording），主要產品打卡機，與計算機不太沾邊，更像織布機：利用織布機原理，只不過分配的不是棉線，分配記有資料的卡片，用來排列印制統計表格。老華生賣縫紉機、鋼琴，走街串巷卓絕奮鬥起家，是了不起的美國式自我奮鬥實現的英雄，他在一九二四年把ＣＴＲ更名爲ＩＢＭ，「國際商業機器」裡的「國際」顯示創始人的宏大的期許，但他並沒想到ＩＢＭ將來要賣的「商業機器」是計算機，訛傳老華生曾預言全世界將只有十幾部計算機的市場。二次大戰時ＩＢＭ開始製造計算機也是爲戰爭國防特需，四〇年代中葉才在小華生力主之下進入計算機市場，一九五六年小華生掌ＩＢＭ事業，六〇年代開發三六〇大型主機系列——世紀豪賭一舉滿貫，從此大器晚成，在計算機市場獨領風騷三十年，直至九〇年代初期。

老華生相信：忠心耿耿遠重於每個人都去做最佳決策。小湯姆·華生接掌後，將集權家長式改爲分權合治的管理委員會，IBM開始形成現代企業文化的模式，也確立了「三項基本原則」的基礎——尊重個人、追求完美、客戶至上。

◇

一九八〇年的IBM是「最會賺錢的公司」，從一九六九年至一九八二年長達二十三年的聯邦政府反托拉斯訴訟案，也未能影響IBM成爲無可置疑的計算機霸主，但給IBM留下很多傷痕——過細的規矩，更多的文件（一定比二十三年訴訟期間聯邦政府從IBM取走的七億六千萬份文件還多）。當外界的競爭幾乎不存在時，自大傲慢開始成爲主流，成功的標準變爲內部的階級。IBM深深地落入自我文化的窠臼。太多規矩扼殺了創意，很難做沒有做過的事情，新事物通常被打死，或是被辯論到至死方休，文山會海，卻會而不議，議而不決。

有很多形容IBM官僚、自我中心、脫離現實的笑話：一則講的是一架小飛機在濃霧中迷航，看到有人站在一座高樓窗前，駕駛員忙大喊發問：「我在什麼地方？」那人答道：「你在飛機裡。」於是駕駛員立即調整方向，降落在最近的機場。乘客驚魂甫定，不解駕駛員如何能找到方向，駕駛員答：「我知道那一定是IBM大樓，便知道方位。因爲只有IBM的人能給出如此正確而全無意義的答案。」還有如此形容IBM工程師爲大規模集成軟件編程：女人生小孩必須懷胎九個月，IBM似乎希望有九個女人各懷孕一個月，就生出個孩子。對於微軟和IBM的十一年合作末期在視窗和OS／2的競賽，有人用賽艇比喻：各隊八名隊員，微軟方面一個舵手七個划船手，IBM有七個舵手一個划船手，第一輪微軟勝出，IBM研究後重新部署戰略，第二輪依然輸掉，再研究的結果：是划船手不力，因而被開除。

IBM曾爲遏制蘋果與微軟聯手，領導了眞正的PC革命，十年後微軟已無法遏制，爲收復失地，IBM轉與蘋果聯手，雙方利益所在都想精誠合作，無奈，紅色的蘋果和藍色只調和出紫色的蘋果醬。蘋果人說：蘋果的作風是瞄準，射擊，瞄準，而IBM是瞄準，瞄準，瞄準，瞄準……

一九八五年六月，IBM與微軟簽約，得到IBM個人電腦使用DOS最惠價格，條件是任由微軟向其他個人電腦兼容廠商收錢——IBM不在乎其他兼容商那百分之二十市場份額的殘羹剩飯。很快，市場份額變化爲IBM只剩不到百分之二十，其他人占有的百分之八十，都成爲微軟收版權一本萬利的天地，而IBM對約二十億個人電腦操作系統的市場完全沒有揷手的份。而且，一九八六年放棄了蓋茲建議IBM買下微軟百分之十股權的建議（當時成本不到一億，現在近三十億——會超過IBM個人電腦事業自創立以來利潤總和！）。九〇年代初，個人電腦和工作站的功能終於強大到足以動搖大型主機業務的根本，IBM個人電腦業務的優勢已揮霍一空，沒有什麼可取而代之，一九九二年，只個人電腦事業部就虧損十億，而微軟和英特爾抓住IBM讓出來的優勢，只一九九二年就賺了二十億。而IBM則創下有史以來一家公司最大虧損金額——虧損五十億。

◇

約翰·艾克斯（John Akers）是最具IBM典型的總裁，風度、自信、堅強，曾是海軍戰鬥機飛行員，從IBM底層做起，七年後成爲經理，而後即成爲培養對象，一路提拔至一九八六年接任IBM總裁。他接手時IBM尙在巔峰，但不幸已是冰河期的開端。艾克斯上任後努力嘗試改革，一九八七年爲「顧客年」，一九八八年改組機構下放決定權，宣稱「IBM今後會以冒險進取的公司著稱」，IBM有史以來第一次裁員，不料流失了大量優秀的人才。艾克斯任內開展了OEM業務，推行品質管理方案（MDQ），儘管有AS/400使迪吉多（Digital）股票市值遽減四分之三，裁員幾萬人，有RSIC工作站兩年內直追昇陽（Sun），已於大局無補。一九九〇年贏利六十億竟成了回光反照；一九九一年乾脆將IBM分成十三個獨立的事業部，要嘗試所謂「企業精神」，但「十三個小IBM」仍籠罩在IBM官僚體制的管理委員會大傘之下，沒能脫胎換骨取得競爭能力，終於經歷了一九九二年大潰敗。艾克斯退位前最後巡視王國，一九九二年九月來到北京。翌年一月被董事會辭退。不由想起一九九九年三月，風度翩翩的前康柏總裁來中國後一個月內解職，呼風喚雨的王者風範即成過眼煙雲。市場，只以成敗論英雄！

艾克斯一九九二年十月最後一次來北京時（好像也是他在位總裁的惟一一次來中國），我曾「隨侍」，得以近覲龍顏。偶然參與了很好玩的一幕，我這裡插個小故事。

我被指派做本地助理之一，工作很簡單：下午五時在王府飯店門口迎候總裁，六時在門口目送總裁上車，第二天一早再到門口目送總裁上車。只需夜裡枕戈待旦萬一有事傳喚，基本上是不可能出現的情況——總裁和夫人也要睡覺啊。工作簡單，可是了不起的榮譽，我本該感到興奮光榮，因爲甜甜病危，我非常焦急難過，心裡竟抱怨總裁來的不是時候！

總裁比預定晚了一個小時才回到王府飯店，臉色鐵青直衝回總統套房，根本沒我致敬招呼的機會。隨行數位高級經理各個領帶歪斜滿臉油汗，都是一副丟盔卸甲的狼狽。我聽了一陣大概猜出來，預定去天津的行程出了大問題：竟然走錯了路，結果沒去成大邱莊，也沒見成天津市長，路上又遇車禍堵車，警車開道的奔馳車隊也無可奈何。結果把艾克斯悶在車裡七八個小時，高速路上找不到總裁能用的廁所，怪不得回到酒店全不顧風度了。

隨行經理們氣急敗壞，我第一次聽見ＩＢＭ高級經理如此集中地用髒字。不怪他們擔驚受怕，事故出得太大了，北京市長的會議只能臨時取消，人民大會堂的千人宴會也晚了……發昏當不了死，總裁下樓了！突然他們發現了我悄悄地坐在旁邊（我等著執行「目送」的任務呢），一把抓住讓我上總裁和夫人的車，我來不及地說：「我哪兒行啊，沒說過讓我做這個……」發現只有我自己和艾克斯夫婦在車裡了。我說什麼呢？沒人教過我我就隨便了，有點像導遊，還說到了我家甜甜的病情，夫婦倆深表同情。我把夫婦倆送到人民大會堂貴賓室時，所有ＩＢＭ高官們目瞪口呆：我們三人挽著手臂談天說地其樂融融。

交待過額外任務我要回去照顧我的客戶，又被抓回來，這回更離譜——要我做主持人！

這可是人民大會堂千人宴會，哪有我的份兒？主台上二十幾個IBM經理哪個都比我高好多級——我沒級，只是白丁業務代表。本該做主持人的老先生情詞懇切：「Juliet，需要你幫忙，我的心臟怕頂不住了。」鬧不好事關人命。我請示了幾位最高的頭腦，幾位忙不迭地說上吧上吧，出了差錯不怪你。於是我就主持了，沒事先演練過跟翻譯配合，我在台上中文英文兼做了一半的翻譯。我一上台大家忙互相問這個女孩是誰，我的客戶特別驕傲地告訴周圍的客人：「那是我們中遠的業務代表。」第二天我又增加了與總裁夫婦同車的榮譽，這回是被欽點的。臨登機夫婦倆和我熱情道別，還祝甜甜早日恢復健康。

送走了飛機所有高層經理都緩過一口氣，問我甜甜是誰，我說是我家養的小狗。我觀察到這一幕官場現形，對高層經理的脆弱和風險有了懵懂的感覺。

艾克斯想修理一部太舊太老的大船，終於未能使其具備在冰河裡航行所要求的活力、速度和效率。一九九三年郭士納臨危受命，接手時IBM已經風雨飄搖沉沒過半，他大刀闊斧在怒海中修理將沉的大船，傷筋動骨，傷了很多終生效力IBM雇員的心。及至一九九五年初郭士納宣布「停止流血」時，IBM已經經受了幾年的磨難，幾年裡，消失了十四萬個職位，影響了四十萬人的生活，股票價值喪失了七百五十億，多麼慘重的再生代價！但是郭士納沒有把船拆散，而是重新編整了這艘不沉的航空母艦，沒有傷害IBM的精髓，只要文化還在，IBM就還是IBM。郭士納功德無量，爲世界企業史保留下來寶貴的文化遺產。

◇

「尊重個人」，培養員工是IBM引為驕傲的傳統，每人每年平均要培訓幾周，即使在九〇年代初的最困難時刻，股票已經從高峰的二百多美金跌破了四十美金底線，IBM也沒有放棄對員工的培訓，照樣是從頭開始講授做人經商的原則。

IBM的經理占員工比例超過絕大多數企業，好處是提供大量內部員工升級途徑，也保證企業文化源源不斷地輩輩相傳，IBM經理首先是經理「人」的，耳提面命培養員工是經理的本職工作。「好」經理的一條共同的標準：樂於教人帶人。IBM有個說法，帶出來接班人，才有機會升遷做更大的事。我在IBM十二年換過十個經理，各自有不同的性格作風，我從每個經理身上都學到很多東西，包括如何教人帶人的心得，我自己的好幾次提升都是直接頂替原來我直接的經理，如果沒有經理的盡心培養幫帶，我的提高和提升是不可能如此「快」的。經理人應以培養自己的接班人為己任，在我看來是最自然的事，以後還會這樣做。然而，凡利則會有弊，過多的經理階級的弊病是龐大的官僚機構，強調「尊重個人」也可以成為庸才的保護。今天IBM經理的角色發生了很大的變化——不僅要是好的人事經理（People Manager），也要是能帶兵打仗的工作經理（Working Manager）。這使IBM的經理人具備全面的優秀。

IBM培養人才著力於綜合素質，培養出來的人被業界普遍欣賞。這幾年中國IT行業

「人才交流」速度倍增，ＩＢＭ兩千多人擺在那兒，是獵頭公司最大最好的目標，這幾年ＩＢＭ的人員流失率可能要高過業界平均値，ＩＢＭ沒有因噎廢食反而加大培訓力度，索性在中國扎下了長流水的新兵營。還重新設計改進各種專業的職業階梯，營造更多個人職業發展的機會。以前，人人想當經理，因爲那是最多晉升機會的路徑。後來又多了幾條路；工程技術人員、資深銷售員的級別工資有可能比經理還高，從行政到專業都能有向上的台階。從以前單純強調對公司忠誠，到現在鼓勵員工自己對個人事業規劃、發展負責，疏而不堵是更開放的姿態。人員流動沒有減慢，但總是留下的比走的多，留下的大都努力工作，也能適應複雜的矩陣組織結構，能適應大團隊工作模式。

ＩＢＭ的文化還有一個奇妙之處：不管在ＩＢＭ裡面怎麼抱怨，眞要想離開它很難下決心。在其中浸染越久，習慣的力量（或換言「忠誠度」）就越強，把人牢牢拴住要想掙脫很難。ＩＢＭ夠大，裡面什麼都有，像一個小國，在裡面的人往往不太關心外面的世界，眞要「出國」時才發現不知道外面的規矩，能力很強的優秀人物都免不了怯意，不敢輕易離開這溫暖可靠的王國去獨闖江湖。我的一個朋友評價ＩＢＭ的工作是「性能價格比最好的工作」，做到中層以上經理就都變得很穩當了，基本會做到拿到二十五年服務勛章，若我般已做到高層還不知死活非往外飛的不多。要離開的人多半都抱怨ＩＢＭ的「大鍋飯」，嚮往個人實現，出走後都免不了懷念ＩＢＭ的團隊；不喜歡規矩太多束縛太緊，一旦獨當一面就先想建立規矩。這幾年出走後又回到ＩＢＭ的已經不少見了，體驗過其他公司，哪裡都有束縛規矩，說到底，

ＩＢＭ確實是外企中最綜合優秀的好公司。ＩＢＭ也鬆動了再雇用的原則，以前，如果加入競爭對手，離職手續清單上會有一條「永不雇用」，現在可能這一條還照寫，但是規矩已經被破過好多次了，回頭「浪子」的忠誠度往往更高。風雨飄搖過去之後，大家庭的感覺又回來了，終身雇用已不再提，但是，只要守本分，就會一直有工作，安全和溫暖使人眷戀，也可能使人怠惰了對冒險和創造的追求。

◇

企業文化都是爲了企業戰略服務的，ＩＢＭ的企業戰略是做ＩＴ市場的綜合領導者，注定有從軟件到硬件（即硬體）無所不及的產品線和無比複雜的功能，只有用矩陣經緯嚴密規範的組織機構，才能保證這台巨大的精密機器運轉。郭士納時代以前是以地域爲主的組織，只有生產和科研全球統管。現在的矩陣是：全球縱向是幾個行業組織（比如，金融、電信等都有全球統一的行業組織，各行業組織統一領導而確定全球的行業競爭策略）；橫向是各產品線，各組織有獨立的銷售利潤指標，但「縱橫」經緯相依，不能脫離。只有服務組織相對獨立，以質量和效率爲主要指標，但服務的推銷也越來越需要與整體營銷隊伍的配合。

試想：一個銀行的客戶，由行業銷售員爲主要責任人，但是做方案做項目時要牽涉所有重要相關資源：應用咨詢的、主機硬件的、軟件產品的、網路產品的、微機的……一出動就要小一個排兵力，而銷售員並不是「排長」，要能隨時調動資源，一是要靠綜合團隊和個人業績的激勵機制，二是要靠團隊精神。

ＩＢＭ在全球一百三十多個國家和地區運營，它的文化可以融入各種文化，兼容而不失其本色。大規模的硬件制造，提供了在各地建廠扳貧的廣闊餘地，不出手便罷，出手就投資個「亞洲或世界最大規模的××工廠」。大規模投資，加上「做企業良民」的原則，使ＩＢＭ更容易被當地政府接受。因爲堅決奉行經商準則，ＩＢＭ很少商業醜聞。穩穩當當，不吹不炒，卻總是處在政府關係、本地政策的上風頭。

去年出了一本書《藍色巨人在中國》，將ＩＢＭ在中國的宏圖大略寫得淋漓盡致，只是忽略了一些歷史，在此只想補白一個「歷史人物」。ＩＢＭ於一九九二年底在中國成立獨資分公司，從美國派來一位總經理，是德州人，起個中國名字叫包國安。老包熱愛中國，積極推動人才本地化，向總部不斷積極鼓吹在中國長期投資的必要戰略。一九九二年到一九九四年正是ＩＢＭ全球最困難的時期，ＩＢＭ中國卻開始做長期投資，並眞正開始了人才本地化進程。今日多位ＩＢＭ中國公司的中高層本地經理的職業成長，都應還有對老包的感念。老包的熱忱也感染了許多客戶，他還曾數次派本地高層經理去美國爲中國最惠國待遇遊說。我雖不在ＩＢＭ了，不會忘記老包的培養提攜，從這對天眞熱誠的德州夫婦身上，我學到了很多做人，做好人之道。

郭士納上任六個月後即宣稱：不會將ＩＢＭ分割小公司任其在險惡江湖自生自滅，我認爲這實在太英明了。ＩＢＭ是ＩＴ產業惟一的、具備所有功能的航空母艦，保持ＩＢＭ的完整——即保持了惟一的規模優勢，爲使航空母艦具備必須的靈活性和速度，郭士納將公司重爲以客戶行業爲中心的矩陣式組織。現在全球行業組織已精簡爲「6＋1」，專注於IBM優勢的領域：公衆公用事業（電信、ISP、媒體、公用事業）、金融證券、保險、政府、流通業、工業製造，再加上中小型企事業群。

矩陣式組織打破幾十年形成的區域分割，爲的是加強全球合作，眞正發揮出IBM獨有的規模力量。現在的矩陣大大淡化了區域長官的「實權」。各經、緯的首領都直接向各自組織的高層負責，也向區域負責，但輕重顯然不同。作爲區域長官主要的作用是協調各組織功能，負責當地政府關係、市場開發、建議投資方向等等。但區域長官往往是精明厲害的角色，比如大中華區總裁，不用「實權」，即可以把中港台美混成的高層領導盡數掌握於股掌之中；不用「實權」，照樣指揮調動幾千人大部隊、數十個分公司、幾十億營業額加上重磅投資，堪稱卓越的領袖人物。我曾直接述職於大中華區總裁，對他的領導藝術和政治智慧佩服得五體投地，也學到了很多寶貴經驗，在我離開IBM以後，隨著自己的成長成熟還會時有頓悟。

◇

當今IT行業的競爭前所未有的激烈，技術、產品、市場份額替迭更換的速度愈來愈快。大規模團隊作戰常常趕不上競爭對手遊擊作風的狠辣靈活，團隊結構太複雜銷蝕了個體發揮的能動。郭士納在努力爲IBM文化注入新的生長素：速度、拼贏、激情、賦權……一九九九年，ＩＢＭ開始提倡「個人績效文化」（Individual Performance Culture），營銷隊伍的激勵機制也更注重於個人，這必定會改變營銷人員的行為，ＩＢＭ的十萬銷售大軍會更「飢餓」、更凶悍、更快速地投入戰鬥，市場競爭會更精彩！在快速運轉中，更多的個人會感受到「英雄的實現」。而這部巨大商業機器仍保持細至絲毫的管理程序（Processes），一盤棋有三十萬個格子，每個人只占一個。嚴密的矩陣和程序，仍能使ＩＢＭ說：「無人不可替代」（"No one is unsuspendable"）。（unsuspendable 是ＩＢＭ自造的詞）

郭士納帶領ＩＢＭ從深淵走上平原，保持了ＩＢＭ的完整，並使之煥發新的精神，譜寫了ＩＢＭ新的傳奇。今天，人們的注意被迅速致富的網路股奇蹟所吸引，吝施筆墨於「古老的傳奇」，但是，不管是不是暫領風騷，ＩＢＭ是眞正的企業奇蹟。ＩＢＭ仍是最大的唯一，但是即使是「最大」也發生著變化，從一九九七年開始，不能再自稱是「最大的軟件公司」；大型主機的業績不再公開談論銷售額，改提「最多的處理能力」；科研一直是ＩＢＭ一流科技的支撐核心，八〇年代投入科研經費達一千億，出過幾個諾貝爾獎得主，現在仍擁有世界最多的發明專利——而最重要的是如果能有「最多、最好的市場產品」……但要在今日之世界重振ＩＴ領袖的雄風，要重返「無論是一大步，還是一小步，總會帶動世界的腳步」的境界，還要走很多步，無一步將是坦途。老華生的座右銘"THINK"（思考）依然高掛在總裁辦公室，其左右應已加上"ACTION"（行動）和"WIN"（贏）。

我個人曾將ＩＢＭ的企業文化總結為：眞善美，仁義禮智信。現在又有了新的認識：眞、善、禮、智、信。這仍是難能可貴的綜合美好。ＩＢＭ已有八十多歲了，八十多年在ＩＴ行業已是世事變遷滄海桑田，已經幾代而仍能繼承、仍能保存——這該是多麼深厚的文化力量啊。我相信郭士納領導的ＩＢＭ將繼續爲ＩＴ產業、爲人類演繹出卓越的奇蹟。

◇

ＩＢＭ給了我入門機會，給我無數的培訓，沒有ＩＢＭ，就沒有職業的我。我在ＩＢＭ的十二年半裡，後來一段時間經常是顆有爭論、不安分的棋子，ＩＢＭ和我親愛的優秀團隊包容了我，在我磕絆跌倒時沒有拋棄我……我深深地感激！

我的心裡永遠會有這份對ＩＢＭ的感謝，會永遠惦念我的ＩＢＭ朋友們——祝你們成功。也祝願ＩＢＭ的優秀企業文化永存。我爲曾是這永不沉沒的航空母艦上幾十萬顆螺釘之一感到光榮。

第二部　帝國生涯

第九章 初入微軟

所有新上任的總經理都一定能得到第一次「熱烈掌聲」，我也一樣。至於以後是掌聲是噓聲，要靠好自爲之了。

梁園雖好，IBM已不能裝得下我「野了的心」；而微軟中國總經理的位置似昭示著我想實現職業理想的舞臺。一九九八年初，我終於決定，離開IBM，並於二月初遞交了辭呈。與IBM的「離婚」過程使我心力交瘁。十二年半了啊！在IBM時，經常想經常說的是「我爲公司貢獻了多少」，要離開才意識到「沒有IBM就沒有職業的我」。IBM是我十二年全部的社會和生活領域，要跨出門時竟不知道外面是暖是寒。

遲來的「慷慨」不能讓我動心，但老闆們數次挽留之懇切不能不爲之動容。也有前輩警告：「微軟是殘酷無情的地方，用人成渣後即唾之。」當時我還問：「倘唾出來的『渣』多是百萬富翁，那又如何？」老人之言可不全聽，但是不能不信的，後來證實，這眞的是微軟的用人之道，而我最不能接受的也正是這一點。同事、朋友們則多爲之鼓舞，「願相隨相助」者甚衆。一二多年知己則諄諄囑咐，爲我憂大於喜。我把最後的時刻全心用在IBM，工作交接無遺巨細，談及一個具體案子時仍在處心積慮如何使微軟出局。我虔誠地、全心全情地與ＩＢＭ訣別。

一九九八年二月十七日，星期二，我到微軟上班。該上班了才想起來不知道在哪兒上，根本沒去過公司呢。因不認識路，先到香格里拉飯店會齊了布萊恩，我的老闆（前任大中華區總裁）。今天他特高興！上了車第一句話就是：

「我費了整整一年的時間找你，你終於來了。」

從獵頭公司第一次找我算起也不過是五個月，怎麼會算出來「一年」呢？原來他的算法是從去年一月，那次是鮑爾默來上海"scrub"年中業務匯報，跟著就做了決定：尋找新的本地總經理。這些我還是第一次聽說。

說著話，車停在白頤路上的一個小路口。跟著布萊恩進了胡同往裡走，心裡嘀咕不知他是不是要找個小鋪買盒菸？他逕直去推一個沒有商店牌子的小門兒，我忍不住拉他一下：

「這是去哪兒？」

「這就是你的公司，總經理小姐。」布萊恩紳士地做「請進」狀。

我退後一步，顧不得一腳踩進摻著泥雪的路邊土堆（路本來窄，邁一步就到路邊了）。打量這個小樓，怎麼也看不出一點高科技的痕跡，至多像個堆放高科技產品的貨棧。我剛問一句：「現在改主意不進去行不行」，就被布萊恩扯了進去。「開源商廈」的牌子掛在裡面牆上（還是像貨棧！），十幾米的小門廳裡有幾個舊沙發，一個門衛和幾個司機身子和手都裹在大衣裡。我打個招呼「大家好」，大家著了股涼風似的一機靈。

「微軟不是特有錢嗎？」我傻子似的問。

布萊恩只是促狹地笑。出電梯時才告訴我，公司在這兒快三年了，已經開始準備搬遷新址了。想著我能親手把這破家搬到新樓去，心裡又很喜歡了！

進到辦公區，大家進進出出的很忙碌，顯得特有信心特有目的性。穿什麼的都有，就是沒有一件西裝一條領帶。辦公區五顏六色到處堆得高高的（又想起「貨棧」）。人們說話都是喊著，像要讓全世界都聽到。聽著「價格」、「折扣」滿天飛，眞有點心驚，不停地提醒自己這兒不是IBM。

被布萊恩催著，我提早了幾天來上班，一應準備尚未就緒。臨時辦公室安在一間會議室，我的電腦要明天才準備好，桌上空空的什麼文件都沒有。對我的隆重推出要等到晚上公司大會，今天我只需要跟著布萊恩旁聽幾個會。第一個會是爲「白包裝」（White Box）問題，聽不大懂，只記住了「白包裝」（我當時怎麼也想不到這個問題要等到十個月後才得到徹底解決）；第二個會是關於 Exchange 5.0 的市場計劃，聽不懂！跟著又是什麼也記不得了……這時我才清楚地意識到：我對微軟眞的是一無所知！

以前在IBM時，非常內向的專注，與外邊的世界隔得挺遠，一方面是由於IBM實在太大了，硬件軟件服務網絡……什麼都有，自成一個世界；另一方面，是我自己必須專注才能做好事情，沒時間對「無關的」事情分心。偶爾聽到微軟繼續暴發瘋長的消息，也覺得沒有關係，所以沒興趣。與ＩＢＭ交接完成之前，我一直拒絕染指有關微軟的內部信息，這是起碼的專業守則再加上對ＩＢＭ那份虔誠。微軟對於我幾乎全然陌生。

我第一天的感覺：這兒的一切都和ＩＢＭ正好反著。適應起來得很費些勁兒。不過沒關係，我做好了心理準備：盡量不要把以前的偏見和痕跡帶到微軟，要盡快地了解、適應這個公司的一切。我的打算是把微軟當成我事業生涯的最後一站，三年、五年，我有的時間。

有一樣感覺我很喜歡：這兒的人和精神都是年輕的，躁動的激情似乎隨手都能觸摸得到。

◇

下午五點全公司大會，先由現任總經理做上半年總結，然後由布萊恩介紹我出場。在新的組織機構圖上，我和原任總經理、現任總裁並列在布萊恩之下，所不同的是，總裁下設一個助理，而新任總經理下面是全部的中國營銷職能部門，還有香港公司！我是會前才聽布萊恩講香港公司歸我管的！不知道還有多少微軟風格的驚詫等著我？此時只能以不變應萬變，處變不驚了。

布萊恩提醒過我要做個簡短致詞，因爲是第一次，所以格外鄭重，暗自打了好幾次腹稿，確定能講得謙虛得體。可上台的一剎那改了主意：

「各位，第一次見面，我不多講，因爲我以後會有很多機會主持這樣的會議，會有很多機會講和聽大家講。

「我本來準備的致詞是謙虛的外交辭令，臨時決定最好從開始就把眞實的我交待給大家。我接受微軟中國公司總經理的職位是爲了一個理想：那就是想把微軟中國做成中國微軟。我所謂『中國微軟』的定義是：公司在中國成長，也要爲中國做貢獻；員工與公司一起成長，在公司裡得到最好的事業發展。我和在座的大多數一樣，是土生土長的中國人，我更希望能有更多的本地員工更快的成長起來。

「我希望大家同意我的理想，願意和我一起做這個事業。

「我前面十二年多的經驗都是ＩＢＭ的，我在微軟的經驗比在座任何一位都少。我會努力學習做一個眞正的微軟人，努力做一個合格的總經理。我需要大家的幫助，我不打算『帶自己人來』，想和大家一起做這番事業，拜託各位！」

所有新上任的總經理都一定能得到第一次「熱烈掌聲」，我也一樣。至於以後是掌聲是噓聲，要靠好自爲之了。

布萊恩是眞灑脫，第三天就飛回香港，接著就是兩個星期度假，去個無人的小島深海釣魚，根本斷了通信聯絡。現在我才現白他爲什麼催我提前上班！不過我喜歡布萊恩的風格，經過五個月的接觸，他贏得我的好感和信任，他是那種小事能甩手就甩手的大掌櫃，但大事有遠見，有擔待。他在微軟十年了，一直沒在總部幹過，闖蕩的都是國際市場，從歐洲到南非到印度到大中華區，各種不同的文化都適應理解得很好。人有股子江湖仗義勁，很合我的風格。

我開始逐個和經理們談話，夜裡再上網查閱相關的信息，瞎子摸象似的把各個部分往一起湊。幸虧有費南多在，他在微軟七八年了，一直是布萊恩的左右手，似乎把所有微軟的工作都做過了，急躁、正直，絕頂聰明且聰明絕頂，頭頂上的大部分頭髮都轉移成大鬍子了。我倆挺投緣。我把不懂的事記下來，把他當字典查。布萊恩靠不上，費南多是我眞正的師傅。我還不知道，這個師傅也指望不了多久了。

我給自己定了個短期目標：不超過六個月要全面學會微軟主要業務和戰略策略，認識每個內部員工，大面積接觸客戶、伙伴和媒體，掌握總經理的全局，制訂出微軟中國的長期戰略和營銷策略。

經常對主要任務制定明確的、可衡量的短期目標是我的習慣。「明確」，就不容易忘記或拖延，「短期」，可以幫助自己緩解無盡無休的壓力，時時有「就快做到了」的安慰和階段性的成就感。這種做法對我有效。

◇

布萊恩休假還沒回來，我就被「擺了幾道」。

先是新任總經理就職的新聞稿遲遲發不出去，英文稿是布萊恩臨走前親撰並由總部核准的（這是大事，布萊恩不馬虎）。癥結在於中文和英文的內容大相徑庭，偏巧我正好懂英文，看出來了：明明是我和微軟公司之間的雙向愼重選擇，偏要庸俗成某個人慧眼把我「挖來」輔佐，把本來很明朗的消息製造出來些曖昧，都是用中文添加的，英文稿裡根本沒有的詞兒。我不能接受「以前都是這麼做的」說法。（天哪，「以前都是這麼做的」？）又不想立即捲入紛爭，就只好壓到布萊恩回來定奪。

稿子不發，消息照樣可以「透露」，而且是在我未出席的情況下向幾位媒體大腕兒透露的，於是本不眞實的故事成爲最早的版本，流傳至今。

接下來的一招中得更狠。頭一天快下班時一位總監來找我（總監們現在都向我匯報了），邀請我與總裁一起參加第二天與郵電總局的合作意向簽字儀式。我仔細詢問需要有何準備，被告之，一切不用操心，只要坐在那兒被介紹一下就行了；我又問，那有什麼必要呢？答案是我不能拒絕的：因爲是重要的客戶。在我堅持之下終於在出發前拿到了會議議程，我仔細看過，確實我只是列席陳設，我注意到客戶貴賓名單上有一位我認識的處長。

進得會場，面對的是五十多位記者。我謙遜如儀，待貴賓和總裁就位後再落座。會議立即開始。

「首先，由微軟中國公司新到任的總經理介紹來賓……」

突然襲擊之下，我沒亂陣腳，暗自慶幸先看過會議議程，不但看過還隨身帶著，就擺在面前。我按圖索驥剛要介紹到第二位來賓，突然意識到第二位坐著的不是我認識的那位處長！急瞥一眼那位面前擺的桌牌，只看見是三個字，而名單上的名字是兩個字，再看遠遠去，第三位名字好像也對不上，一小時前拿到的名單是錯的（後來知道，五個客戶嘉賓的名字裡有三個是錯的）！我不敢繼續錯念，小聲求助左右均不得要領，此時坐在主席台上的嘉賓已顯現不耐，記者席間開始活躍。這是我以微軟身份第一次在媒體前露面，記者們本來就興致盎然，誰又見過總經理連念名字的活都做不來？總裁大度地拍拍我的肩表示安撫，充分體現出上級對下級式的優越，把個總經理更是襯托出十足的低能。我萬般無奈只好站起來：

「各位，我新來乍到，急切想參加今天的盛會，能認識我們重要的客戶和各位記者朋友，很抱歉卻沒有做好充分準備，請各位原諒。現在就請我的總監來介紹嘉賓。」

我聽的眞眞兒的：咕嚕嚕咽下去十幾顆打落的牙！

不管是有意設局還是粗疏草率，這個「事故」都是無可原諒的。總經理是公司形象的主要代表，怎能如此蹧蹋戲耍？我通報所有直接向我報告的高層經理：爲避免類似有損公司形象的事件發生，總經理將不與總裁在公共場合共同出現。抄送總裁，抄送布萊恩。

只此一次爆發，從此絕了類似在公衆面前齷齪的可能。我仍守著虛懷若谷、謙虛謹愼的既定原則。中招吃絆兒先要怪自己功夫不到，連防身都不能，還談什麼坐江山打江山？我心裡下了狠勁，要盡快地學。

學得眞苦！每周工作起碼九十個小時就此開始了。周末用來淸理積存的非緊急電子郵件和會議。微軟的電子郵件特多，我平均每天收一百七十八件，留在周末看的多是複雜的提案，在不同部門間轉了很多圈的，每件都得從源頭看起才看得明白。周日晚上多半是乘最晚的飛機出差。再能有周末休息的奢侈竟會是在一年半以後了！

四月中旬，參加全球營銷經理大會。微軟一年有兩次全球營銷大會：一次是八月的全球營銷大會，規模在七八千人，是新財年開始承上啓下、鼓舞士氣的嘉華年大會；一次是四月的經理大會，規模一千五百人左右，主要傳達新財年的基本戰略、預算方向，各層經理領會精神後，回去就要開始準備財年預算計劃。第一次到微軟帝國的首都朝聖，我興致勃勃。來了兩個月已經摸到些頭緒，三天會議期間我又聽又記，忙得不亦樂乎。蓋茲、鮑爾默和一系列的頭頭腦腦，全見到了。突然想到，這可能是世界上集中了最多富翁和財富的一個聚會？覺得有點不可思議。既到了西雅圖，一定去試試太空塔，聽到開電梯人解說：「歡迎你到太空塔來，你現在以每小時十英里，或每分鐘八百英尺速度運行的電梯裡……」證實了《擁抱未來》描寫不虛……

微軟還有更多的驚詫爲我預備著。

◇

第三天下午是亞洲區分會，亞洲區總裁宣布：「布萊恩將調回美國，喬治將接任大中華區總裁。」

事先沒有絲毫消息！布萊恩把我和其他直接相關的所有人都一直蒙在鼓裡，他怎麼可以如此毫無尊重不負責任？白相信他了，微軟的人怎麼如此行事啊？

我震怒之下衝到布萊恩的房間，指著鼻子罵他。「You, liar（騙子）！」我說：「事先說好的，你要支持我至少一年，是你告訴我這在微軟很重要；現在全不算了，出爾反爾竟連個招呼也不能打嗎？」這才發現，布萊恩自己也是剛剛知道的！他一直對繼續留任有很高的信心，他也是會前剛剛知道的確切消息！

我震驚，微軟對於它的高層經理就是這麼隨意擺布，毫無起碼的尊重嗎？我不關心那些我不能理解的政治原因，但我討厭這種人治的政治，我討厭這種對人的不尊重。對我更爲切要的是，我在微軟還未立足，就要失去惟一的支持，布萊恩雖是大而化之不問細節的作派，但他是個好老闆，也是個好人，有經驗，有遠見的智慧，肯關心支持人；更重要的是，他了解、接受並喜歡中國，爲說服我來微軟，他下了五個月的工夫，我和他也有了比較深的理解和默契。有他做後盾我就不用擔心後方。現在可好，不但布萊恩走，費南多也走！財務總監和市場總監統統都走。我才是半隻腳踏進門檻，業務不懂，隊伍也不熟；新的老闆從未做過營銷，也沒有任何海外工作的經驗，別提對中國有任何了解了。工作上一點指不上他的幫助，我又不是「他的人」（即「不是他發現，雇用的人」），我學會了微軟的講法）！這一點在微軟至爲重要。

在IBM十二年我因爲常換工作（或說提升得較勤），起碼換過十個老闆，不管脾氣秉性合不合得來，從來用不著患得患失老闆是誰。其實，在IBM也用不著太過依靠老闆的提攜，有一整套規矩擺在那兒，是所有人統一的標準。

在微軟不同！換個「天子」就得洗牌，不管是不是「眞命天子」，先得把親信「群臣」換成「自己人」。布萊恩老資格，但不是「當朝」的臣……我已深深感受這個公司濃厚莫測的人治氛圍，我尚未立足，我何以爲繼？讓我痛苦的是，我對微軟是不是一家好公司第一次產生了懷疑，才來兩個月，我竟已萌生去意！我深深地恩考，理想又一次戰勝疑懼，我不可以不戰自退，我要努力，直到山窮水盡或是海闊天空。我只有靠自己了。

幸虧布萊恩、費南多五月底才走，幫著做完了財年預算。我當時慶幸不必淹沒在幾十頁電算表格的數字裡，幾個月後才知道那些數字的殘酷意義。

喬治舉家搬到北京，從此我有了當地監管（布萊恩是住在香港的）。第一次談話基本是禮節性的，喬治告訴我，他是非常細節、事事上手的人（哦呃！剛好最不適合我），希望我們能合作愉快，並順便告訴我，他準備把香港再分出去，由他直接負責。我倒是沒有任何失落，當初宣布香港歸我管本來是出乎意料的事，既然宣布了也無可奈何，我當即和布萊恩講好，我的絕大部分精力都會專注中國市場。但像這麼大的決定能說變就變，兩個多月內就翻轉三百六十度，實屬罕見。我雖然沒有太多插手香港業務，畢竟去過香港兩次，消息新近才見諸香港媒體，圍繞「大陸妹接管香港微軟」的焦點，也小有一番炒作。

我向喬治表示歡迎，說我對微軟還不熟悉，希望得到他的支持。也說了我的風格是比較獨立慣了的，以前爲十來個老闆工作過，合作都還不錯，只是沒有一個表揚過我有事事匯報的好習慣，我會努力注意配合，但如有疏漏還請包涵。香港分出去我沒意見，只是應該注意不要誤導媒體，造成微軟內部又大變動的印象。

◇

應該說我和喬治都一直努力想建立起良好的相互溝通，我們有規律的每月至少兩次的正式會議。後來也有了一定程度專業層次上的信任和相互尊重，但是一直也沒能達到默契和自然。分析起來有幾點主要原因：

・如上所說個人風格不同。

・沒有社交聯繫這個非常重要的環節。我知道這在人治濃厚的微軟很重要，尤其是當不存在「我是他的人」這個信任基礎時就更是必要。但總是告訴自己實在太忙，也就失去了建立自然和諧、輕鬆交流等很多微妙而重要的聯繫的機會。

其實，與喬治成爲朋友是有可能的，他人很聰明、熱情，有和我的幾個美國朋友很相像的性格，只是那幾個朋友都不是我的老闆。

能夠迅速建立有用、有效的社交聯繫，是在任何地方想成功而必應掌握的能力和手段；很實際的事，沒什麼可假清高的。我的人際交流能力很強，但從來對接近老闆有種心理障礙，這其實是一個缺陷，後來證實，我失去的「社交優勢」至爲重要。

・最根本的是事業志趣不同。我的根在中國，在乎的不僅是短期還有長期、不僅是微軟的還有中國的利益；喬治的根在美國，目標是微軟階梯的更高一層，他最在乎的必然是老闆和微軟，他在微軟不夠久，還做不到因財富而不在乎。他更急切看到的是任期內一個接一個明顯的短期建樹。

這個矛盾稍有外因就很容易突顯，一旦突顯就難以調和。

◇

不過，接下去的幾個月倒沒有太大的矛盾。我和喬治都有點小心翼翼地找著平衡，專門分幾個客戶和伙伴請喬治「幫忙」，再加上需要他與政府部委高級官員和美國使館社團建立和保持關係，一時間各忙各的，相安無事。

忙起來日子就像飛，轉眼到了七月。其間不知道開了多少個會，見了多少次媒體（再沒有出醜露怯，哪怕是產品發布會上技術性的問題），做了多少次演講，飛了多少里程（曾創下七天六個國內城市，七十一個小時往返美國的紀錄），多少……多少……天天是緊張而興奮的，天天有新的刺激，使我永遠保持飽滿的精神。

七月好像是最忙的：大隊人馬先去桂林開全國代理商大會，不僅山好水好，「會也開得明白」（代理商語），節目中也有我的貢獻：率衆一路勁舞上台開的場，講公司策略又講營銷課，和東西南北的合作伙伴好好地交流了兩天。跟著是公司搬家，原來的「貨棧」辦公室已經擁擠不堪，在樓頂上又加了一層「違章建築」，洗手間漏風漏縫，夏暖冬涼。新的希格瑪辦公樓比起老地方像天上，我用廣州學來的習俗主持「暖新居」儀式，切乳豬，照全家福，大家都興高采烈。

選了搬家後的周末，七月十八日、十九日，召開新（財）年公司大會，上海、廣州的同事都來了。車隊浩浩蕩蕩直奔了順義怡生園。能如此集中地親近我的員工這還是第一次，聚在一起更顯出這個公司有多麼年輕。大家撒歡兒地玩，男孩甭管有沒酒量，手裡都拿個大啤酒瓶，女孩子就幫著敲桌子打點兒助威。我和喬治輪流站在椅子上表演整瓶整瓶地「吹」一大瓶啤酒。彩排過第二天的會議，已是快半夜了，實在撐不住先回去歇一會，不想就睡過去了，聽說整班人馬的狂歡一直到凌晨兩點。

會議最重要的內容，無疑是全年的營銷策略和主要任務，三天前已經先在代理商大會上講過。財年九九的六項主要營銷策略清晰明確。其中有三條強調對本地合作伙伴的支持：

- 加強渠道建設
- 大力發展企業業務
- 支持伙伴發展行業與通用應用方案

還布置了財年九九其他主要任務：

- 加強與政府的關係與合作
- 「世紀同行」：廣泛技術傳播
- 積極參與建設中國軟件產業
- 提高自身隊伍素質（微軟員工和伙伴）。

各職能部門、地區都圍繞營銷策略做了具體的人員部署和具體任務指標。

在會上我提出了微軟中國的長期使命：

微軟中國公司要成爲最好的微軟子公司——以我們在中國市場的領導地位，獲最好的客戶滿意度及對投資者的優秀回報。

微軟中國公司要成爲最好的中國軟件企業——

爲政府所認可：因爲我們對中國知識經濟建設的貢獻。

爲伙伴所認可：因爲我們的支持和在發展共同事業進程中所提供的眞正價值。

爲客戶所認可：因爲我們的優秀產品、技術和人。

爲員工所認可：因爲個人事業機會、營譽感、樂趣。

我強調，微軟在中國須奉行長線投資、長期承諾的戰略和態度，我們的使命是長期的。衆多員工評論：「從來沒開過這麼好的會。」我心裡自然是高興！會議結束已是星期天下午，我在大門口一直看著送走了大轎車車隊。

◇

我突然注意到，怡生園裡人工的風景也有魅力之處，叫著大龔照了好幾張像。大龔是我的司機，也是多年的朋友，現在又兼了攝影師。

「這下總算能喘口氣了吧？」大龔問。倒霉的大龔，過去五個月裡他不知早起半夜爬過多少次樓。他家的電梯工早六點到半夜十二點上班，他住的是二十一層！

「哪兒有個完哪！」我學著電影主角說，忘了是哪個羅馬尼亞還是南斯拉夫電影了。我比計劃提前感覺到了「階段性的成就」。我心情好極了，好像我第一次把車子開起來的感覺——我能駕駛了！我毫無意識，車路前方即將出現的是流沙。

第十章　市場經典：視窗九八

我們把視窗九八發佈做成了「市場經典之作」——這是媒體、伙伴、貴賓、觀衆、合作公司的一致評語，當然，也包括我們自己。

蓋茲的敵國巨富和他的微軟，是全世界講了二十年也不過時的愈演愈熱的話題。IT業內業外說到微軟，必定有DOS和IBM的淵源故事，以及微軟無與倫比的市場操作能力。

視窗九五發布，耗資五億美元的市場大製作已經鐵定了市場經典的價值，不管人們記住的是蓋茲的傾情演出，還是天文數字的發布費用，或是只記住了甲殼蟲樂隊（即Beatles）爲視窗九五唱的價值一千二百萬美元的歌——結果是兩年之內，全世界將近百分之九十的個人計算機都裝上了視窗九五，只剩下少部分未加入視窗九五的歷史潮流，多半是因爲配置過於老舊裝不下這扇華麗的窗，或是一些少數民族「不甘滅絕」，要固守蘋果或OS／2。

視窗九五發布花費了那麼多的金子，生出了一座金山，值！更何況，金子不是只爲視窗九五花的，有很大一部分是未來金礦的引子，計算好了爲兩年後出生的弟弟視窗九七預支的——它比預產期推遲了一年，所以取名視窗九八。這才是微軟市場操作的博大精深之處：任何產品的發布都不會是曇花一現的孤立的輝煌，哪怕是火山噴發似的燦爛如視窗九五之發布，岩漿也要流向設計好的軌跡，去接引後輩產品。產品發布，不只要做出精彩，而且一定是產品系列整個生命周期中的一個環節。每個新的環節，都可以毫無顧忌地把前身作爲參照物對比出新的光彩，在自身的精彩中又要帶出下一代產品新的懸念，使得市場在接受和品味剛出爐的新產品時已經不自覺地在期待著下一個。市場炒作大手筆是微軟的傳統，早在一九九〇年視窗3.0發布，出手就是一千萬美金，贏得了與OS／2對壘關鍵的一戰，也爲蓋茲贏得了擺脫IBM的自由。蓋茲的媽媽欣慰感嘆：「這是我兒子一生中最偉大的一天，他可以不再依靠IBM了。」當市場心理隨著微軟純熟操作之手起伏跌宕的時候，產品研發和市場策劃這兩條龍又已蜿蜒並行在下一個產品發布的中途了。今天的中國IT市場上，產品發布會越來越精彩翻新，如果在表面熱鬧聲勢的背後，還能有產品戰略層次上的承前啓後，那就眞正的精彩了。

◇

前面說過，我來到微軟是一片未知，如果說有什麼具體期望的話，那就是我期望親身參加視窗九八的發布！布萊恩曾花了很多時間爲我描述微軟的激動人心之處，視窗九八發布最讓我心神往之。想想看，在中國做蓋茲做過的大手筆！布萊恩忘了告訴我，視窗九八可沒有那麼多的預算費用。

四月份全球營銷經理大會上傳達的財年九九主要任務中，視窗九八發布是重要的一件。巨大屏幕上先出現的是「〇〇七新片預覽」，〇〇七和龐德女郎都是神秘的剪影，燈光亮起，歡呼炸響：原來，扮演詹姆斯·龐德的是視窗產品主管、高級副總裁布萊德·蔡斯。蔡斯一副皮衣墨鏡的打扮，在台上兩個小時親自操作演示，把視窗九八的「酷」演繹得淋漓盡致。

公司重要產品發布由最高首腦主持並不少見，最通常的形式是先由最高首腦如皇帝般隆重出場，宣科如儀，隆重下台；再由技術人員進行產品介紹或演示，光輝都給了公司首腦，到介紹產品時難以再起高潮。經常感覺企業最高首腦與企業的產品之間沒有「血緣」的聯繫。最要命的是有時聽到主持人介紹「今天特別榮幸地請到」自己公司的總裁，好像台下被請來的客人們也必須跟著感到榮幸。我就被微軟自己人如此介紹過兩回，我的反應極爲激烈鮮明，以致沒出現過「再三」的錯誤。

微軟的傳統是經常由最高首腦親自動手演示，即使蓋茲也只是配角——主角只能是正在發布的產品。我覺得這是光榮的傳統，值得企業和企業家們效仿。企業花費無數智力財力做出產品，爲的是得到市場最大程度的認識和接受，產品發布是產品生命中最重要的時刻，很大程度上決定它的命運。企業不惜重金策劃產品的出生典禮，但企業首腦卻常常不能配合做「最佳陪角」，甚至喧賓奪主分散主題氣氛，成爲新生產品的悲哀，這是企業資源（最昂貴）的浪費。

微軟的總裁們不僅親身參與市場發布，還親力親爲參與產品研發測試的全過程，並且要通過如「龐德演繹視窗九八」的形式，把產品的旋律、性格、特徵、發布的主題氛圍等等，激情地傳達給更多的微軟人，而這些人將要向全世界做激情的傳達。我所得到並帶回來的信息是：視窗九八是非常人性化的、親近的，功能更好更多都在其次，重要的是她代表速度和華麗，代表時尚和潮流，酷！這些信息在後來視窗九八中文版發布會中有強烈的體現。同樣，六十幾個國家、地區微軟分公司在設計自己的發布會時，也會體現同樣的主題精神，結果形成產品和公司形象在國際範圍的高度統一，而又有各區域充分發揮地方色彩的創作餘地，這眞是一個無比奇妙的和諧輪迴。

◇

我和產品經理一樣對視窗九八充滿熱情，甚至有過之無不及。這無疑是副總裁的成功內部市場推廣的結果。但還有一個私心的原因：我從來沒做過眞正的產品市場炒作。以前的經驗都是直接或間接的銷售，後來做渠道也接觸到市場，但那是概念的炒作，與產品炒作是兩回事。我渴望參與創作，而且是視窗九八這樣難逢的精彩。原來最擔心發布經費非常有限，到現在已不重要，重要的是，在我們的手中會創造出一個傑作，我們要讓它超過視窗九五，事實上我們後來做到了，在中國。

我還趕著學會了最「酷」的幾招，但逢機會合適就要演示一把。有一次和一位市長會面，快結束時我又按捺不住了，要演示兩台筆記型電腦之間紅外線無線傳輸的功能，剛好市長也帶了筆記型電腦（！），興趣一下子成了雙方的。市長時間金貴必須出發，我們就在相跟著的兩輛車裡通過手機聯絡，到底做成了試驗。

這樣的舉動在以前我是想不到也不會做的，只是因爲一個慣性的思維：總經理怎麼能做技術人員的活？當我看到微軟總裁們的表演以後，深深體會到「這樣的舉動」所傳達的感染力和影響力，不僅是蔡斯的視窗九八，還有保羅・馬瑞茲的 Office 2000，還有 SQL 7.0 和 NT 5.0（後更名爲 Windows 2000），都是由主管副總裁親自做內部、外部產品演示推廣。我開始覺得總裁、總經理作公司的產品推介是天經地義的事。

這個經驗在中國可能更重要，因爲只有總裁、總經理才有機會向官員首長和企業首腦們推介，官員首腦通常是不會參加產品發布會的，最多是在開始時貴賓席就座，正式產品發布開始時前排貴賓席就空了。我這種「非常理」的演示總是能留下深刻印象，不僅能引起對產品的濃厚興趣，還能充分傳達對自己公司自己產品的激情和信心。我能做的演示都只是淺顯易懂的初級水平，但我的職位角色使我能很容易地揉進高層次的業務價值。我還很喜歡那個經常的「意外」效果：能在最短時間內意想不到地拉近與談話對象的距離。當然，效果也是來自「出其不意」，如果所有的總經理都習慣於做產品演示也就沒什麼意外效果了，「適當場合」的營造和把握也不是易事。但是我堅決認爲，企業最高層領導要對自己的產品了解，要有激情，這怎麼說也不過分，那是你的公司憑之生存的根本啊，怎麼能漠然說「那不是我（這麼大的官）管的事」？不管你是不是搞技術出身的，不管你是不是要隨時演示。

視窗九八中文版發布吉日定在一九九八年八月三十一日，比美國晚兩個月，是歷來中文產品發布滯後時間最短的一次。首要原因是中國境內的產品研發部門歷經三年積累起來的規模效益。發布日期是周密計算出來的，需要與產品研發部門、OEM渠道伙伴、分銷零售渠道伙伴、生產廠等各個方面協調：試用版何時能出來，需要發放幾版試用版（發試用版既是爲了取得用戶和專業人員的反饋意見，發現bug，借以最後修訂完善中文界面和功能；也是爲了預熱市場的期待），最終產品版何時定稿，從定稿到產品到交運要多久，一定把握好時候先要讓微機製造廠商得到OEM預裝版本，又要保證恰在發布之前讓分銷商能拿到產品，並能在最合適的時間送到零售渠道而又不能有太多存貨；當然還有意外預測和備份計劃——萬一出現了「萬一」而不得不推遲發布時間的對策。早期微軟的口號是「我們出售的是諾言」，從視窗1.0開始，許諾的產品發布從一九八四年二月拖到一九八五年五月，被譽爲「世界上最長一齣肥皂劇，充滿懸念，讓人不忍卒看」，從此產品拖期成爲傳統。還是後來鮑爾默的口號更爲恰當：「在微軟，惟一不變的是變化。」我們當時想得最多的「萬一」是產品的延遲，這是微軟多年經驗形成的習慣思維。後來眞的發生的好幾個「萬一」，卻是完全始料不及的。

雖說提前四個月就訂好了日子，有太多的準備工作要做，倒推起來時間一點也不充裕。

我和陶娜的接觸越來越頻繁，也越來越淸楚地看到一個優秀的微軟產品市場經理的典型。

◇

產品市場經理，曾經在很長時間裡是微軟最重要的角色，說這話也許惟一不同意的是編程序（即程式）寫產品的軟件工程師。這種不同意倒不是僅存在於微軟，這是ＩＴ業內永恆的爭論。最折衷的解釋可能是：工程技術人員和市場營銷人員是兩種具不同性格天賦趨向的人群，都特別爲自己的能力和職業驕傲，這比「異類相輕」是更合適的說法。

微軟的產品都是基於個人微機（即微電腦）的，至今在所有的微軟發出的新聞稿最後都有一個標準段落：「微軟公司成立於一九七五年，是全球領先的個人計算機軟件供應商。微軟公司爲企業和個人提供內容廣泛的產品和服務，每種產品及服務均爲提高人們每天利用個人計算機全面功能的便捷性和趣味性而設計。」很久以來微機的用戶都是眞正的個人用戶，以個人應用爲主，面向的客戶以人、機爲單位，廣大而分散近似消費品市場的特徵。

微軟的營銷渠道有兩個：一是ＯＥＭ，即向微機廠商銷售預裝視窗操作系統許可，廠商賣出多少台微機，就交給微軟多少份視窗的「份兒」錢，只要把握住最主要的十幾家、幾十家微機廠商，全世界大部分新生產的微機就已在掌握之中。我一直嘆爲觀止，覺得這是營銷史上最智慧的發明，至今行之神效！另一個渠道是二級分銷零售系統，各地區分公司直接管理幾家分銷商，再通過分銷商間接管理零售商，零售部分視窗操作系統（主要是升級版本）和其他產品。兩種渠道相加，構成百分之一百的渠道營銷模式，可以最有效地影響、管理乃至控制最廣大的市場，而微軟直接營銷資源得到最大程度的節省。以前有「微軟是隱形的」的童話：到處都有微軟的產品，卻看不到微軟的人——因爲微軟不需要直接面對市場和客戶。微軟最集中的直接亮相都是在Comdex之類的國際會展，再就是產品發布。

微軟的百分之一百渠道營銷戰略持續成功了十幾年，被多少同行艷羨卻無法效仿，如有效仿也是效顰者多。因爲只有微軟同時具備幾個必要條件：

一、產品相對獨立，簡單開放。我這裡的「簡單」指的是界面友好，最終用戶容易使用；單機應用，不牽涉網路的複雜或是企業應用要求的高度可靠性；「開放」指的是使用方面的求助極易獲得，軟體本身的求助功能是「傻瓜」式的，只要會點擊「幫助鍵」，總能被帶著亦步亦趨找到答案，再加上到處可以找到用戶手冊或廣大用戶間的諮詢。這就免去了微軟和伙伴的技術支持之累。

二、已經具有的市場份額的絕對優勢。

三、成功的市場運作不斷保持客戶對產品的期待熱情，甚至達到狂熱，保證產品一出世即能在渠道中順暢流通。

而今直銷分銷相加已是ＩＴ業主流營銷模式，廠商無不強調支持伙伴，爭著要贏得伙伴忠誠。說到底，渠道的最大忠誠度永遠屬於賣得動的、能賺錢的產品，屬於「叫得響」、「站得住」的廠家。風雨同舟共患難的商業伙伴是有的，但多是在比較小規模的伙伴之間（要有也大概多是在中國式的社會文化環境裡），而絕大多數商家都必然地遵循著「在商言商，利益爲先」的規律，亙古已然。

按以上管見如此推理一番，我就同意了說法之一：產品市場經理於微軟之無上重要。不過，這幾年發生了很大的變化，「個人計算機」的涵蓋已經發生了重大變化。微機功能的日新月異不斷強大，配合視窗操作系統的普及，使其在企業中的應用地位越來越重要，具備較完善的網絡功能，微機眞正開始具有了與 Unix 中小型計算機抗衡的能力。

五六年前，微軟開始建立了面向企業客戶的銷售職能和銷售組織，零售渠道產品形態也出現了彩盒包裝之外的授權許可證，是爲大企業客戶批量採購設計的，一紙授權協議，眞正地無生產成本，容易做到優惠價格和捆綁（bundle）服務，授權許可證有「權」無形，不會流入零售市場造成衝擊。

要想進入企業，必須滿足企業客戶完全不同於個人用戶的需要，於是新建或大大加強了相關的服務於企業客戶的功能，如產品技術支持、顧問諮詢、支持獨立軟件開發商基於微軟平台的業務應用系統，等等，微軟的產品線從種類到功能都大大擴展了。組織機構和市場的變化，使得產品市場經理的角色比起「純微機」時代顯得淡化了。連帶地，產品市場經理們也漸漸感覺著失落。

我仍然堅信產品市場經理無可代替的重要性。道理很簡單：不管胎兒在母體孕育得多麼健康，如果不能出生，或是生下來活不久，病病歪歪，那無論如何也不能體現生命之輝煌。在微軟，產品研發部門負責開發新的產品，就如培養孕育漂亮的「胎兒」，產品市場經理要爲它接生，爲它創造生存的環境——市場，負責它的健康成長。即使是直接面向客戶的銷售人員，也不能不相當依賴於產品市場經理的工作，不管多棒的銷售人員也難以推銷不被市場認知和接受的產品。

◇

陶娜是微軟中國公司的產品市場經理，北大畢業，玲瓏苗條，熱情開朗的性格賦予她魅力。她戲稱（驕傲地）自己是「所有微軟產品的媽媽」——因爲她負責視窗產品。說起來難以相信，視窗九八發布的偌大活動，就是由這個女孩子單人獨馬撲騰開的。她要靠自己調動所有相關的資源：遊說、篩選參與發布的伙伴，落實贊助！前面說過，發布經費很少，拉贊助很重要。其實經費少也有少的做法，但是優秀的產品市場經理不會讓經費管住的，錢少就去找錢，錢多也從不會嫌多，千方百計要把她／他的產品做得轟轟烈烈，花團錦簇。陶娜要管的事還多著呢：同廣告商講解產品的主題，然後無數次地審核反覆修改廣告設計；訂好十幾站不同城市的場地，還要盯著十幾個不同的場地設計；時刻關注產品的進度，一聽到 Bug 就心驚肉跳生怕擔誤了大日子；隨時吸取著其他先發布地區的經驗教訓，補充調整自己的計劃；與臨時配備的系統工程師（發布期間爲全時搭檔）設計排練發布的演示內容……還有其他事情無數，我怎麼也數不清楚。

在微軟，產品市場經理的市場能力要求很高，還要能幹全活，平時就是自己一個人，到發布會臨近時才會有一大批「增援部隊」聚集在一起，不僅是內部的還有外包承辦單位、合作伙伴、會議場地人員等等。產品市場經理還要有相當強的領導能力，使得臨時組成的隊伍高效地協同工作。陶娜表現出很強的實踐能力和組織能力。

開始時我每兩周參加一次項目例會，隨著日子迫近，我參與的頻率越來越高。進入七月，重點集中在發布現場的設計。我對設計一直不滿意，意見是「沒有一個突出、鮮明、能讓人記住的主題氛圍」。連續幾稿在我這兒通不過，陶娜終於急了，說：「你能不能提出具體的更好的方案？」我頓時啞了，是啊，我有什麼是可以「具體」實現的方案？

在微軟，不需要只有理論只會說「NO」的經理，你必須能提出更好的方法，不然，你的價值何在？陶娜的問題刺激了我對微軟經理角色的認識，也刺激了我想像的靈感和速度……對！就是「速度」！速度，時尚，酷，這就是視窗九八的發布主體氛圍！

第二天我等不得地抓住陶娜商量，很快就「具體」了後來的設計：發布現場內外布置成賽車場，由輪胎、油桶、地上跑道劃線、音響傳出轟鳴車聲等表現「速度，現代」的主題氣氛。有了主題以後，開場白、串場詞等等一下子變得容易、流暢，共同創作靈感碰撞火花四濺，最後加上了「人性化」的一筆，堪稱絕筆！

那眞是一段創作的享受過程。我至今仍爲我建議的廣告設計記憶深刻：一條綠色的路，幾個站牌，由近至遠（即由下至上）是DOS（在底緣露出半邊代表著歷史），然後是視窗九五；視窗九八突顯在中間，路的遠處（上方）是視窗 2000 的站牌在彩虹之上，預示視窗的發展趨向……最後未被採用我耿耿於懷，我猜是廣告設計無法體現我要求的「反視覺效果」：道路遠處要越來越寬，遠處的站牌上的字反而要更大……但畢竟產品市場經理是陶娜不是我，也只好由她。

其間還做了一個活動，請一些記者聚到一起接觸、感受視窗九八。記者們反映熱烈，被視窗九八的「酷」感染甚至上癮。我們心裡更有底了。贊助落實了，產品進度正常……一切正常，諸事就緒。感覺有點像電影裡的「總攻前的寧靜」。陶娜在桌子上掛起八月的日曆，已經劃得剩下了「距發布會還有十一天」。

◇

八月二十日，星期四，我被北京市公安局傳喚！秘書四月兒站在我面前小臉兒煞白，我的臉色估計差不多。我僵在那兒幾十秒鐘只有一個想法：「我根本沒時間犯罪啊，我根本沒時間犯罪啊……」

很快得到一點線索：是因為視窗九八有「政治有害成分」，傳喚的是公司負責人，所以就是我這個法人了。知道不是我自己的事兒（也不知道自己能有什麼「事兒」!?：），我的心反而吊得更高了，一系列可能出現的危機讓人不敢往下想，又開始心裡念叨：「視窗九八別出事啊，別出事啊……。」急忙叫來測試工程師們和陶娜把視窗九八掃描了一通，終於找著一個「有害成分」——是在求助信息裡一處微軟台灣公司通訊地址，中英兩種文字，中文是「台灣」，英文地址最後是“ROC”，再譯回來就成了「中華民國」。這個該死的有害成分埋藏得很深，即使預先知道路徑也要經過好幾步周折才能找到，而且是「如需就軟件版權事宜咨詢請聯繫微軟公司各地法律事務部」才有可能用到……但是，不管怎麼說，這就是有害數據，是觸犯國家法律的。曾有過一家美國公司因爲同樣的原因被關門了。

因爲有關產品，我拉上產品研發中心主任同去，也是爲著壯膽。一路上惶惶的想不出什麼，聽著主任講當年視窗九五剛剛發布後就被發現「有害成分」，結果是把所有的上架貨品全部收回銷毀，還挨個檢查了一些大量使用微機的公司，凡有預裝視窗九五的要求立即銷掉。我一下想起來，當時好像也去IBM公司查了，不過IBM那時候都用OS／2，大家當笑話談談罷了，好像還有點幸災樂禍的。現在可不覺得是「笑話」。

「Juliet 別擔心，如果你『進去了』我們會給你送牢飯。」主任爲使大家輕鬆點開著玩笑。我打起精神囑咐：「得送素食。」居然還沒忘了自己吃素的事。也可能牢飯本來就是素的？

傳喚我們去的是中華人民共和國公安部第十一局，專管國家數據信息安全的專政部門。進大門我真感到害怕了（是不是所有人對專政機關都會有天然的恐懼？）。

見主任和那官員打招呼像是認識，我剛想放點兒心，聽到官員開口心又馬上高高吊起，「俗話說事不過三，這是第四次了吧？」我心裡說冤啊，這可是我的第一次。按著程序從姓名年齡性別職務開始詢問，詳盡記錄，最後本人看過屬實簽字。官員們都很和氣，還起身送我們到門口，我倒退著往外走，擺著手把官員們往回送，說著：「請留步，別送了。」一眼角瞥見大鐵文件櫃頂上堆著幾只紙箱子，看樣子是裝過打印機之類的，其中有一只上印著：Made in ROC（!?）

遵囑回去聽候下一步指示。可不是乾等著，要做的事可多了！一方面將全部有分發紀錄的試用版火速收回集中備查（我心裡慶幸當時堅持試用版不能標價銷售，不然情節要嚴重得多，也不可能收得回來了）；另一方面要將最終版本的生產母版「消毒」，牽涉到與美國、中國各相關方面的一系列複雜協調（又是萬幸，「叫停」趕上了工廠正要開始生產的千鈞一髮）。晝不安夜不寐七上八下，終於一周後得到公安局指示：鑒於屢犯，將課以重罰。允許發布消毒後的產品。萬萬幸！距發布會還有三天。

我們沒時間慶幸，忙於處理另一個危機：所有彩盒包裝上必須貼上軟件登記號條碼才能出售，而現在剛剛拿到軟件登記號（軟件登記是新規定），條碼還沒印出來，需要在星期一早晨各地幾十個零售店開門前送到每一處，而今天已經是星期五……墨菲定律再次充分驗證：所有不可能的事都發生了。我後來覺得最不能而終於發生了的事是：視窗九八發布如期發行。

任何公司做海外生意總要吃很多塹，才能長一些智。但有些教訓是學不起的，那就是：必須對當地國家法律、政治、宗教、文化永遠保持高度敏感和尊重。海外公司運作通常與本土的總公司有日常密切聯繫，而總公司往往缺乏在海外公司看來是常識的認知，譬如視窗九八有害成分事件的發生，就是因爲產品是由北京和西雅圖兩地的產品部門配合做的，兩地都有掃描檢查的程序（專門檢查地域性敏感詞語信息），北京該做的都做了。西雅圖方面負責非重要附加信息錄入，因其「非重要」就由臨時錄入人員做，又大概因其「非重要」沒有百分之百地掃描，就偏偏漏網了地址中的三個要命的英文字母；又譬如韓國版本的軟件裡八卦國旗曾顚倒擺著……這些是絕不應發生、絕不敢重複、絕不能僥倖的事。

◇

終於到了發布的日子。

我不想詳細地描述，因爲表達不出我記憶中的輝煌和震撼。

我相信，再過好長時間，好多人還都會記得——

陶娜兼任的產品市場經理和主持人兩個角色同樣的魅力和專業……九十八秒倒數催促下，贊助商們的例行發言變成趣味競賽……「謝謝，再見」後上千人不退場，駐留在白衣白裙「希望天使」們充滿人性魅力的稚嫩歌聲中……午夜街頭等候熱賣攢動的人群……還有那紅色的「法拉利」，尾號是：Windows 98……

我們把視窗九八做成了「市場經典之作」——這是媒體、伙伴、貴賓、觀衆、合作公司的一致評語，當然，也包括我們自己。視窗九八發布經費是視窗九五的××%，全球銷售指標是要在發布後一百天內超過視窗九五同期銷售套數，在中國，遠遠超過在太廟發布的視窗九五銷售套數的好多倍。現在想起來，仍然激動。因爲特別投入了，就總覺得那也是我的創作，而且是處女作，彌足珍貴。我在其中領悟到了微軟市場操作的神韻，受用無窮。

時代變了，世界被互聯網（即網際網路）連成一片混沌自由，不管多小的軟件都有可能在網上找到揷針落足之地，不管多大的軟件也不可能再形成視窗所達到過的統一。新生的公司、產品、概念正在搶走「創新、時尙」的風騷。微軟的產品線也正在統一到數字神經系統的概念之下。如何成功地將產品運作成「概念」，同時又能突出各個產品多年具有的鮮明個性，如何能保持公司的創新、技術領先者的形象——微軟的市場操作面臨新的挑戰，比視窗九×時代要困難得多。

第十一章 腳下是流沙

我經歷著事業生涯中最黑暗的日子。心沉到底，我何術回天？

我記得清楚，布萊恩告訴過我，不必擔心生意，微軟的「生意會自動流進來」（"business will just flow in"）。我當時回答：「肯定會有其他的很多問題，不然不會想起來要換總經理。」我有足夠多的事情需要去全神貫注地應付，潛意識裡也確實對生意沒有什麼擔心。

但總經理不可能不管業務，我是做銷售行伍出身，對業績的敏感是第一位的。我拿到基本的業務報表先從銷售看起，剛開始眞不習慣：做慣了IBM的生意，項目最小也是以十萬美金為單位，而這裡五位數就算不小了；也沒想到銷售報表是每天由系統自動出的，眞夠先進，可有必要每天嗎？再想想就明白了，微軟的生意是每天「流」進來的，就得有「水錶」每天量著。後來知道這個「水錶」還有個「三通」，連接著工廠和全球營銷管理的大數據庫，功能奧妙可多呢。

我注意觀察階段性的收入曲線：財年九八下半年（即一九九九年一月至七月）預測的收入曲線平緩，與上半年持平，肯定做不到年初的預測指標。最先談話的是負責營銷的總監們，我問原因，都答說因爲沒有新產品發布，下一年會好的，視窗九八、SQL 7.0等等新產品出來生意就會好了，和「自動流進來」的意思差不多。我又問：「既然沒有新產品爲什麼當初會預測高了？新產品計劃不是年初就知道嗎？」無論如何問，無論問誰，都不得要領，我想，「不得要領」的原因一定因爲我還沒學會，所以不能理解。

在我來之前，財年九八下半年和全年的指標已重新調整過了，做到調低後的指標看來沒問題。我不想過多糾纏我來之前的諸事緣由，我希望能在平穩過渡的幾個月裡完成我的「入門」，帶著我的隊伍以新的精神、清晰的策略和計劃跨入新的財年，那才是我眞正的開始。

◇

開完全公司新財年大會後，我心裡有一種由衷的欣慰，認爲「和平過渡」已經完成，因爲我能感覺得到大多數員工已放鬆了心態，接受了我。我可以帶領我的隊伍踏上光明坦途了。

我先帶著大部隊踏上去美國的路，參加八月初的全球營銷大會（MGS）。我又一次領教了什麼是大手筆！七千多人的大會，好像把整個紐奧爾良都包下來了。滿街的人胸前都掛著比巴掌還大的MGS胸牌。會場各入口外都有牌子，赫然是「高分貝！給心臟病患者的善意提醒」。容納八千人的會展中心主會場，迎面頂天立地大屏幕（即螢幕）橫跨足有一百米長！屏幕上變幻滾動風雲雷電，雷聲越滾越近，十分鐘的醞釀使人的情緒發酵膨脹，倏然，百米大幕陡然落下，好像從地裡升起來個舞台，全體起立歡呼，鮑爾默總裁出場！我沒聽過最高分貝，但心想肯定頂多也就是這樣了。我想我看到了最頂級的製作，我懷疑會再有機會看到如此規模的人群將如此高濃度的激情貫穿整整三天！聽老資格們講，今年的MGS確實能算得上頂級的。煽情主要來自鮑爾默榮升總裁，他帶出來的全球營銷隊伍爲之興奮而又有些惜別惆悵：不願鮑爾默從此遠離前線。

大會的內容多半是在四月的經理大會上聽過的，不過聽上去仍有新鮮感，這次是爲全體營銷隊伍的，更清楚，爲使每一個人聽懂；更「酷」，爲使大家激動，記住；更具體，爲能帶回去立即能做起來。我和我的隊伍也都很狂熱地發了三天的熱病。

回來的路上我在夏威夷停留三天，心境有點特別——好像是準備投入戰鬥前的清靜修爲。住的酒店是純爲遊客的，只有極簡單的商務設施。我一進房間就檢查電話接頭，發現接不上手提電腦，跑去找商務中心，原來就是前台的一個信箱、一部傳眞機。黑頭髮黑皮膚黑眼睛的夏威夷接待小姐說：「沒有商用設施表示不建議休假時還工作！」我就眞的休假了。從來沒有試過連續幾天斷了業務聯繫，有點怪怪的感覺，不過倒也不太擔心，全體總監們都留在家裡看著生意呢。

帶著一身夏威夷的陽光味道回到北京，心情也是新鮮的，正好配合新的里程。

◇

第一件事當然是看久違的報表。報表上顯示數字是七天前的。哈，「水錶」壞了。請人檢查，結果是「系統正常」。不管我信不信，事實是整整七天沒有生意，也就是從我啓程去美國那一天開始，「水錶」停了！

「爲什麼？哪裡出了問題？」我從我的總監們那裡仍不得要領！

我不能接受諸如此類的解釋：

「因爲政府機構改革許多項目延遲」——我們本來也沒有多少與政府相關的項目在手！

「洪水災害使得許多項目延遲」——到底是哪些「許多」項目？並不是七天前才發的水，也不是全中國都停產了啊！

這次，我可不能再囫圇吞下了。既然指望不上應該指望的人，我要自己找出問題！我開始發狠，從分銷零售渠道的最上游到每個分支每個環節，逐個領域、逐個企業項目、逐個銷售人員、逐個分銷商、逐個……地用放大鏡檢查，問題開始一個個顯現，脈絡根源清晰起來，很多問題都不是新的，而我現在才發現！

在發狠檢查營銷渠道的同時，我每天夜裡痛苦地檢查自己，我自己都做錯了什麼？來得及修復嗎？還是我能力根本做不到？這麼多的問題我爲什麼要等到危機來臨才想到去發現？

我回想，爲能盡快地融入微軟，我不帶「自己人」單人獨騎地來了，先作「安撫」，聲明「希望與現有的隊伍精誠合作，沒有做大調整想法」，我希望人心穩定，希望被眞正接受。我小心翼翼時刻提醒自己要溫和，不要太強勢；每每在想刨根問底或發表見解之前先要小聲問自己：「這是不是微軟的風格？是不是太『IBM』了？」我想把從前的文化烙印抹掉，把從前的自己全部打碎，再融入這裡。

我實際上已是太不自然，我在扭曲我本來非常鮮明的自我風格，我本來突出的正確判斷、迅速決斷的能力被大打折扣，我也常常不再相信我本來敏銳的「感覺」。回頭看看，覺得自己更像個新進門的童養媳，心態上根本不是個總經理。不錯，我在較短時間內贏得了大部分團隊的接受甚至喜愛，那是因爲我刻意用「最可愛」的側面去贏得大家。我根本沒有掌握最重要的核心管理層！

幾天下來，隨著深入問題看的越來越清楚。我痛苦地對自己承認：我用五個多月得到的只是表面的業務了解，沒有深度的理解也就不具備掌握全局、指揮隊伍能力，就沒有眞正的權威。我小心翼翼對待我的經理們，不得要領就不再深究，告訴自己要放心、要信任、要放權。

我有了一個要永遠記住的原則：「放權」（即授權），只有胸有成竹，有能力駕馭全局的統帥才夠資格說「放權」，否則就是不負責任，甚至是玩忽職守。

我已經錯在太患得患失，到現在沒有能夠獲得駕馭全局的能力。但是，我仍相信我有能力修復，我要把已成頹勢的局面扭回來，這比駕馭和平的全局要難得多，我非做到不可！我要承擔起責任，做回我自己。微軟既然挑選了我，也應該能接受我的作風。

我按我的作風我的風格動作起來。

◇

八月十九日（何等的諷刺：我們「團結、勝利的大會」剛剛開過一個月），我召開了一個緊急營銷會議，所有的市場銷售人員都參加，不光是總監。我告訴大家，我們的業務狀況現在是眞正的危機狀態，全體進入非常時期。要求每個人要「非常」行動起來，必須「非常」——因爲我們的常理出牌已經輸了！所有行動要圍繞當前的最高優先：銷售業績！生意！「水」！

企業客戶銷售：每一個銷售員要就手上每一個單子做出新的計劃——目的明確——如何加快項目成熟，需要何等資源，每個項目必須要有高級經理負責，當然包括總經理本人，必須成爲具體項目的資源，與銷售員對項目共同負責。

經理：我深知企業客戶項目很少能短期內發生戲劇化進展的，我的目的是讓每個銷售人員有危機感，要直接感受到我和公司的壓力，然後才有可能談分擔壓力。

渠道銷售管理：一周內整理出確切的各分銷商庫存種類報表，詳細分析各分銷商近期付款狀況及實際資金流轉狀況，詳細分析各地區零售趨勢，並拿出新的精確銷售預報——要每三天核查進度，兼查銷售額和預報準確性。

分銷零售從來都有預報，每次銷售額與預報不符都有後知後覺的理由，我沒時間等著後知後覺，那些個理由要讓我編能更圓得多！我用每三天檢查逼著渠道部門走出去，走到分銷零售伙伴的前線，給我拿回來眞正的情況！

市場部門：做所有的市場活動不能只以參加人數、回收多少張反饋意見表爲衡量標準。必須要跟進所有在市場活動中收集的「有購買意向」的客戶，一直到交到銷售或渠道伙伴手裡，還要平行跟進一段時間，確保客戶跟蹤沒有斷線。

技術人員和市場人員：必須主動成爲渠道伙伴或銷售員的資源。不能光幹賠本賺吆喝的買賣。

……

我的做法眞的引起了危機感！微軟已太習慣於成功，成功到今天似乎眞到了可以不戰自勝的境界，生意會自動「流」進來。但微軟中國還差得遠，從市場到渠道到自身都沒有成熟。前幾年開始階段的高速增長，從年銷售額幾萬到十幾萬到幾十萬到上百萬，快速增長的百分比一直令人歡欣喜舞，使人們忘了基數與增長的規律，也有了「微軟不敗」的信念，拒絕接受「危機」。原來歌舞昇平，突然這個新來總經理（還是從ＩＢＭ來的！）告訴大家微軟在中國不能不戰自勝，還要逼著大家幹活！

人們也不願接受總經理的突然轉變：我的聲音不再「溫柔」，不再耐心聽長長的故事，我堅決急促地下達命令，盯著期限催命，追究任何延誤；我每星期見幾個客戶、伙伴，經常有第一手的資料去「逼迫」前線銷售人員；我刨根問底逼著我的總監們不斷地返工去找來我要的清楚、眞實的答案……會議第二天，喬治找我談話，讓我注意不要給營銷隊伍太大壓力，會影響士氣。我不想多說，只是簡單地說：「知道了，請給我一點時間。」我知道是有人去喬治那兒投訴了，我沒工夫也用不著管，我做得其實還是很客氣呢：與各銷售員談話時都請總監在座，沒有完全越過他們。如果總監把活做好了我當然不會去搶著幹，也沒聽說過總經理不能直接與銷售隊伍對話的。

繼續我行我素！我就是要讓整個隊伍充分感到和接受危機的現實，才有可能把思維轉向如何改變危機，才有可能加快行動的速度和力度，就是要讓隊伍「惶」起來，「惶者生存」。同時，只有在危機的形勢下，總經理越過高層經理直接進入前線才說得通情理，我必須這樣才能在最短時間駕馭全局，我現要做的是下達作戰任務，督戰，參戰，而不是放權。我在沒有資格「放」的時候已經「放」得太久了！「權」都沒被用來幹活兒，別怪我把權收回來。

◇

最關鍵的渠道、銷售、市場都有嚴重問題。

⊙分銷零售渠道：

分銷商周轉不靈——微軟的分銷商都是以做PC為主，微軟軟件分銷對PC分銷商們意義重要，但只占分銷商業務額的很小比重。當時，整個PC市場因國家全面整理進口渠道全面阻滯（整理進口渠道主要目的是清理海關進出口稅務弊端），分銷商主流業務受阻，壓力陡增，要全力支撐資金物流系統，根本無力、無暇再顧及軟件分銷。PC供應鏈下游的零售網絡同樣受到直接影響，當時報紙有標題直說「中關村無（PC）貨」。分銷商不但「吃不動」微軟軟件新貨，應付款也收不上來了。

庫存問題嚴重——我親自與分銷商開會，有更嚴重的「發現」：各分銷商都有大量過期庫存！而過去我一直看到的報表顯示都是庫存正常。我好不容易弄懂其中就裡：分銷商確實一直都遵守微軟要求按月報告庫存，把數據塡入標準表格電子郵遞給微軟，微軟人員再將其與其他數據合成爲整體報表。但各分銷商內部管理系統往往達不到精準，分銷商有很多分公司各自都有不等量庫存，向總公司月報在匯總時就可能有很大出入。

分銷商生存的根本是大量快速的貨款流通，更重要的是要通過精密的管理最大限度地降低成本。國內的分銷商現狀是以量和周轉速度競爭，比拼的是銷售額，管理多爲粗放型的戰地指揮，經常要到年終算賬時才知道是虧是賺。現在雖然沒到年終，突然出現的壓力迫使各分銷商立即清理內部，以期釋放所有可能的資金，不約而同的發現是：微軟軟件庫存是最大問題。有的庫存已超過五百天，就是說，分銷商訂貨付款給微軟以後，一直壓在自己手裡沒賣出去，當然也沒有錢收回來。有的產品已經更新過兩次版本，軟件過時就一分不值了。

庫存管理是微軟渠道管理的首要職責，居然，要等到和總經理「發現」眞實的情況有多麼嚴重！

市場價格混亂——這是與銷售部門有關的問題，所以下面再談。

⊙企業客戶銷售：

企業客戶銷售業績從報表上看相當不錯：從去年爲總銷售額的百分之三十到現在提高到百分之五十。眼前我手上的企業客戶項目預報上大都是些「八套 Office」、「十套ＮＴ」之類的，再乘上幾次也湊不到百分之五十。仔細研究後發現：原來主要是銷售與渠道部門之間友好協商，「內部劃撥」的結果。眞正賣到有名有姓的企業客戶的軟件許可協議只有百分之二十左右，其他都是通過零售渠道賣的全包裝產品，「劃撥」成企業銷售業績，根本無法核實最終用戶。

軟件許可協議原是爲企業客戶設計的，考慮到企業客戶經常需要批量購買，集中安裝，集中支持，不需要每一個最終用戶人手一套全包裝產品。用軟件許可方式：以一紙協議授權用戶數量，再按企業需要配以少量光盤和手冊，由於省去大部分全包裝產品的生產和流通成本，給客戶的價格可以優惠得多，還能捆綁服務；對於分銷商沒有周轉的壓力，利潤自然就更好。如此有益各方的產品卻「銷不動」，太簡單的原因我卻好不容易才看清：沒人去賣。

我就幾個我了解的客戶（都是年年花數百萬美金購買ＩＢＭ機器的大客戶），詢問銷售員和總監：「客户今年主要ＩＴ購買計劃是什麼」、「客户的高層主管見過哪幾個」，總監的回答是「放權」給了銷售員，銷售員的回答是見不到高層主管。大客戶高層主管門前總是排著各大ＩＴ公司的求見隊伍，排隊的差不多都是「總字輩兒」，饒是微軟赫赫威名，也「牛」不到這個份上——只有銷售員跑客戶，經理不出門見客。銷售員們很難見到「眞佛」，能零散賣出去幾套這個、幾套那個就算不錯了。將在家，兵何以捐軀？

那麼銷售任務怎麼完成呢?靠內部配合:不出去賣軟件許可,再發明一個「白包裝」,就是把零售的彩盒包裝產品,折扣到與許可證相仿,當作爲企業客戶制定的優惠價格政策。分銷商訂購成批「白包裝」都要有具體客戶項目名稱,一訂貨就自然反映成爲企業銷售部的業績,再由分銷商負責發貨到最終用戶。看起來中規中矩,只是有個「小」漏洞:成批的低價白包裝中有很大一部分流向了零售市場,而所謂「白包裝」實際就是在彩包裝盒外貼了個不粘膠的小條,寫著「此產品爲特價產品不許零售」,只要撕下小條,與彩包裝一般無二,撕時小心著點兒就行了(七個月以前布萊恩曾下令停掉的「白包裝」一直活躍至今)。這一來二去出來的價格差距,使得零售市場價格一片混亂,低價戰殺得分銷商彼此都是遍體鱗傷,價格混亂又掩護了水貨、假貨。再加上分銷商有六個之多,根本沒有透明度,也就別想管理了。

IBM在中國幾億美金的渠道生意是本人做起來的,我當然深知「水至清則無魚」的渠道法則,但是,水「混」到這個份上,多好的魚也怕活不長了。

⊙市場推廣:

年初制定的市場策略是:要大規模推廣數字神經系統的概念,不再是傳統的強調每個單一產品的功能,而要介紹每個產品在爲企業構成數字神經系統中的作用和價值。聲勢浩大,十幾個城市,都是當地最大的會場,每場兩天,除兩場例外,場場爆滿,觀者如潮,參加者反饋正面積極。但是(!)就是見不到對於銷售業績的任何實際影響。

銷售和渠道部門抱怨市場部門推廣不力，說是「用賣魚翅燕窩的方法賣蘿蔔白菜」；市場部門委屈得不行，說是因爲銷售不使勁，渠道不跟進，做得多漂亮也是沒用。

市場部門是按計劃花錢，銷售部門沒按著計劃實現，比例上出現嚴重失調，如果銷售不出現奇蹟，半年沒過完，已經沒有任何市場經費了。

還有，我的隊伍全體惶惶，士氣低落。營銷指標呈加速度繼續下滑（有這麼多問題能回升才怪）。幾十年不遇的大水卻繼續凶猛上漲，中關村依然無貨……

我經歷著事業生涯中最黑暗的日子。心沉到底，我何術回天？

已經不用再喋喋責備自己無用，沒能洞察先機。現在要回答的是：怎麼辦？

我其實沒多少選擇。或者，盡量維持，與各個分銷商協商再努努力每家壓上一些庫存（又是「以前一直是這麼做的」！），讓我的銷售業績能看到點起色，等渡過難關後再當「後報」；形勢即使能僥倖緩和，仍是後患無窮，這樣可能會拖死幾個分銷商。或者，就此解決積弊，徹底整頓，但是，短期內對業務的影響是極壞的，銷售業績持續下滑，紅燈警告已經驚動西雅圖的最高層，不盡快扭轉頹勢，我自身難保。

我到此地步反而從未想過以「辭職」求全身而退，就好似身陷流沙中央，進也可能死（被炒掉），退一定是死（死的是職業名譽）。我做了職業經理人的選擇，只要在其位，就要盡職盡責。

◇

我開始斷臂療毒：

⊙核准分銷商庫存，一律退貨。

這意味著用好幾百萬美金吞回一文不值的一堆過期光盤（即光碟片）和手冊，退貨直接從銷售額裡全額劃掉（寫到此處，我眼前又是當時報表上一片血紅的數字）。

其實，根據分銷代理協議條款，微軟並沒有法律約束非這麼做不可，責任是可以推託掉的。我三思之後決定要這麼做。一，負微軟管理不善的實際責任；二，也是從微軟的中長期利益考慮，當此嚴峻局勢，沒個明確做法，耗下去對微軟只有壞處沒有好處，應收賬永無指望，重建分銷渠道意味著更長時間的生意「斷流」。

第三「思」，是商場道義！合作伙伴應該互相支持一起活著，而不應該臨危就讓伙伴替死。微軟吞得下、消化得了這幾百萬，而如果讓分銷商扛下去就可能成了壓死駱駝的那根草。吞回過期庫存最難過最難看的是我，但這樣能非常有力地扶分銷商一把，分銷商只有在脫了資金的死扣以後才有可能再盤活，也才能再做微軟的生意。

⊙停掉兩家分銷商，減少到四家。

又少了兩個能分擔危機幫著承擔點塞貨的出口，終止合同就要清盤全部庫存，又增大了回收庫存的負擔。但是以後的分銷商管理會順得多。軟體分銷商不宜過多是經驗所證實的規律，美國偌大的市場只有三家分銷商做微軟幾十億的生意，歐洲、亞洲，連東南亞都是只有兩到四家；多一個分銷商就會增加協調、管理上好幾層的複雜，過多的分銷商也很難形成市場的穩定，價格爭鬥在所難免，分銷商利益最終都受損傷。

這眞可能成爲壓死我的那根稻草，但是於微軟中國長遠之計，泰山都扛了，再扛上根「草」又如何？

⊙徹底停掉「白包裝」。

大客戶銷售員重新調整銷售任務，明確銷售軟件許可協議部分的定額。意味著必須全力地去抓眞正企業用戶的項目，要不能依靠坐在家裡內部配合了。

⊙陣前換將。

九月、十月我分別宣布銷售部和渠道管理部總監已經或將要調離，臨時拆借一個經理和我本人兼任。多人勸我：「陣前換將，軍中大忌。」我笑答：「不是換將，我無將可換。」我自斷左膀右臂，先斷臂後尋醫。

我先前失去了大好的幾個月沒能掌握業務也沒能掌握隊伍，現在只有置於死地後才能求一線生機。我撲到前線全方位督戰，兼著尋求願意並能夠臨危受命的大將。

我做這些事時有強烈的緊迫感。十二月的年中業務匯報已經迫近，必須在此之前扭轉形勢，不然我的死期就到了。微軟的耐心是有限度的——以半年爲限，大限來臨，沒人會聽你的故事，再說，我能講什麼呢？講我如何一心抱著美好的希望，然後如何身陷絕境才失望，才開始斷臂療毒……到底誰是總經理呀？我好意思講嗎？即使眞的不能及時扭轉，我也要在「死」之前盡量把能做的都做了，留下一個基本健康的組織和營銷渠道，算是些許的自慰，也不枉了微軟信我、用我一場。「死」也要死出個職業人的「光榮」。

◇

我的一連串動作快如旋風，只有一部分決定曾簡單地知會過喬治，沒有太多與他商量，一方面是眞的沒有時間，我還另有個眞實想法是：少讓他參與，後面他轉寰的餘地就能大些，本來是我的責任應該我來擔當。

八月、九月兩個月業務下滑到谷底，十月終於穩住，十一月開始回升，但由於回收庫存，這兩個月零售產品顯示負數，幸虧大客戶的軟體件許可銷售開始見效，不然總數會是負的——無可救藥的血紅赤字。十二月開始是眞正的增長！

天不絕我：幾位大將都找到了！到十二月初，我有了一個新的領導班子，一半是新的！只差一位要等到一個月後才能來，其餘全部到位。他們來自五湖四海，爲了一個共同的目標走到一起來了。我感到了信心。我從流沙中掙扎出來，要穩一下腳跟，好帶領我的團隊前行。

第十二章 修煉精英

兩天的熔煉把一顆顆金沙合成了一塊金子，儘管仍然粗糙，但畢竟是金子了。

進入十一月，我終於「湊」起來新的經理班子。

剛從外面請來的幾位，沒有一位是我以前認識的。都有很深的IT行業和外企服務資歷，在哪裡也算得上精英一級的人物。他們經驗老到，來之前多少都做過內查外訪，IT圈子裡的流言之活躍可能僅次於影視圈，很容易知道公司業務正處於困境，我也沒有刻意隱瞞粉飾，他們能猜到我本人所處的嚴峻形勢。如果現在接受我的邀請，一榮俱榮的可能性不大，倒是很可能受「覆巢之累」。微軟所付的薪酬是他們在業界其他公司可能得到的較低水平，比起眼前要承擔的風險和責任，期權利益的吸引也顯得太遙遠。但是他們都接受了我的邀請。其中一個簡單但是主要的原因是：微軟中國有個本地人做總經理，他們接受和分享我的理想。他們來了以後立即義無反顧全身投入，在極短時間內就表現出他們的優秀。

有幾位是從內部剛剛提拔到新的位置，我挺得意能「挖掘出埋藏多年的金子」。還有幾位是在微軟中國公司服務了幾年的，像華東、華南的分公司經理，財務和人事經理。現在所有直接匯報給我的經理有一個共同點：都是本地人。我對這個班子很有信心。比起不久之前，簡直就是幸福。

但是我的班子還遠遠沒有成型，每個人向我負責，但彼此之間還沒有默契。新來的，對微軟的學習還沒入門；新提拔的，需要建立威信。我有一個觀察：從公司內部提拔起來的幹部往往受到更多的挑戰，差不多都要聽到很多的「他／她憑什麼就能……」，我自己以前也有過這種心態，是幾年前才完全克服的。這是不好的習慣，這一點好像在外企的中國雇員裡表現得更充分（也許因爲我一直在外企做，所以有如此感覺）。

不錯，這些人大多數都很優秀，有激情，有理想（共同的理想），但是一群優秀的個人湊在一起簡單相加，只有很小可能性能自然成爲一個團隊；因爲優秀的人往往都有鮮明的個性和主見，反而往往容易產生更多的摩擦和矛盾。我的班子在過去一段時間表現出可以「共患難」的可貴品質和能力，但我可不想讓自己和公司總是處在患難之中。我的管理隊伍不僅要能衝鋒陷陣殺出困境，更重要的是能領導公司的業務走上正軌，健康發展。

我要把大家迅速「黏合」成一個團隊。我注意花更多的時間把大家聚在一起，經常的聚會時間是晚餐時間，確切地說是「夜宵」時間，人人都加班，到精疲力竭時就呼嘯一聲去吃飯。每到晚上我早就累得根本吃不下什麼，但從不想錯過和大家聚會，哪怕有時「大家」只能聚起兩三個人。這樣做的好處是淺顯直接的，能讓大家盡快彼此認識、熟悉，並對各部分業務經常性地有所溝通，從而能有更多的配合，而不總是單組作戰。但是離眞正的「團隊」

距離還很遠。我暗暗急躁，如何盡快跨越這個距離。

◇

這時，喬治提出一個建議，把我的隊伍集中起來做一次「團隊建設」，就是經常講的"Team Building"。「團隊建設」正合我意！但是對他的具體建議就很不以爲然了：爲什麼要從美國請一位顧問來？我可不願意浪費我和經理們寶貴的時間去陪什麼老外玩兒，還是個從未來過中國對中國一無所知的老外，對我的團隊能有什麼「建設」作用？我見過許多這類的顧問，也參加過不少次Team Building，那對於幫助比較成熟的團隊提高團隊修養能有些作用，我現在需要的是盡快把我的班子用急火淬成鐵板一塊的團隊，距離能侈談「修養」的階段還早著呢。

我委婉地向喬治表達：「有專業的顧問當然很好，但是所有經理聚起來兩天實在是非常不容易，我想盡量緊湊有效地利用這段時間……」喬治很容易聽出來我的實際意思是「用外面的顧問是浪費時間，沒用」，但是他還是堅持「建議」這樣做，我也就同意了。喬治在過去幾個月裡跟著乾著急又使不上勁，我一直忙著也沒顧上經常匯報請示，現在他興致勃勃提出建議是好意想幫忙，我怎麼也不能再拂他的面子，但心裡還是不怎麼樂意。不管怎麼說，能把大家聚到一起「建設」一下感情聯繫也是好的。我沒有太高的期望也沒多管，就由喬治和那個顧問去商量準備。

十二月十日星期四，上午是SQL 7.0發布會，開場演講完還有記者招待會，下午再參加了一個合作伙伴的產品發布，是基於 SQL 7.0 開發的產品，所以一定要捧場。回到公司已經下午四點多了。約好全體十幾個人當晚在龍泉賓館一起吃晚飯，然後開始三天的 Team Building。三天裡有兩天是周末，爲的是不要擔誤了工作。我的經理們隨了我的習慣，全沒有周末了！龍泉在門頭溝郊外，下了雪，路不好走，我準備早出發。四月兒追出來提醒我，說那個顧問一直等著見你呢，這才想起顧問是今早飛到北京的。我趕快過去打個招呼表示禮貌。

顧問名叫斯蒂夫．莫爾（Steve Moore），後來我們給他起了中國名字叫莫詩賦，與他的名字諧音，還有個意思是「莫師傅」。看起來是個好老頭，花白的頭髮也理成板兒寸，正好符合中國的時髦。我們簡短地談了十分鐘，他問我，通過這兩天的訓練最希望達到的效果是什麼，我說：「不是喬治已經和你談了嗎？」

我不想和喬治的期望有出入，免得太難爲這個顧問。再說，同樣的話明天還得說一遍，顧問們都是這一套：先讓大家寫下期望值，比如「想增強團隊精神啦」、「加強溝通啦」，到結束時再問大家是不是達到了預期，大家剛剛「修養」過，感覺都比平常好，誰也不能說一點兒沒效果。但這些效果往往都無法量化，回到熟悉而緊張的工作環境後很容易被忘記，迅速消解掉了。

莫師傅說：「我想知道的是你的期望，因爲是你雇我來的，你是老闆。」

我想想，對啊，他的費用是用我的預算支付的！怎麼能連期望都不提呢？

我先說了我不期望見到的，那就是時間被浪費在任何不實用的地方。

「我期望的是，兩天後我的團隊裡的每一個人都清楚地知道今後六個月裡公司要做的幾件事，如何做到；每個人自己要做的幾件事，如何做到；問題在哪裡，如何解決。我期望每一個人的態度都完全積極坦誠，互相之間只有支持，沒有猜忌隔閡；我期望兩天之後拿出來的都是具體的、可行的行動計劃，而不是只是些精神和口號；最後，我還期望兩天之內這個團隊學會做年中業務報告。」

最後的這個是脫口而出的，因爲我太擔心這個年中業務報告了。我覺得對這個好老頭有點太苛刻了，這哪是顧問能做的活兒啊，連總經理也犯難呢。我有點不好意思。

莫師傅一點沒被嚇著，挺沉著地說他都能做到。這倒是和我印象裡的顧問不一樣，顧問們通常都給自己留著好大的餘地的，可以說大話，不能說滿話。我追問一句：「連年中業務報告也學得會嗎？我的人連我自己可能沒做過也沒見過！」莫師傅答：「能學會，只要你們聽我的。」我的興趣一下子上來了，只要能做到這一件，花的錢和時間就太值了！可是，怎麼可能呢？我知道莫師傅是獨立咨詢顧問，他家和公司都在西雅圖，微軟是他的常客戶之一，他爲總部的好幾個部門都做過咨詢項目，但他畢竟連微軟的員工都不是啊，怎麼能教我們做年中報告呢？那可是連微軟資深經理都視爲畏途的。這個莫師傅還眞沒準有點功夫，明天就能見到了。

第二天一早，莫師傅好像換了個人，精氣神兒高漲，聲音洪亮，好像對著幾百人而不是眼前的十幾個人。

「我先聲明我不是顧問！」莫師傅的第一句話讓大家莫名其妙。

「我是教練。以前教練橄欖球隊，後來受傷跑不動了，我改做企業的教練。今天、明天我就是你們的教練，你們要服從我的訓練方法，包括 Juliet 也得服從，要不然我做不到她的要求。」

莫師傅眞的做過橄欖球隊教練，從七○年代，從高中、大學、西點軍校橄欖球隊、比爾水牛隊（美國赫赫有名的「甲A」橄欖球隊），一直教練到NFL，一九八三年到一九八八年執教西雅圖海鷹隊，也是八○年代的美國橄欖球「甲A」級別，一九八六、一九八七、一九八八連續三年創超級杯俱樂部隊連勝紀錄，Super Bowl 賽季連勝十二場，取得西區冠軍，一九八八年差一點問鼎超級杯冠軍成功，他訓練過的一個球員後來還做了參議員。

他的演示稿第一幅是一幅漫畫：一個打手在台上，手執長鞭介紹自己是「激勵專家」（Motivational Expert），台下坐的人們敬畏地聆聽。莫師傅說，他就是那個專家，也有一條巫師的鞭子，隨時會用鞭子催趕保證進度，把「球員」隨時趕回訓練場地，不然就做不完要做的事，而他不想因爲完不成而被辭退！他把我期望的和不期望的都原封不動亮出來，說這就是必須兩天內做完的事。然後宣布在這兩天裡必須遵守的十幾條規矩。

後來我們把這些繼承爲團隊規矩，一直自覺遵守下來了。其中有幾條我很喜歡，譬如：不含敵意的衝突是好的；附和意見之前先問自己：出了門是不是還會支持團隊決議？爲其辯護？尊重日程表的時間，一次一個人發言，發言人要簡單明瞭，不要浪費大家的時間……（多麼簡單的事，而我們以前很少做到過）。我也從此繼承了那隻長鞭，每當我的團隊顯露渙散、偏離團隊規則的時候，頭頂就會盤旋起它的可怖嘶鳴。

接下來，每個人只用一分鐘自我介紹一下是做什麼工作的，並講一件大家都從不知道的事情。我意識到我的經理們相互之間還是多麼陌生。我介紹自己是「爲四月兒和大家做事的」。想說的一件事是：「昨天晚上我拉著行李離開辦公室，在走道上遇上幾個員工，我告訴他們我們去做什麼，他們提了一個請求，我答應了，要爲公司帶回來一個眞正棒的經理團隊。」

我說完後大家都很安靜，大家都知道，我們還不成爲一個團隊，更別提「棒」了。員工的期望是對每個人的鞭撻。

訓練開始了。莫師傅的確一點也不了解中國，但毫不妨礙他堅決地推進訓練計劃。他有二十五年「教練」經驗，前十三年執教橄欖球隊，後十二年教練各行各業的管理團隊，從軟件企業（包括微軟）、教育機構、政府機構，到零售企業等等，教練過三百多個團隊……他堅信：任何團隊的終極目標都是要「贏」，而運動隊最凝聚體現「贏」的精神，所以不管是哪個行業的客戶團隊，他都用教練運動隊的法子來訓練。「教練」的方法是鞭策、激勵、指導、示範、參與，甚至是不容分說的粗暴指令。與「顧問」的啓發、引導的溫文做派完全不同。我們像一群臨時組合的球員，開始時緩慢、笨拙，但很快知道重要的是要聽懂教練的號令，跟上全隊的節奏。莫師傅一個接一個地下著指令：

「三分鐘之內，每個人寫出對微軟中國最重要的市場機會，量化。」

「三分鐘，各組討論，選定全組認定最重要的市場機會，不許超過三條！」

「五分鐘，各組代表簡要解釋你們認定最重要的機會是什麼，原因。」

共有四組，每個組的代表都拼命在最短時間內說明自己組提出的是最重要的。這時白板上貼了十幾條看法，有幾條看法是各組不謀而合的，自然被大家公認是最重要的，對剩下的有七八條——

「每個人可以有兩次——只有兩次——舉手的機會，表決決定最重要的兩條。」

如此這般二十分鐘之內，牆上就張貼出來「機會的宇宙」(Globe of Opportunities)。常見的企業思維模式是，拿過去的業績+已有策略來制定「增長」的計劃，最習慣看銷售業績百分比增長的梯形圖形（圖1）。莫師傅訓練我們要脫離開與自己的過去相比較的窠臼，強迫我們習慣去看「機會的宇宙」（圖2），它代表與微軟中國業務相關的中國IT市場的機會。小小的「一角」假設已有的市場份額，襯托出一個巨大的市場空間。

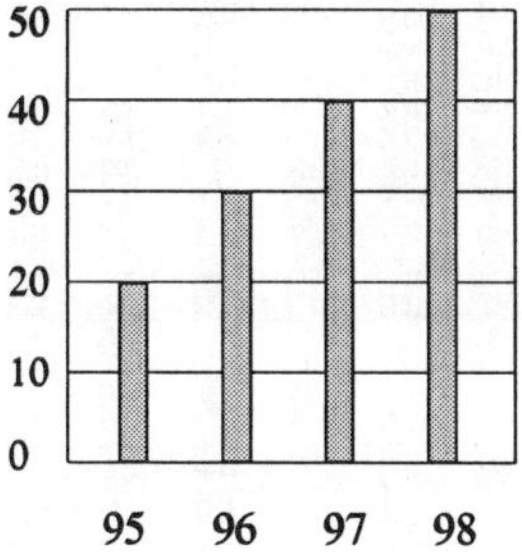

圖一

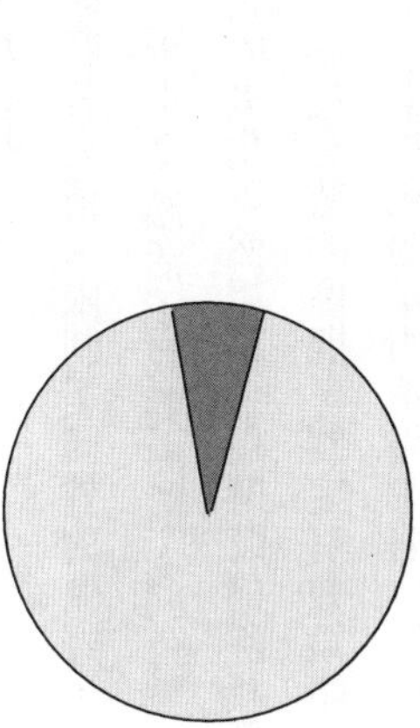

圖二

莫師傅指著「宇宙」問我們：「想要多少!?」

我們太長時間貫注於救火，兩眼緊盯著火情，限制了向外的視野，只把扭轉危機做為團隊的最大目標。莫師傅豪情萬丈指點「宇宙」，激活了我們向前、向外發展的想像力和膽量。

「機會的宇宙」一直掛在牆上，它的量化雖然粗糙，但時時提醒我們，有的是機會，有的是發展空間，我們只需要找到並專注於最有效的區間，制定有效策略，調整部署資源，就可能把機會變成現實。在我們討論制定下半年和明年的銷售策略、銷售指標時，我們參照的是「機會的宇宙」，而不再是對比過去。人們最習慣的參照物就是過去的經驗，而實際上，「宇宙的機會是無限的，有限的只是人們自己的思維」，慣性地參照過去就是人們給自己最大的限制之一，企業也往往如此。

別看莫師傅不會中文，他能「聽懂」！每當我們陷入具體而微的細節爭論時，他總能察覺，立刻叫停，問：「你們在爭論如何抓到這些大機會嗎？」一次又一次，我們被從習慣的思維拉出來，直到擺脫束縛，形成新的習慣。

「停！轉入下一項！微軟中國今天最重要的問題是什麼？三分鐘……」

「停！下一項！要抓住最重要的機會，最重要的策略是什麼？七分半鐘……」

在莫師傅的一個接一個口令呼喊聲中，每個人的思維都被強迫脫離「我自己、我的部門」，大家開始統一到「微軟中國」的思維頻率，我們的動作開始協調，越來越像一個團隊的動作了。牆上的張貼越來越多：

⊙微軟中國今天最迫切解決的最重要問題（注意，最迫切的不一定就是最重要的，反之亦然）。

⊙在最重要的機會領域裡，較之競爭對手，微軟所沒有或不能爲客戶提供的價值是什麼。

⊙微軟中國的三年目標是什麼。

⊙財年九九下半年的目標是什麼。

⊙實現目標的策略是什麼。

……

漸漸地，我意識到這些順序也是有道理的，先看清無限的機會與自己當前的限制，就能更現實地把握機會；對著無限的機會定出來的三年目標就顯得一點也不可怕；而爲了要實現三年的目標，下半年、明年的階段性目標就必須訂得很高；要實現很高的階段目標就必須訂出新的策略……

我開始「雙重」參與：一方面我是隊員，和大家一起參加緊張「訓練」；另一方面，我用思考參與「教練」的角色，下面應該進行什麼項目？如何與前面聯繫、爲後面鋪墊？如果用不同的「口令」，效果如何？

莫師傅有時也會讓大家喘口氣，講上一些笑話或故事。

一次，要求「每人寫出其他三個部門的最重要的策略，假設你是那三個部門的經理」。大家頓時鼓噪反對，說我們不懂其他部門，不是專家寫不出來。莫師傅非常贊同專家意見的重要性，並立即舉出一些權威專家的意見經典：

⊙「重於空氣的物體飛行絕無可能」——英國皇家學會會長凱文爵士（Lord Kelvin）一八九五年所言。

⊙「所有可能發明的東西都已被發明」——美國專利局局長杜威爾（Charles H. Duel）一八八九年所言。

⊙「任何有理性、負責任的婦女決不會參加選舉」——美國總統柯立芝（Grover Cleveland）一九〇五年所言。

大笑之後，大家突然覺得不是專家也可以提「專家」意見。我特別喜歡這個換位訓練，它不僅能使各部門互相關心，而且「外行」的意見特別能幫助「專家」與其他部門的配合。我後來常這樣做，大家越來越默契，再不需要啓發誘導。

莫師傅還講過一個故事，他說是眞事（不過我們後來發現，他的嚴肅和玩笑是隨時交叉的）。故事的名字是「爲什麼」，講的是，美國首都華盛頓廣場的傑佛遜紀念館大廈年深日久，建築物表面出現斑駁，後來竟然裂紋，採取若干措施，耗費巨大，仍無法遏止。政府非常擔憂，派專家們調查原因，拿出辦法。後來報告交上來寫明調查結果：

最初以爲蝕損建築物的原因是酸雨。研究表明，原因是沖洗牆壁所含的清潔劑對建築物有酸蝕作用，而該大廈牆壁每日被沖洗，大大頻於其他建築，受酸蝕損害嚴重。

但是，爲什麼要每天沖洗呢？

因爲大廈每天被大量鳥糞弄髒。爲什麼這棟大廈有那麼多鳥糞？

因爲大廈周圍聚了特別多的燕子。爲什麼燕子專喜歡聚在這裡？

因爲建築物上有燕子最喜歡吃的蜘蛛。爲什麼這裡的蜘蛛多？

因爲牆上有蜘蛛最喜歡的飛蟲。爲什麼這裡飛蟲多？

因爲飛蟲在這裡繁殖的特別快。爲什麼？

因爲這裡的塵埃最宜飛蟲繁殖。爲什麼？塵埃本無特別，只是配合了從窗子照射進來的充足陽光，正好形成了特別刺激飛蟲繁殖興奮的溫床，大量飛蟲聚集在此，以超常的激情繁殖，於是給蜘蛛提供超常集中的美餐，蜘蛛超常聚集，又吸引了燕子聚集流連，燕子吃飽了，就近在大廈上方便……

解決問題的結論是：關上窗簾。（傑佛遜紀念館大廈至今完好，不信可以自己去看。）

後來，每當我們分析問題原因尋找解決辦法時，總是互相提醒：「眞的能關上窗簾了嗎？」找不到問題的根源，就會天天重覆沖洗表面，直到可能出現大的裂紋，大廈斑駁、剝落，甚至坍塌……

◇

兩天下來，滿牆的張貼已經形成了一整套文件，包括了使命、遠期目標、近期目標、部門指標；財年九九下半年六個月內的五個關鍵領域（代號"5 KRA"，即 Five Key Result Areas）和各領域要產生的營銷結果：戰略、策略、實施計劃、資源配備。

莫師傅要求我們做最後一個作業：集體完成一篇文章，是預備六個月後財年結束時要向全體員工發表的，它是對今後六個月裡我們要完成的事的總結。文章共四段：開頭、業績總結（分兩段，圍繞 5 KRA）和結尾。分成四組，各寫一段，同時在十五分鐘內完成！我們已經習慣莫師傅的各種乖張指令，但這個是太離譜了！莫師傅堅決不讓步，說：「如果眞的如你們所説，每個人都已經清楚團隊的目標、策略、任務，你們就可以做到！我教練過好多團隊，眞正好的團隊什麼都可以做好，別説合作一篇文章了！」威逼利誘之下我們還是做了。

莫師傅把各組作業收齊，十五分鐘竟然有了將近兩千字的文章！每組的代表依次高聲朗讀，讀的人激動，聽的人也激動，每一個人都被我們的作品所震撼，眞格是一篇絕妙文章。各組分別寫的段落，都確切表達了整個集體的想法，文筆修辭全文風格流暢如出自同一人的手筆，其中躍動的激情又是團隊的集合。我們意識到我們可以做多麼「不可能」的事，文章描述的六個月後的業績令人激動，我們充滿實現業績創造奇蹟的衝動！我們可以是多麼的「棒」的團隊！而個人能作爲這個團隊的一員又是多麼可驕傲的事。

莫師傅說，他爲微軟總部的很多部門做過很多場訓練，最愛的是微軟中國的這個團隊。這是顧問們通常要對每一個客戶講的套話，但莫師傅說的時候，眼裡有淚。

我感謝莫師傅超額完成我的期望，他說要告訴我個秘密，不過我得保證聽完後不能克扣他的餉銀，我答應了，他說：

「其實，所有的事都是你們自己做出來的！」

是啊，年中報告還沒影兒呢！不過我還是會付錢的。我和我的團隊知道該怎樣去做了。

◇

我的團隊成形了：有一個優秀的「頭兒」（我），一個共同的理想，一群能夠實踐的優秀的人，還有了將理想具體化而得成的清晰階段性目標，接下去要以執著、凝聚（「如激光束——即雷射——般的集中專注」，莫師傅語）的精神去實現確定的目標……這些理論都讀過很多遍的，但莫師傅教給我們的是如何去實踐這些理論的方法，他幫助我們發現自己可以是多麼的「棒」！

兩天的熔煉把一顆顆金沙合成了塊金子，儘管仍然粗糙，但畢竟是金子了。師傅走了，該看我的團隊和我這個隊長的了！團隊的速度、效率、成績和精神，很大程度上靠隊長和教練，我要兼任二者，要把我的金子團隊修煉出更耀眼的光彩。

我和我的團隊後來的實踐證明，「運動隊」式的團隊精神不僅能形成危機中的凝聚力，在

「和平建設時期」也非常有效。我們不僅做到了「不可能」的財年九九下半年的任務，還做出漂亮的新財年計劃。我的團隊喜愛自己新的精神，新的風格，我們開始向更大的集體傳播這種精神和風格，只是初見端倪，我即離去。

我有過很多難忘的團隊回憶，但沒有如此濃縮的類比，在無喘息餘地的危難之中把顆顆金沙淬煉成金，把自己熔煉成金子團隊的領袖，那是無法描述的驚心動魄的壯美。今後我還會不斷有新的管理經驗方面的領悟，但是，這一段的經驗是永遠無可替代的。我將與未來的團隊發揚光大精英團隊精神。也衷心希望我的微軟舊部能保持我們共同學習、共同創造的團隊精神，至少會保持屬於我們每個人難忘的幸福回憶。

我感謝喬治推荐了莫師傅。更永遠感謝莫師傅。我退休以後，也想做個企業教練，在中國做。

幾個月後，我們一一做到自己的承諾。我決定辭職，先與莫師傅打了招呼，莫師傅用盡心思說服我留下，直到我問他：「你是我的朋友還是為微軟工作？」越洋電話靜默了十幾秒鐘、莫師傅終於長嘆：「作為你的朋友，我理解你驕傲的決定。我為微軟無限遺憾——明星隊失去明星隊長，明星將不再光彩。」

第十三章　鐵篦超生

要能以最少的資源「撥動」全球市場渠道，要「隔」著渠道準確把握市場、客户和競爭對手，最重要的手段就是「鐵篦」，鐵篦的牌子是「鮑爾默」。

在前奏裡提到的，一年兩度的業務匯報是市場營銷最集中的管理手段，因其嚴厲而得名「鐵篦」（微軟專用詞 scrub，後來被通用於所有的計劃審批了）。顧名思義，以鐵篦梳理，刮掉所有虛浮謬誤，招招無情，損皮到肉，鐵篦過處，常常犧牲幾打經理的微軟仕途，正是因其嚴厲，每臨 scrub，微軟經理無不兢兢業業盡心準備，得以超生無不以爲幸事。現在提起，我仍然似有餘悸。要談「鐵篦」得有一些鋪墊，先介紹一下微軟的組織結構。

◇

微軟有三萬多正式員工，超過一半是做軟件開發的，另一萬人左右做營銷。其他幾千人分布在各管理職能部門和法律事務部。

因爲微軟最主要的財產是版權，法律事務乃至訴訟繁多（“legal intensive”），可能僅次於專門的律師事務所。法律事務部因其重要性，也一直保持獨立運作。各海外分公司駐在地的法律事務部人員都是直接向法律部上級縱向匯報，與當地公司管理層只是配合的關係，有些法務機密甚至不會知會當地總經理。司法部官司纏身，法律事務部人員自然有所增加，但主要是增加經費，大量使用律師同業資源，而不是全部直接雇用。

這正符合與微軟一貫的資源戰略，有的是錢，需要用時可以盡量從社會上買資源，不必太多直接雇員。微軟一直成功避免臃腫膨脹，沒有患上這種成功企業的常見富貴病。

人事、財務、生產、流通等等，所有的管理職能統稱財務行政部門，人員精簡，但管理效率極高，靠的是功能無比強大的實時在線（realtime online）管理系統，並將所有可能外包的功能一概外包。外包方（如工廠）和供應商都必須達到微軟管理系統的要求，比如外包的工廠必須嚴格執行聯機日報生產狀況，並根據系統下達的銷售預報準備生產計劃和材料，管理也必須十分嚴謹，否則達不到微軟的效率管理目標；供應商必須能夠連接到微軟的聯機採購系統，處理聯機採購訂單。

ＩＴ部門管理著微軟自己的「數字神經系統」。蓋茲曾提出衡量企業數字神經系統的標準，也是對微軟ＩＴ部門的直接要求，其中最重要的幾條：

- 企業記憶是否完整；
- 企業最高領導掌握的信息是否所有管理者都能隨手可及；
- 能否很容易地找到關於客戶的任何信息；

・能否很容易地收集、傳達客戶的反饋；
・合作伙伴是否是系統的有機組成部分；
・在危機情況下，是否所有人能夠迅速通暢地接力做出反應。

不管用什麼標準衡量，微軟自己的數字神經系統都可能是世界上所有企業中最好的管理系統。覆蓋及至所有功能末梢，而具有不可想像的靈活。這個系統也是世界最大的微機廣域網絡，在雷德蒙德（Redmond）總部就有三千多台服務器（即伺服器），數據庫超過8ＴＢ，連接全球幾百個ＷＷＷ站點，四萬多台微機網絡用戶，每年在系統上傳輸超過五億封電子郵件（人均每天多少件!?），從採買文具、銷售報表、分析統計，到個人績效計劃與評定，所有的管理工具都是實時在線的，在其他公司要由經理執行的管理職能，有很大部分都由員工自己分擔了，經理們被最大程度地解放出來去做「實事」。這個系統還承擔著所有新產品的測試運行任務，從一九九八年起，系統平台全部轉換爲微軟自己的軟件，這是微軟產品足以支撐大企業的嚴格要求的最好證明。如此龐大的系統的維護支持隊伍只有三百人左右，儘管微機網絡具有一些先天弱點，連續可用性仍達到百分之九十九以上。

蓋茲的新書《數位神經系統》遠不如第一本書《擁抱未來》賣得好，我自己認爲原因是觀點並不是最新的，文筆欠生動，又缺乏類似視窗九五發布的曠世之作的內容描寫。如果是寫《微軟的數位神經系統》就一定會賣得好，應該是所有企業的必備教科書，至少是重要參考書。

軟件開發測試大部分人員在西雅圖雷德蒙德總部園區，還沒有幾個海外產品研發中心。海外中心主要爲非英語地區市場做產品的本地化，像日本、台灣、北京都有，本地化的工作也要與總部的產品部門密切聯繫配合。隨著產品的複雜程度越來越高和產品線越來越長，測試的工作量和難度與日增加，測試工程師已遠遠多於編寫程式的軟件開發工程師，在產品發布前還要雇用大批臨時測試人員。

傳統上，產品研發一直是獨立運作，與市場營銷的並行配合部分主要在協調產品周期方面，而產品功能主要由技術部門做主，從市場營銷直接得來的客戶的需求和意見往往「僅供參考」，而不能充分影響技術部門對產品的計劃。好處是開發人員有相當大的發揮和自我實現的餘地，缺點是技術官僚的無上權力使得微軟越來越以產品爲中心，對客戶和市場的敏感被削弱，產品拖期延誤已形成規律，帶給市場營銷部門無盡的苦惱。公平地講，微軟的產品研發即使在後期患上很多弊病時，仍是全世界歷史上最優秀的。一個簡單的數字足可以說明：微軟只擁有二十分之一左右的美國軟件工程技術人力資源，而創造的產品產值卻高達美國軟件業總產值百分比的兩位數之多。微軟也擁有世界上最多的千萬富翁程序員。

◇

鮑爾默出任總裁前已經和蓋茲達成一致，到了「重塑微軟」的時候了。二十幾年發展起來的組織機構被全盤打散重組，將產品研發和營銷功能組合爲各以目標客戶爲中心的六個業務部門，幾個主流產品線從研發到銷售連成一氣，每個部門由同一位副總裁負責；另外有一個統管市場營銷和服務的集團副總裁（Group VP）扮演鮑爾默從前的角色，對這六個部門協調指揮，並兼管客戶服務。客戶服務的功能組織是幾年前隨進軍企業客戶市場大戲略應運而生的。鮑爾默總裁醞釀了一年，九八年底宣布了全盤改組方案，重組的結果是副總裁的位置減少了一半。軟件工程師和市場營銷人員本是兩個不同的人種部落，突然被組合成家要一起生活，雙方都不知所措。至今總部尚未脫離「休克」治療階段的副作用，每天都有高級經理和職員離去。一九九九年七月十九日公布的九八財年業績是歷史最高，之後幾天內部拋售股票也創造了歷史紀錄。西雅圖一夜之間新註冊了上百家公司，CEO多是剛剛從微軟「退休」的資深員工。

要在其鼎盛時期重塑一個最成功的企業，比改組危機中的公司要難得多，企業史上只有過一個成功的範例，那就是通用電器。微軟或許會成爲又一個成功，最根本的條件取決於能否改變企業血液中自大和自我中心的基因。我對鮑爾默抱有信心，肯用自己的錢打賭微軟最終會成功，但我卻不願再用自己有限的事業生命也當賭注壓上去了。從美國到中國的路，要比從鮑爾默辦公室到微軟總部的各個角落遙遠得多。

至此，全部業務相關部門統歸鮑爾默總裁領導。直接向蓋茲匯報的只留一個部門：技術研究部。這個部門是在一九九〇年才成立的，從招攬人才到課題方向一直由蓋茲直接關注，比起如貝爾實驗室、華生實驗室（IBM）等老牌的研究中心，微軟研究部晚了近一個世紀，但是短短九年已經聚集了一批世界最頂級的科學家。蓋茲對於「對未來的投資」毫無吝嗇，有一個新鮮的例子：微軟募請到全球最權威的數據庫泰斗，要試驗世界上最大的數據庫，只有地球地理可以是最大，於是買來美國地球地理數據，再買來前蘇聯克格勃的衛星資料，做成"Tera Server"，能將全世界所有地方的地形地貌在計算機屏幕上顯現得一清二楚，充分顯示微軟數據庫產品的強大。微軟研究部是微軟惟一沒有業務指標、沒有預算限制的部門，科學家們可以自由地試驗任何相關計算機軟件的創意和靈感。蓋茲對這一投資的期望僅僅是：這些世界頂級智慧能幫助他不斷瞄準對未來軟件、網絡，乃至世界的制高控制。

前面提過，微軟的所有營銷都是通過OEM預裝和分銷零售兩個渠道營銷系統完成的，是少有的百分之一百的渠道營銷模式。微軟的一萬人左右的市場營銷隊伍管理，配合著全球上百萬家直接、間接的合作伙伴，每年在渠道中有一百多億美金的生意「流」到微軟，財年九九的公布的營業額是一百九七點五億！一萬多人銷售額近二百億！即使以全員三萬人爲基數算出來的人均銷售額也是難以置信，「四兩撥千斤」在這裡顯得多麼笨拙！

要能以最少的資源「撥動」全球市場渠道，要「隔」著渠道準確把握市場、客戶和競爭對手，最重要的手段就是「鐵篦」，鐵篦的牌子是「鮑爾默」。鮑爾默在微軟十九年間有十八年負責營銷，升任總裁前，全面負責全球營銷達七年之久。微軟的海外業務已經有十幾年的歷史，發展到今天，六十個國家和地區的海外分公司的營業額已經超過美國本土（即超過一百億），鮑爾默發明了這套鐵篦來管理全球營銷系統，經過多年的發展，它已遠遠超過衡量管理業務績效的作用：它涵蓋了營銷鏈上的所有環節，從市場的宏觀經濟狀況，到具體每個合作伙伴的銷售和實際的綜合狀況；從各行業、各客戶群、各大客戶的整體ＩＴ投資，到微機的裝機量和新購買量；從每個銷售員的業績，到每個競爭對手的情況分析……無所不包。

◇

由於職業守則，我不會詳細描述屬於企業機密的內容，可以形象地「看看」這個魔法無邊的工具：四十幾頁紙的一份文件，第一頁文件名平淡無奇：某分公司某某財年年度預算（或年中匯報）。年度預算以新財年預算爲主要目的，預算要由營銷策略和詳盡的計劃爲根據；財年年中匯報則要檢查年初所定指標階段業績，更重要的是檢討策略執行情況，爲新財年的戰略計劃開始鋪墊準備。年中檢查要比年度計劃還要複雜得多。除去封面，其餘頁張全部是由最小號字碼的數字組成的 Excel 電算表格，需要填入大量的新的原始數據，系統會根據新的數據和歷史數據再生成上千種分析結果，把市場和業務的所有角度、層次完全以數字顯示，所有關鍵數字彼此呼應關聯。鮑爾默對不斷改進他的工具有偏執的激情。表格年年都可能有變化，通常是有增無減。他對於數字的敏銳和記憶令人生畏，無人敢心存僥倖。他每年會親自到十幾個分公司聽現場匯報，其餘分公司則由負責各洲際市場的副總裁集中向他和蓋茲的最高管理委員會匯報，便形成了微軟的全球戰略。

一九九八年十二月二十六日，鮑爾默將到北京聽取微軟中國的財年九九年中匯報。這是他連續第三次來中國聽取年中匯報，一九九七年初匯報後做出了尋找新的總經理的決定；一九九八年一月我第一次見到鮑爾默，那是我的最後一個面試；這次再來，他要聽取我這個十一個月的總經理匯報財年九九上半年的「成績」：三個月停擺，兩個月修復，最後一個月轉機，只做到上半年指標一半多一點！全微軟絕無一個人願意在此時接手我的工作。

我也沒指望任何人能接扶我一把。連喬治也是第一次參加地區年中檢查。我能依靠的是我的團隊，我的團隊儘管沒有經驗，但是我們已經是一個眞正的團隊，願意無條件地互相支持，能夠互相依靠，彼此靠得住！

◇

十二月十二日星期六，也就是莫師傅走的當天，我們進入 scrub 戰時狀態，全體做好充份準備：今後的二十四天將生活在水深火熱之中。

我們有好幾個難關，第一關是最難的——我們得先學會看懂那些表格和那些數字，看懂六個月做出來的預算數字和後面的邏輯。我的隊伍包括我自己，絕大多數沒有眞正介入六個月前的 scrub。看懂了以後才有可能分工合作。這時我才後悔，當初還慶幸有費南多幫忙主持一切事宜，放棄了寶貴的實習機會，現在回頭去理解是一片茫然。沒時間後悔，我必須最快的進入角色，才能帶領我的團隊。

我開始看數字了，看了兩天兩夜，沒看懂！還竟然對數字有了生理反應——只要一盯著數字我就會噁心，只要放下就好了。感覺像暈船暈車似的，可是沒有治暈數字的藥！只有惡治，白天大家一起研習，每天凌晨終於爬上床躺下時，我強迫自己從頭翻到尾再翻回來，死盯著數字看，像個自虐狂。好像是第四天還是第五天，突然我眼前的數字開始有了意義，當時就不暈了。我高興極了，總算排除了最大的隱憂：我眞擔心我看不懂。從小我聽大人講，吃魚子多了數不清數，我的數理化底子很薄，還偏偏特愛吃魚子。

看懂了只是第一關，這才能開始眞的往下做，有很多數據需要塡進去，由於沒有經驗，好多數據都沒有準備好，需要現去找，像半年的市場數據和競爭對手的銷售數據找起來特別困難，有些只能靠估計了。

塡進大部分數據後，我們要反覆地檢查驗證數據之間的邏輯關係，所有邏輯不通之處一定搞明白問題的原因是什麼。這可不是玩數字遊戲，scrub 的精髓正在於此：挑出所有業務運作中的毛病，看清楚根本的和相關的問題，才有可能去糾正。你最好能夠先自己發現盡可能多的問題，而不要等鮑爾默幫你發現。這個訓練的過程異常艱難，經常進入死套出不來，但正是這種反覆的掙扎過程使大家都越來越眞正清楚明白了。我們做得特別認眞、誠實，我們不是爲應付過關，我們想要學會我們正在做的業務，想學會如何能做好。團隊的每個人全身心地投入，對分配給自己的任務負責任，完成後要確認與其他部分的接合無誤，還主動地互相幫助。這好像是很普通的事，可我們知道這樣的團隊精神來之不易，以前沒有過。

說到 scrub 的精髓是爲了眞正了解問題，爲此鮑爾默不斷修磨他的鐵篦，並不辭躬親每年轉世界兩周，以得到第一手最翔實的材料。但是，百密終有一疏。我觀察到一個現象，不少的微軟經理在準備 scrub 時越來越把重點放在如何過關，甚至爲此而做些手腳。譬如，大家都知道鮑爾默最不願看到的就是競爭對手的市場份額增長超過微軟，於是就可能做些「微調」，使得競爭對手的數字不那麼扎眼，微軟在主要競爭領域永遠是贏家。另外還有好多小聲私下交流的「微調」技術。

最近讀了一篇短篇小說，名字是《駱駝怎麼了》，講的是一個土耳其大學生，新畢業被分配到邊境地區做獸醫主任，發現報表上填著該地區有兩千多頭駱駝，而全地區人口只有七千多人，並且沒有一頭駱駝。原來是多年前聽老人講曾有商隊經過留下三頭病駱駝，那一年就上報了三頭駱駝，以後每年增加一個合理的百分比，就發展到不存在的兩千多頭。類似的邏輯竟然使騾子也逐年自然增長！……看了小說，我突然又爲那些經年累計的「微調」經理們擔心，鮑爾默最最不能容忍的就是作假，犯錯誤還能有改正的機會，撒謊者若是落到鮑爾默手裡——「殺無赦」。而「微調」繼續衍生，正在銷蝕微軟眞正優秀的那部分企業精神。

scrub 最後準備階段是反覆的演練，最後一次演練是在新加坡，向亞洲區總裁及其高級幕僚匯報，我們艱難地勝利過關。但亞洲區總裁畢竟比較了解過去幾個月中國發生的情況，而且，他不是鮑爾默。

Scrub 季節向來不論晝夜，幾點完幾點算。輪到我們開始時已經是晚上九點了。開始前，我的團隊短暫集合，互相擊掌振作，眞像運動員要上場拼搏！鮑爾默和他帶來的十二位總部高級幕僚，各司其職，都扮演 scrubber 的角色。加上亞洲區總裁、喬治，占了擺成長方形一圈桌子的大半，我和我的五位總監集中坐在長方形的一端，外圍幾十把椅子全部坐滿。先行通過的香港、台灣的同事都留下來聽，當然我的團隊全體都在。人人知道這將是一場「好戲」。

◇

這一次我們匯報的形式與以往中國公司的傳統不同，由我主講，問到具體問題時，我一個眼色，早有準備的隊員立即以具體圖表數字支持。我聽說，這與鮑爾默見慣了的形式形成鮮明對照：以前，總經理開場白講過，即由各部門總監分頭講解相關部分，經常出現相互矛盾銜接不上的尷尬。我們毫不迴避失誤，我的開場白部分就有四十分鐘，專講失誤的原因，像層層剝開爛洋蔥，辣眼辣心的難受，但非剝不可，不然說不清何以糾正，說不清後面的策略。我沒有強調許多問題都是年深日久遺留下來的。我和我的團隊能擔得起。我們能講清楚錯在哪裡，採取了和將要採取什麼措施去糾正，我們清楚地知道我們下面要做的目標、策略和計劃(再次感謝莫師傅!)。最重要的是，我們充分顯示出我們是眞正的團隊，配合默契，聲氣相通；準備充分，邏輯清楚，所有人都有對全貌的理解，全過程四個小時整體全神貫注，隨時準備「替補上陣」互相支援。

鮑爾默看到了這「最重要的」，他在結束時說了一番話：「我一直希望微軟中國公司能夠成功，能夠長期地成功，……今天我終於看到了一個團隊，一個有可能帶領微軟中國長期成功的團隊……我喜歡你們的五個KRA，你們只需要高度的集中，把幾件最重要的事做好，兌現你們的承諾，我會再回來檢查的！」

我說：「我和我的團隊會做到我們的承諾！」

scrub 從來不是情緒宣洩的場合，那一天的凌晨一點，我們竟受到如此多的祝賀，來自鮑爾默和那些總部的高級經理們。喬治也非常激動（他一直是全情投入站在我們一邊的），他竟然擁抱了我一下！我的隊伍通過了最嚴格的考試，我們證實了我們的能力，證實了我們是優秀的團隊。我的心裡充滿驕傲，我堅持過來了。我驕傲能有如此出色的一群同行。連續二十幾個晝夜，人人熬得神魂顛倒，最縝密的財務總監竟會早起先穿鞋後著褲，急得跳腳卻不明白為什麼自己的褲子突然不讓穿進去，類似的笑話不知出了多少。為了看清細如蚊腳的數字，特製了放大尺，還是險些把我的右眼累瞎！大家指天發誓，scrub 過後，死活不管先睡它三天三夜。而真的 scrub 過後，直到凌晨三點，還無人有絲毫睡意，我們在陽台上喝啤酒，擊節作歌（壓低聲音的），慶賀我們敗中求勝的轉折，慶賀我們在鐵篦下超生。摩拳擦掌要帶領全公司超生！

四個月後，一九九九年四月初我見到鮑爾默，交出來第三季的好成績，又一次告訴他我們會做到我們的承諾。六月底，我們做到了所有的承諾。雖然我不在了，仍是由衷地欣慰。在 scrub 當時，受到質疑最多的就是我們提出的下半年目標，大家都懷疑我們真能做到，相當於上半年兩倍還多，而且只有上半年四分之一的市場經費。提出目標時，我曾為隊員們的猶豫膽怯感到失望，甚至傷心。但是當形成決議後，大家義無反顧全力支持，從沒有人說過「那不是我的主意……」。我和我的團隊堅守承諾「我們能做到」，我還加了一句：「如果做不到我就請辭總經理職務。」我終於還是請辭了，不過是在做到以後！

我把微軟中國帶出低谷，留下了一個健康的營銷機制和一個出色的管理團隊。我衷心希望：那曾經是我的團隊，能保持我們曾經共有的光榮。

第十四章 人治，治人

微軟不在乎人員流動，最在乎的是能否得到和保持足夠的激情和智慧，是否每一個具體的工作都有最好的專才在做，對於微軟來講，速度和結果是最重要的。

「人治，治人」，是我個人對微軟企業文化的總結。

我喜歡IBM的企業文化，人際之間的公平、溫暖、與人爲善；追求豐富、綜合的完美；經商爲人的道德準則等。這些與我個人的審美觀和價值觀主流吻合，相對之下，不喜歡的那些成分諸如緩慢、束縛、封閉、官僚層次、繁文縟節……都變得次要而可以接受，我仍然喜歡它。

我也喜歡微軟的企業文化裡的很多成分：精彩、個性張揚、求新、速度、創作、實現，這些與我的性格相符；但是它的「人治」和「治人」機制，因此而產生的一些行爲準則上的混亂，它的自大自我自私，和我的審美和價値觀有根本衝突，所以我離開它。

我以個人的理性、感性的原則，決定對企業文化的選擇。

◇

從純粹的職業理性去認識，企業文化無所謂好或不好，惟一的評判還是要看企業是否成功。以此爲標準，微軟和IBM的兩種截然不同的企業文化都是成功的——對企業而言。企業文化都是爲企業的核心的戰略目標服務的。所有企業都可能有「文化」，只有眞正成功的企業才可能有成功的「企業文化」。任何企業都要靠人去實現它的戰略目標，與人直接相關的人力資源管理自然是企業文化核心的組成部分。企業不會因個人感情好惡去改變文化，只有在企業戰略改變而原有企業文化不能配合的時候，才會發生改變——最重要的催化劑是企業領袖的推動倡導，加上激勵體制的改變，就會改變企業中人的主流行爲特徵，也就是所謂企業文化的改變。

微軟和IBM兩個公司所有方面都有很大差異，產品、市場戰略、歷史、領袖風格……最大差異就在於人力資源管理。兩種文化的根本差異再加上歷史的過節，兩個公司的「人才交流」非常少，這在今天人才流轉迅速的IT行業是個挺有趣的現象。我能有機會在這兩個最偉大的公司有如此經歷，不能不算是個異類。在兩種企業文化裡浸淫的經歷，對人力資源管理與企業文化、激勵機制與人的行爲、人與企業之間各種關係，我有了很多的認識和感悟，寫出來說不定對各方面能有點啓發，但僅是以我個人眞實體會的視角寫的，請別帶著「理論」水平的要求來讀。由於人力資源管理是各企業的核心機密，這裡我只能分享職業守則所允許的擦邊部分（並特別聲明：所有的數字都是假設的——切要切要）。

◇

如果說微軟和IBM有任何相似之處，那就是：都曾經和仍然是IT業界的最偉大的「惟一」，都以高智能專業人才爲主要勞動力資源——在這方面微軟就更有絕對的代表性，它的最大財富是版權和「人」，沒有人的智力，也就不能創造出版權的財富。兩個公司都說，擁有最優秀的人才是公司成功最重要的基礎條件。但是「最優秀」的定義也會有所不同。蓋茲對於微軟的「最好的員工」所具有的特質有過一個總結，其中有這樣幾條：

・對產品、技術有強烈的興趣，甚至是布道者般的虔信和激情。
・與公司一致的長期目標和思維，能自我激勵和不斷自我完善。
・特長的知識和技能，迅速學習的能力。
・專注於競爭對手，從競爭對手學會更聰明的做法，避免它們的錯誤。
・會思考，更會行動。能夠迅速決斷，承諾結果。

或者說，這些是他所期望看到的微軟人的特質。從我所接觸過的微軟人身上，所看到的最具代表性的特徵行爲是激情、自信和「行動型」，當然，一定要聰明，這些即所謂「微軟類型」的特徵。在微軟如果說某某人不聰明或是沒有激情，那就是非常嚴重了。至於「長期的」目標和思維，可能只存在於產品規劃和最上層的幾十個頭顱裡，大多數微軟人都是以幾個月或最長以年度爲期而行動的。

微軟一直注意避免過快膨脹，「苗條」、靈活，才能保持高速運轉，才能有效地傳達貫徹「變化」的指令。鮑爾默有句名言：「在微軟，惟一不變的就是變化。」微軟所處的行業迫使微軟永遠保持應變能力和速度。以今天微軟的經營規模，仍保持只有三萬雇員。每年做預算時，每一個新增的名額都要被反覆查問，不但要看新的申請是否非常必要，是不是配合整體策略；還要仔細查看現有的資源是否確實人盡其用了，能否通過組織調整再「優化」出資源而不必新增人。要人比要錢還要困難得多，有時要不到名額反會招出一大堆問題。總經理在提出新的申請時都要再三斟酌。每一個被批准的名額都非常珍貴，要在最短時間補上缺——之所以能被批准一定是因爲確實有「缺」。一般有新增名額先會在內部徵求，如果內部找到了，就要盡快去補內部空出來的職位，眞正是一個蘿蔔一個坑。微軟才眞的是「不會永遠有空位子」。這句IBM的招聘廣告語用在微軟才最合適不過。

早期的微軟具有年輕、獨特的企業精神，從校園新招收的畢業生充滿激情和想像力，最合適做個人電腦西部墾荒時期的牛仔程序員，能滿負荷、超負荷工作。後來，隨著公司的成長成熟，越來越重視招收有實務經驗的人，微軟每一個職位都有非常具體的描述，雇用對象目標的經驗和技能非常重要。微軟招聘沒有什麼考試，只是看履歷和面試，履歷經驗可以通過獵頭公司核實，面試就靠「感覺」。候選人通常要由幾個經理面試，然後集體議論幾個經理的綜合「感覺」，往往能比較準確地把握並選出「最符合微軟類型的，能夠最快上手的」人選。

由於這種現用現找的做法，找來的人一定是有相當的工作經驗，也必定有其他公司的烙印，必須具有「最符合微軟類型的」的特質，才可能很快被融入微軟的文化。只憑感覺難免有看走眼的時候，不過不要緊，有一整套的績效管理辦法能不斷地淘汰落伍者。微軟不在乎人員流動，最在乎的是能否得到和保持足夠的激情和智慧，是否每一個具體的工作都有最好的專才在做，對於微軟來講，速度和結果是最重要的。

◇

IBM的做法是，按照中期規劃提前幾年做資源儲備，比如說，在二〇〇〇年的三年規劃中，預期二〇〇二年業務增長百分之百，那麼屆時將需要比今天多百分之六十的人力資源，其中大約分布在銷售、市場、服務、經理等各個方面的人員比例和經驗水平如何，需要培養的時間要多久，於是在二〇〇〇年的招募計劃中已經體現出來，二〇〇〇年在IBM中國新兵營裡的幾百名員工裡，已經注定有相當比例會在三年後成爲經理或是各方面的骨幹。IBM的組織機構管理模式相對穩定很多，三年規劃每年滾動更新，以此求得長期與變化的統一。

IBM需要提前很久儲備資源，因爲IBM員工大多數是從大學校園直接招募的應屆畢業生，沒有工作經驗，培養期很長。新兵要先通過智商考試和面試再優中擇優（不誇張的百裡挑一），經過道道難關才能加入公司。第一步邁進新兵營要培訓幾個月，實際還是在當學生，在新兵營裡所受的培訓會成爲很多人職業生涯的準則，也或深或淺埋下對公司的忠誠。「一張白紙好畫最新最美的圖畫」，從頭培養能最完整地繼承公司的文化。ＩＢＭ的商業機器是由複雜的管理嚴密的程序、矩陣式的組織構成的，各功能部門之間的平衡、穩定、協調配合是最重要的，因此才會在人力資源人才培養方面花大價錢。ＩＢＭ所經營的業務涵蓋ＩＴ產業相關的所有方面，雇員規模將近三十萬，人力資源儲備必須充足和提前。而ＩＢＭ對優秀人才的定義也不一樣，不要求能立即兌現的工作能力和經驗，但是要有更整齊、更綜合的潛力、或者說，要有能被培養塑造成「ＩＢＭ人」的素質。

對於新加入的員工，微軟可不是最友好的環境，入門指點是非常有限的。通常是由經理發一個歡迎電子郵件，再帶著遊走辦公室一周打打招呼，轉過一圈後仍是搞不清誰是誰。然後就按著人事部給的幾個網址去自己尋找入門的一切路徑。我剛入門的時候也是差不多，桌上空空的非常不習慣，沒人給我準備任何文件來看，不管問什麼都只是得到個「網址」，對著衆多的網址路徑如入迷宮。我當然能有更方便的支持，隨時「電招」即有人來指點，但仍迷失多天方得要領。我心裡暗驚，總經理到任尙且如此，其他員工新來乍到會作何感受？後來一直敦促要加以改進，爲新員工準備些入門指導，至少把網址們印在紙上，簡要說明內容和作用，也能減少一些初入門的冰冷和艱難。其實，這也是微軟文化的一部分，就是要有獨立生存和適應能力。我的動手能力到微軟後突飛猛進，六個星期後助理四月兒到位時，我已經養成了自己處理文檔的能力和習慣，還可以得意地和別人比試一些做幻燈片的「酷」招，從此對於產品和技術也「染」上濃厚興趣，開始具有爲微軟的產品技術「布道」的初級資格了。

我的轉變正是一個很好的例子：企業文化和工作氛圍如何能迅速轉變人的習慣行爲乃至興趣。

最近和ＩＢＭ的朋友聊天，聽說新兵營訓練期又拉長了，還全面實施了「師傅制」，每個徒弟都有人帶，徒弟的成績是與師傅的績效和升遷機會聯繫起來的。對於師傅來講確實增加了負擔，但也有「實惠」——畢竟徒弟可以幫幫手；同時也顯示著資格，使師傅有榮譽感：並不是每個人都能帶徒弟。通常帶徒弟意味著有可能帶更多的人，暗示升遷已經不遠。集中強化培訓加上耳提面命，幫助新兵們亦步亦趨從頭走正、走穩了規範。有「師傅」嘆徒弟不好帶，我嘆那徒弟眞是「生在福中不知福」。微軟對人員培訓的原則是百分之五通過培訓，百分之九十五靠自學和在職「實習」。公司業務成長而員工沒能「跟著成長」時，就會被淘汰，人人都有同等的危機，誰又有「暇」當兼職師傅呢？

◇

我認同微軟用人原則對公司利益是非常有效的，我的不同觀點是，公司在期望員工發揮最大效益的同時，也應爲員工的能力培養和發展前途有所回報，不只是錢和勞動力的關係！我認爲公司應該有更多的（比百分之五要多！）培訓幫助員工成長。由於「即來即用，以用爲主」的原則，微軟雇用的員工的「專才」、「偏才」比較多，每個人從第一天起就要在特定職位上高速運轉，多數人不可能找到時間和精力去進行專職之外的「自學」、「實習」，難以有超出原有的經驗特長的擴展和提高。我認爲要幫助員工跟著公司成長，無疑有著濃重的IBM文化的痕跡；但我確信這首先是爲公司的利益需要，尤其在中國市場，是必須要實行的可持續發展的「人力資源」策略。

中國IT業現成人才供求懸殊，以職業和專業標準，整體素質與國際企業水準差著不小的距離，這不是聰明不聰明的問題，更無關種族。美國人玩電腦已經玩到了第二代，美國孩子在幼兒園就開始用PC玩項目管理的遊戲了，沒上學的小人兒們不比玩具，比各自的「個人網站」，連給爸媽的賀卡都是在網上製作網上傳遞的。那裡的勞動力市場充滿各種專業職業人才儲備，尤其IT行業還集中了最多的來自各國的移民人才。

中國人開始比較普及地使用電腦才十幾年，改革開放接觸現代「洋務」只不過剛剛才慶祝二十年成果。以我自己爲例，經過IBM十幾年的培養，由微軟花了一年時間千挑萬選上的，到微軟上任時還並不完全具備總經理的基本條件（連數字都不懂），好多事情要拼命現學起來。如果公司能有個師傅幫幫我會更快勝任，不必差點淹死才會水，也能避免對公司業務的階段性影響。再說，網絡新生代的公司和優秀的國內企業已經成爲人才爭奪的強勁對手，優秀角色的工作首選已不止於微軟之類的大牌外企，要挖到最合適的角色越來越難，只靠挖角難爲長遠之計，必須對已有員工加強培養，不僅是企業運營的資源需要，也可以通過老員工擴散對企業的忠誠。公司要抓住優秀人才的忠誠，必須提供充足的資源和機會，使得這些優秀人物能夠充分發揮，共同成長，也因此而增加優秀人物之間的由共同的夢想、野心而產生的親和力。

中國的五千年文化底蘊裡一直貫穿著忠、誠、禮、義、信，外企企業文化要想在中國扎根，對人做事必須順應中國文化，才能從內到外爲中國所接受，否則即使是被員工接受也難以融入社會。微軟的例子正是如此：微軟中國員工過去大多數都很快樂，陶醉於興奮、獨立實踐和個人實現的感覺，當然還有薪酬；但是如果公司不被社會所接受，外部的壓力會沖淡和抵消個人的成就感和榮譽感，如果沒有對企業的忠誠則難以爲繼。

對比之下，在ＩＢＭ十年前全球業務陷入最大困境時，我們這些在中國的無名無級的小輩都是滿腹拳拳憂患，走到哪裡都要爲ＩＢＭ「辯護」，儘管我們對於當時發生的事並不很了解，我們仍熱誠地爲它辯護，因爲我們對它的企業文化抱有信念。當時在中國的外企ＩＴ企業還不是很多，可已經有獵頭公司以「衰敗」的ＩＢＭ員工爲狩獵對象，但是，沒有一個人在公司最困難的時候離開。其實當時ＩＢＭ在中國沒有什麼困難，但是我們認同自己是「ＩＢＭ人」，我們就有自覺的忠誠。誰又能說ＩＢＭ對人才的培養投入不值得呢？這不只是ＩＢＭ從頭培訓薰陶的影響，更因爲ＩＢＭ文化和中國文化有接近之處。

微軟的人力資源管理制度和理念，在過去十幾年證實一直很成功地配合了微軟的戰略，所以難怪微軟聽不進我對於「在中國應該有所不同」的一家之見。有個偉大的哲學家說過：「一個人之所以選擇這種哲學，正因爲他是這種人。」我想對在中國的外企說：「中國人對企業文化如能有選擇餘地時，總會有中國文化的深深烙印。」接近中國文化的企業文化，能在吸引中國人才方面占些先機。

◇

企業人力資源管理，從根本的哲學，到發現、吸引、使用、報酬、績效、激勵、保有人才的手段，有很多環節，我認爲最重要的是薪酬體制和績效體制，這裡想著重講講微軟。

薪酬體制是吸引人才最重要的手段，過去十幾年裡微軟一直沿用的薪酬體制證實是非常成功的。微軟薪酬構成中，薪金部分只是在行業的「中等水平」，眞正的含義是在行業中有百分之五十的公司付的工資要高於微軟同等職位，很多中、高級人員加入微軟時的工資都低於原來公司的水平，我自己也是如此。但是股權持有的分量足夠吸引大部分所需要的人才。這又是微軟的一個極爲聰明的創舉，可能微軟不是最早實行的，但是一定是實行得最徹底、最成功的。它的設計是這樣的：

員工被雇用即得到一部分認股權（相當級別以上才有），按當時市場最低價爲授權價，所授認股權分平均幾期在幾年內實現股權歸屬，員工可以按授權價認購已歸屬的股權，實際支付的認購價與認購當時市場價的差價就是股權收益。被雇用後，每年都可能得到新的持股權獎勵——要取決於個人的績效和對於公司的長期價值。這實際上是公司在爲員工投資而公司又不冒任何風險。對於員工也沒有風險：股權歸屬時如果市價不高不必著急，盡可以等待到升值再認購。惟一可能的風險是股票一路下跌再不升值，員工在較低工資方面的「損失」就補不回來了，可這在微軟的歷史上還沒有過。

按職務等級高低不同，認股權的數量有很大差別，但這不意味著高級別所持有的認股權價值一定高於較低級別的。舉例（再次申明：數字均為假設）：

一雇員二〇〇〇年加入微軟，授予一千股認股權，認股權價為一百元，二〇〇五年市價是二佰元，假設此時股權已全部歸屬，於是認股權價值就是：1000×($200－$100)＝$100,000

另一雇員二〇〇一年加入，因級別更高，授予二千股認股權，認股權價為一百六十元，按二〇〇五年同時市價計算，所有的認股權價值就是：2000×($200－$160)＝$80,000。

以上只是以雇用時一次授股為假設，不要忘了，每年還有新授股權的機會。在微軟年資越長，還能有更多分股的機會。微軟一九八六年上市後共有過七次分股，其中六次是一分為二：你持有的十股變成二十股，而且，認股權價隨之變成原來的一半！在微軟眞正是財富不分等級，年資是很重要的。

很多公司都想藉擁有股權的方式來建立員工的主人翁感，但是罕有像微軟具有如此多的因股權而富裕起來的榜樣。擁有股權未必能使員工對於公司的長期成功自然產生強烈的關心和責任感，畢竟要公司首先成功、股權不斷升值才辦得到。

員工的「主人翁感」是企業的追求，但是，銬上「金手銬」的主人翁是不願意離開「家園」的。今天國內已有很多公司在開始實行員工股有權所有制，這在已經或快要上市的處於上升的公司效果會很好，但很快就可能遇到新的問題：人員過於穩定，不稱職的「主人」寧可降職也要留在公司裡。這個問題十幾年前微軟就遇到了。一九八六年三月十三日微軟股票上市，開盤二五・一七美元，收盤二九・二五美元，成交三百六十萬股，創頭天股票交易額紀錄；一周內狂飆至三五・五美元，一年內漲至九〇・七五美金，蓋茲三十一歲成爲億萬富翁，也造就了雷德蒙德「校園」大批的百萬富翁千萬富翁。富翁們爲乍富而喜而狂，自製了徽章"FY-IFV"，文明的譯法是：「去你媽的，老子有的是錢！」工資對於他們只是「零花錢」，他們不必只爲薪金工作，只要能留在公司裡，股權自會到期成熟，結出金子的果實。要激勵鞭策富翁們使其自覺努力工作，必須有一套強有力的績效管理體制。

微軟的績效管理體制的核心是：形成內部競爭，保持員工對績效評定的焦慮，驅使員工自覺地尋求超越自己和超越他人。主要成分有三個：個人任務目標計劃、績效評分曲線和與績效評分直掛勾的加薪、授股、獎金。

個人任務目標計劃是要由員工起草，由經理審議，再修改制定。有幾個原則：具體，可衡量，明確時限（不能用「努力提高」、「大幅度改進」之類的模稜詞語），現實而必須具有較高難度。經理還必須注意使每個組員的個人目標與集體目標有一定的協同。總經理要保證各個部門的任務目標都圍繞著公司的核心策略和主要任務。

績效評分曲線大概是這個樣子：它的形狀和角度是硬性的，不許改變。

評分等級有：最佳、較好、及格、不及格。所謂「硬性」，是各級分數的百分比是規定的！最佳和最差的比例都很小。評價參照範圍限於相關部門同事的表現，也就是說，即使所有人都做得很好，也一定要有「最佳」和「不及格」。做到任務目標計劃並不一定意味著高分。勤勤懇懇的老實人費盡全力做到的結果，比起別人來可能仍然是不及格；你必須爭取做英雄中的英雄。才有可能不落到最後。

評定是逐級做的：雇員、經理、總經理、地區總裁、總裁。到總裁時看的就是純粹的曲線了。我主持過三次評定，每次都是非常痛苦的經驗，到最後必須仲裁：把最佳的減少，把不及格的增多，來符合硬性的曲線，因爲無論如何從經理們報上來的都達不到「要求」。憑良心講，微軟大多數員工都很努力，大多數都已經是很優秀，但是，微軟的績效體制要不斷地驅使本來優秀的人群更努力地進取、競爭，置優秀的一群於危機感的壓力之下，使其自覺保持巔峰競技狀態。

年度加薪、授股、獎金與績效評分直接掛勾，不及格就什麼都得不到，還要進入「績效觀察期」，一個進入觀察期的人通常就會主動辭職了，也就自然失去了所有未到期歸屬的認股權——這是最沉重的損失。總經理在業務匯報時還有一個重要指標：因績效不及格而離開的員工比例，如果低於規定的比例，則難以過關。

微軟的績效管理體制有效地實現了設計的目的：形成內部競爭，保持員工對績效評定的焦慮，驅使員工自覺地尋求超越自己和超越他人。

在這樣的體制之下，人們必然更急於求成，不免出現浮躁和短期行爲。追求結果還要追求效果，不僅要做成事，還要追求做得精彩——只有精彩才更有可能成爲英雄。

這個體制還有一個特點：有硬性的規定，但是有極大的人爲掌握餘地，經理手裡有相當大的權力足以掌握員工的職業命運。講評制度還迫使總經理必須了解每個人的情況，最後裁決時不論如何小心也會有偏差，因爲總經理不可能對每個員工同樣的熟識。這時，平時的印象就會有很大的影響。員工們都會努力爭取給各層經理留下「好的、深刻的」印象，這是在微軟環境裡生存的自然動作。

經理同樣處在危機和焦慮之中，不但要爭取自己和自己的部門超額業績，還有更多一層壓力：每次績效評定都要以員工匿名評語作爲重要參考。環環相扣就形成了濃厚的「人治」氣圍：經理需要最默契的隊伍，總經理需要最默契的班子，沒有默契就要快動刀斧。大家都沒有時間去慢慢培養感情，必須交出業績的結果，因爲六個月周期的講評總是顯得迫在眉睫。

◇

我初來時一派的溫良恭儉讓，險些置自己於死地。只有在我順公司文化的潮流而動，大施「人治」後，才能「治得住」人而反敗爲勝。作爲職業經理，我必須認同並服從所服務的公司的文化，我對微軟文化所產生的巨大能動和效率心悅誠服。

但這不意味我從感情上的接受，更不要說喜歡。我喜歡和懷念的是ＩＢＭ那種團隊式的溫暖厚重，我在「人治，治人」的同時，不斷努力想在微軟的文化上融入「人性」的溫暖，我的團隊所享受和喜愛的氛圍開始向更大的範圍擴散；我超支培訓經費，想給我的營銷隊伍從職業風範的基礎課補起；我給自己立下規矩，不管多忙，都要和經理、員工定期頻繁交流，當然也要求我的經理們這樣做；我撥出充足經費督促成立員工足球隊，爲員工足球隊當啦啦隊員喊啞嗓子，我惦記著警衛班和司機晚上會不會餓，會不會冷……能做的不多，做到的有限，我只是在做無謂努力，想營造一個我理想中人情味的烏托邦。我離開後，微軟中國自然回復到純粹的微軟文化，這是企業文化的力量。

◇

微軟遇到了新的挑戰，在人才吸引方面的無敵優勢已經不再。股權擁有已不是微軟的獨家神話，新生代網絡股份公司也能造就億萬富翁，而且只在一夜之間，Internet 提供了迅速致富和快速創業的蠱惑；微軟的股權收益的磁力正在消滅。全世界進入知識經濟時代，ＩＴ業優秀人才更是奇貨可居，進入「賣方市場」時代（人才短缺的中國市場更是如此），不僅可以挑報酬，還要挑公司文化，是不是領先潮流，是不是夠「酷」……「老革命遇到了新問題」，蓋茲和鮑爾默要「再造微軟」。再造工程裡有一章專寫「人力資源」，擔綱主編是鮑爾默總裁，「薪酬二〇〇〇」計劃已經開始實施，第一步是提高薪金水平到行業中等以上水平，並增加了級別，以提供更多在公司內成長晉升的階梯。公司要更強調員工個人的事業發展，要更強調團隊精神……但是，薪酬和績效管理體制的原則不變：爲吸引最優秀的人才，激發創新，激勵人們追求優中之優。

有趣的對照是，IBM在開始提倡「個人優異成就」的文化，越來越堅定地推動提高個體能動和公司效率，提倡直截了當開放式的溝通，提倡對公司業務的激情，提倡決斷、行動……同時小心翼翼不要失去其深厚的團隊式企業文化，並保持其可敬的商業道德典範。

我將懷著濃厚的興趣關注IBM和微軟的演變：兩個偉大的、惟一的公司如何應變改革，以期保持競爭力。他們從表面上在做著對手曾經做過的事，但他們的核心企業文化精神不會改變，除非他們的戰略經營目標轉變了。比如：IBM把企業分割成若干個獨立營運自生自滅的公司，各有專一的業務；或者是微軟改行也做起生產製造來。

蓋茲對英才的定義是：持之以恆的毅力、高超的智力、豐富的實踐與正確的商業判斷；其中，智力最為重要。對了，蓋茲對微軟員工應具備特質的總結裡還有一點：「最後，別忘了那些根本：誠實、道德、努力工作。」這一點，在微軟不是太經常被提起……

第十五章 蓋茲：不魅之神

不管我覺得蓋茲有沒有魅力，他已經用他的天才和成就奠定了他的神的地位，罵他的人管他叫「魔」，其實也差不多，「神」、「魔」，本來就在一念之間。

我在微軟的經歷很短，同蓋茲主席有過幾次短暫接觸。對他的認識不可能深刻，也沒有什麼花邊新聞。不過我的視角可能特別一點。

我見過蓋茲七次，四次是台下，三次是接近；其中五次是到微軟以後。第一次是一九九六年底，我正在廣州做IBM華南區總經理，滿街沸沸揚揚說是蓋茲要來了。說出來可能難以相信，我當時對已經是日當中天的微軟和蓋茲基本不了解，只是聽說過而已。原因很簡單：這兩個與我的IBM生意關係不大。當時IBM內部仍然使用OS／2，微軟的NT也還沒能染指中國的企業市場，那是「我們IBM的地盤」。不過還是好奇，怎麼務實的廣州人也會像追星似的瘋狂？找張票去看看。

我提前幾分鐘到的，白天鵝賓館的會堂門口過道和幾十級台階都已擠滿了沒票的人，好不容易擠進去只能貼在後牆站著，心裡莫名地也激動起來，有點像十年前盼崔健⓫似的。等啊等啊等不來，台下亂糟糟地擠著上千人，滿是人聲和人的氣味。終於，晚點一個多小時之後，偶像姍姍出現在台上。當時我心說：「你牛什麼呀！麥克・傑克遜和瑪丹娜也不敢這麼晾台[12]啊！」後來才知道是計劃好從香港坐直升飛機過來，臨時起霧不能起飛。苦等一個小時的不光是上千民衆，還有廣州市長和半個市府班子，結果，原定的和廣州市領導的會面只簡化成了握手。一九九九年三月準備蓋茲深圳之行時，又有人提出直升飛機的方案，遭到我堅決地否定。香港到深圳還要坐飛機!?不小心我又說出一句：「牛什麼呀牛……」我聽了二十分鐘左右就走了，蓋茲比我晚走十分鐘。後來朋友問我感覺如何，我說：「哪兒像個總裁，也就是個口才欠佳的工程師。」朋友笑我是ＩＢＭ的自大。說實在的，蓋茲眞不是一個好的演說家，比起郭士納（ＩＢＭ總裁）差遠了。

第二次還是在台下。一九九七年底，布萊恩力促我參加蓋茲君臨北京的盛會，布萊恩正在努力說服我加入微軟，他是想以微軟之神的魅力感染我。這次的場面更大，是在北京的國際會展中心。按約定接頭時間地點我東張西望找布萊恩，一邊像作賊似的怕碰到熟人。終於看到布萊恩，可是他正忙著做蓋茲的保鏢呢，總有上百個記者舉著相機前後左右跟著跑，閃光燈只管亂閃根本不管角度。布萊恩看見我還居然顧上打招呼，一會兒就有人從會場出來把我帶進去——門口有好多警察呢，只認牌不認人。這次因爲微軟與我的關係密切了很多，特別注意聽，當時蓋茲還沒有提出「數字神經系統」的概念，記得他的說法是「集成軟件平台」，但還是一個一個產品地講，講產品的功能、功能是怎麼實現的，我愣沒聽出「集成」之偉大……會後布萊恩熱切地問我感覺如何，我問：「你想聽眞的還是假的？」他當然說想聽眞的，我就告訴他：「從純演講的角度看，比我一年前聽過的沒什麼進步。」布萊恩大笑，竟然說他同意！

第三次是在我上任不久。蓋茲到了東京，於是亞洲地區的產品研發匯報都在東京舉行。因爲要匯報中文微軟拼音輸入法的進展，我也去了，但只是旁聽。會議室不大，只能裝十幾個人，我聽不太懂技術的東西，但是有一個印象是準確的：蓋茲眞的很懂技術。他對技術細節非常敏感和專注，他和工程師們討論「速度」、「接口」之類的東西，就是一個工程師。只有在提到「要在多長時間內達到多少市場占有率」時，才讓人意識到他的身分。技術匯報進行了四個小時，快結束時有人端上一盤牛排，切成小塊，蓋茲邊聽邊講著，隨口吃了幾塊，一副食而不知其味、只是爲生存基本需要的樣子。那一天會後他的日程安排到很晚，爲擠湊時間讓他多「趕幾場」，竟沒有晚餐安排。我心裡感嘆，世界最富的人竟肯接受如此「非人道」的日程安排連軸工作，只憑這一點就值得佩服。他自己就是狂熱工作的榜樣，有資格如此要求微軟的三萬員工。

後來兩次在全球營銷經理大會和全球營銷大會上見到他，按慣例，全球範圍的公司大會蓋茲都會在最後出席演講，並與左右手一起回答問題。這時我已經有了微軟的較深理解，對於蓋茲的「工程師」演講的領會遠遠超出了乾澀的表面，我終於發出了和世人一樣的驚嘆：眞是一個天才！他是一個罕見的技術資本家天才，他爲微軟指出的產品技術方向，都是直指人類生活（絕不止於IT產業）的制高點。他有一種獨到的敏銳，能迅速覺察到已經出現的新技術新動向中有什麼是眞正的威脅，或者說，有什麼將最有可能演變爲潮流，他能夠及時（不一定迅速）、準確地指明方向，把威脅變爲微軟的機會。最典型的是IE瀏覽器後發而制勝的例子。

◇

有很多企業稱微軟是「技術跟隨者」而不是「技術創新者」，說起時總是滿臉的不屑。我同意這個論點，又不同意「不屑的臉色」。微軟的早期無疑是創新者（好多版本的書裡都寫了蓋茲如何親自寫出來 Basic 語言之類的故事），到了後來，微軟的確有意識地部分採取「技術跟隨」的戰略：緊盯著市場上冒出的任何新的技術動向，密切觀察新技術對市場的潛在影響力，分析新技術與微軟現有的產品技術結合可能產生的制高控制力。許多新技術剛一冒頭就夭折了，或被吞併了，有少數生存下來是因爲具有代表未來的強大生命力，當這少數新技術生存下來並的確證實了價值時，微軟即可以撲上來「跟隨」，在很短時間內開發出產品，或者乾脆把原創者買了，並迅速占領市場。買不到也沒關係，只要微軟宣稱「已完成同類產品開發，近期上市」云云，小公司的訂單立即銳減，因爲客戶們寧可等微軟……

這樣的「技術跟隨」戰略好處是明擺著的：省去大量研發經費人力時間，最有效地利用全行業的創造智慧，避免過多投資在錯誤的研發方向（創新是注定要失敗很多次才能有一次成功的，無數企業已經因此錯誤而死去）。但是企業要想得到如此「取巧」的厚益，必須具備幾個條件：有兼備先知先覺和後知後覺能力的技術資本家天才，有雄厚的資本（資金和人才）支撐，足以滯後一年或更久仍能一撲而就，後發而成功。這兩點，微軟都有。蓋茲就是既能前瞻又能後隨的技術資本家天才，懂技術，更懂得如何能把技術轉化成資本。他在工業時代就站到了信息時代（即資訊時代）的前沿，開發推廣了最有壟斷意義的信息產品；又能在信息時代仍然成功運用工業時代賺錢辦法，以信息產品爲壟斷原材料礦產，賺大錢。那些酸酸的臉色後面，未必不想接近這個境界，只是因做不到才「酸」的。

其實，跟隨和領先，就其對社會的最終意義難說誰差誰好。微軟的跟隨做法使很多新技術迅速轉換爲產品，轉變爲市場，賦予創新技術價值和生命。不然，有些新技術可能根本無力完成從技術到市場這個生命的蛻變，剛被世人誇獎「多漂亮的孩子」就夭折了。今天中國軟件產業在奮起努力時，除了要堅持用中國人自己的智慧和志氣來創造，編寫自主軟件，在挑戰微軟時，也應該想想如何能實際地借鑒微軟的成功經驗，特別是如何利用全行業的智慧和市場能力。

說軟件之外的例子，日本也是這麼「跟隨著」從廢墟上爬起來的，先跟隨著想辦法在國際市場林立的歐美粗腿之間擠進去一隻腳，積蓄一些力量，再開始創新；當終於把另一隻腳踏進去時，已經有了自主產品，可以兩隻腳站起來了。中國軟件業太過分割，千百個小作坊分散了中國的智慧，做出來的產品多數注定是重複的、弱的，一定要想個法子聯合起來才有可能加速成長，先要有生存能力才能談競爭能力。我又忍不住要「烏托邦」：中國能不能兼併或合併一些國際上的中小軟件企業呢？那可能會提前把一隻腳邁進國際市場。不然，等到中國特色的、最適合中國人使用習慣的文字處理軟件眞正打跑了微軟時，占領的也僅是中國自己的市場。

◇

一九九九年三月八日，蓋茲的深圳之行是由我負責的——應該說是部分負責，我沒有沾手「維納斯」不敢掠美。三月六、七兩日先在香港參加微軟亞洲區企業客戶高峰會，蓋茲會見中國客戶時我做翻譯。七日晚上我先趕到深圳，爲第二天蓋茲訪深圳做最後準備。這一次是眞正接觸到微軟之神的眞身法像，從早晨八點二十五分（這次比預計提前到了二十分鐘）車到五洲賓館門口，到下午三點四十分上車離開，我和喬治寸步不離蓋茲身邊五個半小時（除了「維納斯」活動的一個半小時）。所有活動都在賓館內進行，每一個活動每一條路線都是用秒表量過很多遍，路線安排盡量減少從走道經過，但每次走出房間經過人群時都要有一陣擁擠緊張，這次，輪到我兼當保鏢了。

蓋茲出訪時都是由當地分公司安排節目程序，程序要提前報給總部審批，總部只就程序銜接環節加以提醒。比如，在活動間隙要提醒蓋茲喝水，留出幾分鐘萬一他要方便，沿活動路線安全保衛之類的事。實際活動內容基本由當地來定，包括大部分演講稿的起草準備。每個活動之前留出三到五分鐘由我和喬治介紹下一個活動的背景、內容和蓋茲要扮演的角色。蓋茲已經非常習慣角色轉換，每到一個場地都能從容面對閃光燈的眩目干擾，然後是他永恆的引導語：「我今天感到非常興奮，來參加……」（"Today I'm very excited to be here..."）。

我在IBM時就有過好幾次榮幸「隨侍」最高首腦，總是心裡暗暗把他們當平常人來品頭論足，好像天生缺乏對大人物的敬畏。我眼前的蓋茲真的沒有什麼個人魅力，聲音、語調、目光、姿態，怎麼都沒法子給高分。每次活動間隙進到房間裡，蓋茲馬上恢復他自然的面無表情，好像是爲休息一下長時間微笑的肌肉。一旦脫離公衆的目光，他就進入獨處的姿態，縮著肩坐著，目光暗淡漫無目標，一坐下立即開始前後搖動（我親眼證實書裡描述的這個著名的習慣，他搖得很快，能使我頭暈）。聽起來會很滑稽，但是我眞覺得他這時的樣子有點孤單可憐。只有兩個小情節使我覺得他有點活生生，一次是正要出門去下一個活動，他突然說想上廁所，一臉情急還有點不好意思地伸伸舌頭縮縮脖兒，那一刹那的表情像孩子。臨上車時他又特地囑咐別忘了帶上他收到的禮物，特別像孩子惦著新玩具，和吝嗇不沾邊。

深圳訪問記者招待會上有人問蓋茲輟學的往事，蓋茲答：「實際上我是休學，還保留再回去念書的資格，只是我太忙了，一直沒找到時間……」再被問到微軟是否打算參加今年十月的深圳高交會（高新技術成果交易會），蓋茲轉問我：「這個是你的。」我給了肯定的回答，於是深圳各報均熱情報導。微軟最後參加了這一盛會，儘管我已不在。

◇

蓋茲確實很不喜歡拋頭露面，尤其不喜歡與產品技術無關的活動，聽說以前他曾因爲演講當中的閃光燈干擾「罷講」。近幾年他改變了許多，他知道這樣做對微軟的意義，逐漸接受了他的社會角色，基本上能扮演得比較好。曾經在內部培訓中看過蓋茲接受美國幾個名主持人採訪的錄影，在「美國，你早」節目做嘉賓時，蓋茲不僅不吝大談他的寶貝小女兒，甚至還唱了幾句"Twinkle, twinkle little star"（一閃一閃亮晶晶）的兒歌！蓋茲的個人興趣不多，最熱衷的是在家裡試驗計算機的未來世界，有一次操縱失靈，不能關掉顯示屏，只好以毯子蒙上耀眼的顯示器才能入睡；去日本時，會有秘密安排讓蓋茲過過飆車的癮……九九年五月，又有一位微軟人英年早逝，去世時剛剛三十六歲，是一位本來前途無量的副總裁。整個微軟受到強烈震動。蓋茲在自己的家裡爲逝者舉行追悼儀式，寄託他本人與微軟高層的哀思和深藏不泯的人性。

世人一直把注意的焦點集中在蓋茲聚斂財富上，對於他「吝做善事」多有批評，大有全世界群起而迫其均貧富之勢。這幾年蓋茲大步加快對慈善事業的捐贈，捐增項目已由早年的只限於「與軟件學習、使用相關」，擴展到衛生防疫、降低分娩死亡率和更廣泛意義的教育。蓋茲—梅林達基金會資產已達一百七十億美金，不僅是美國最大的茲善基金，對比他九百多億淨值的私人資產，也是令世界首富們望項背而不及的比例。我想，蓋茲的驚世善舉不會是全然迫於輿論壓力，一定也是他和家人的眞善使然。

不管我覺得蓋茲有沒有魅力，他已經用他的天才和成就奠定了他的神的地位，罵他的人管他叫「魔」。其實也差不多，「神」、「魔」，本來就在一念之間。每當蓋茲在公司大會出現時，全體起立鼓掌是給神的敬意，對比鮑爾默贏得的狂熱有很大的不同。蓋茲的神力是微軟最寶貴的市場資源，被廣泛使用。微軟人天天在引用和提到蓋茲，好似「以神的名義……」，而神是聽不到也顧不過來的。其實很多時候他在台上扮演神，完全是按照別人寫好的腳本和台詞，更像提線木偶，比如，「維納斯」。

◇

說到「維納斯」，怎麼也得說幾句。在九九年五月三十一日《計算機世界》陽光採訪我的文章裡，我有過一段「關於維納斯風波」：

維納斯引起的風波中，有些確實是誤會。比爾．蓋茲宣布的「維納斯」只是一個項目計劃，它的成敗和能否實現爲一個市場，都不在微軟的掌握之中，更大程度上是在它的本地合作伙伴手中。在發布的現場，那些民族產業的本地英雄們與蓋茲一起在台上，用他們自己的語言，用自己的理念宣揚應如何在中國發展信息產業，如何用信息和信息產品、技術改善中國人的生活，柳傳態們⑬贏得的掌聲比蓋茲的要更熱烈。我看當時的情景，相形之下，蓋茲更像一個配角。

從另一個角度看，「維納斯計劃」是微軟第一次在美國之外爲某一市場去開發和設計一個產品，開發全過程中與多家本地伙伴密切合作，用本地的產品研發隊伍開發，投入不可謂不巨大。當然，它是否最後贏得市場，要看它的功能、整體性價，要靠足夠吸引的 Form Factor（物理表現形式），它的成敗應遵循市場的規律。其實再看看這一市場上，除「維納斯」也有其他的 Embedded System（嵌入式操作系統），比如基於 Java 的樣機面世已有不短的時間，只是未成氣候，也就未受到注意或敵意。「維納斯風波」，我個人覺得有些作激、偏頗。但微軟也應從中總結和學習很多教訓。

這些都是眞話，只是沒說透，現在也還是不能全說透，只能撿能說的再說幾句。「維納斯」其實技術含量很低，即使成了產品也很容易有同類的競爭。我認爲它很難形成壟斷，它屬於信息家電，就舉家電的例子，早年中國城市家庭電視都是日本產的，到現在換代「大屏」、「超平」時首選已經是長虹、康佳、TCL王牌這些國內品牌了。「維納斯」就是個機頂盒，還連形都沒成呢，被挑來作爲「挑戰」微軟的靶子，可以一打一個準兒；作爲振興中國IT產業的旗號，未免起點太低。我倒是爲被「維納斯風波」牽連的中國企業家們非常不忿（即不服氣），這些優秀的中國企業家臥薪嘗膽披荊斬棘，哪一個沒有走過二萬五千里，他們造就和領導的中國優秀企業，是支撐今日中國的脊梁，中國人都應該尊重他們。書生要報國盡可以揮筆如刀向鬼子們的頭上砍去，請別砍中國的脊梁！

搞到今天的局面，「名」是出成了，可「維納斯」連腿也折了。微軟確實有很多的教訓可以總結：如果事先與合作伙伴有更好的配合，如果與信息產業部有更好的配合，如果有更好的媒體配合，如果待產品較成型後再發布，如果有國內伙伴爲主而微軟爲輔推動市場去打出國產品牌，如果微軟內部能有更好的配合，如果微軟中國能有一個統一面對市場的窗口以保持公司形象、戰略、策略的一致……我不想也當不成事後諸葛亮，我只希望微軟眞的能從教訓中學到些東西。

「維納斯風波」的起因遠遠超過微軟在中國的操作失誤，它只不過是全球對微軟霸主地位反感浪潮在中國的漣漪。往日的光榮正在被斥責反感的大潮衝擊，微軟需要它的神指出劈開紅海的再生之路，蓋茲任重道遠。

◇

從描寫蓋茲衆多書籍裡看到這樣一段：「有朋友説，『蓋茲打敗了所有對手，卻不能感動一個人』。」由此更堅定我的看法：蓋茲，乃是沒有魅力的神。

第十六章　鮑爾默：微軟之魂

微軟的行銷經理們都特別在乎鮑爾默的評價，有時甚至會錯覺工作的目的就是能得到鮑爾默的嘉許，先不談這是對還是錯，企業首腦能夠有如此直接、實際的感召力實在偉大。

有很多企業家讓我佩服。最敬仰其中的三位：通用電器總裁傑克·韋爾奇（Jack Welch），IBM總裁盧易士·郭士納（Louis Gerstner）和微軟總裁斯蒂夫·鮑爾默（Steve Ballmer）。

傑克·韋爾奇在通用電器鼎盛時期修理「沒有毛病的機器」，他敏銳意識到新的、全球性的高技術環境對企業的挑戰，堅決地對通用電器歷經百年尚在輝煌的傳統產業進行改造重組，縮減規模，優化組合，全然不顧遭到內外反對，甚至被當成了商學院的反面教材。直到經歷過大蕭條，無數美國傳統企業遭受重創，而通用電器毛髮無損顯示出強大競爭能力，韋爾奇的英明偉大才被認識到。他和他領導的通用電器站在了重建美國工業、振興往日輝煌的前沿，又被寫成哈佛的正面教材，也成爲企業家永遠的經典。從一九八一年韋爾奇接任總裁至一九九七年間，通用電器改寫了許多數字：總資產從二百億到二千億，股票市值從一百二十億至二千億（從一九八一年美國排名十一位至一九九七年全球第一位），每年有百分之二十三的利潤還給股東們，而雇員由一九八一年的四十四萬人，減到一九九七年的二十六萬人……

我在一次IBM經理培訓課上看過韋爾奇演講的錄影，他的口吃仍然明顯，但是絲毫不妨礙他把影響力穿透到眼前和隔著電視屏幕的聽衆。從書上得來的印象看，他是很有綜合個性魅力的人。

郭士納一九九三年愚人節上任時，他接手的IBM連續虧損三年已經是風雨飄搖，失去掌舵人長達五個月更加速了巨輪沉降（董事會先行辭去前任總裁約翰・艾克斯，再開始尋找繼任），單憑這份敢登沉船的膽氣就值得喝彩。郭士納不懂計算機，可是懂客戶、懂市場。他在一年之內大施狠手，修整IBM七十多歲的衰老臃腫的肢體，把四十萬人砍剩了一半，關、停、出賣了大部分IBM優雅美麗的工廠地產；第二年宣布停止流血，帶領遍體鱗傷的巨人走過艱難的十二個月，終於在滅頂之前遏制住頹勢；到他四年屆滿時，IBM已經又重新贏回了光榮與夢想。郭士納連任衆望所歸，他絕對值回了董事會付給他的天文數字的股票收益。

我覺得郭士納的奇蹟還在於他能繼承和保存下來IBM的優秀企業文化，又成功地注入了新的活力成分：開放，對事業的激情，追求完美的同時追求結果，放權，決斷……他是電子商務戰略的先行倡導者，爲IBM重新豎起行業領袖的大旗。他也是個魅力十足的人。聲音沉厚但穿透力很強，目光如炬，經常揮動的左手有四指殘缺（割草機的事故），更加重了震撼力。

我常常神往如果能親眼見到這個景象：盧（Lou，IBM人暱稱他的名字）牽著他的大狗，手裡夾著巨大的雪茄，在IBM王國總部裡行走。老華生（IBM創始人）的幽靈如果撞到現任總裁的雅痞形象，一定會呼天搶地，但他應該欣慰能有盧，他保存了IBM的完整，使IBM獲得再生。

韋爾奇和郭士納都創造了企業史上的奇蹟，而鮑爾默的建樹卻遠沒有爲世人知，原因是蓋茲的光芒太盛，人們總是把企業和它的締造者聯繫在一起，鮑爾默是微軟建立四年後才加入的。鮑爾默是企業家之龍，領袖中的領袖，竟能「埋名」十八年甘心輔佐蓋茲，也正是鮑爾默的非凡之處。鮑爾默在一九七四年結識了蓋茲，自一九七九年微軟與IBM談判合作開發DOS時開始與蓋茲心領神會的默契，於一九八〇年才正式加入微軟。先任總裁特別助理，直至統攬微軟營銷大權，繼而一九九八年名正言順升爲總裁；其間，蓋茲與合作伙伴保羅・艾倫分手，在股票上市當月又與「最像自己的」同志分手，惟與鮑爾默的合作一貫十九載緊密無間，說到此我不由懷疑自己：蓋茲能罩住鮑爾默這等非凡之人，一定有非凡魅力，只是我肉眼凡胎看不到而已。

我看鮑爾默的角度仍然是不可能全面，但是短短十幾個月的數次接觸給我留下的印象深刻之極。我只想從我所感受的企業領袖的人格魅力來寫——我看鮑爾默，是眞正的微軟之魂。

◇

前面提到過，我來微軟的最後一關是通過鮑爾默的面試；與其說是我的「關」，還不如說是布萊恩的「關」。從鮑爾默一九九六年一月確認微軟中國需要一個新的總經理，而且一定要一個眞正的本地人，到一九九七年初整整一年了。布萊恩終於看準了我，先是花了四個月說服我，這才能進入實質階段的面試，一路順利得「不得了」，現在，要看鮑爾默最後點頭還是搖頭，布萊恩絕對比我緊張得多，花了整整一年才找到的人選，終於隆重推薦出來，如果被鮑爾默否定可就眞交待不過去了。其實並非所有的總經理都要鮑爾默親自過目，只是因爲他已經親自過問，加上他本人對中國的關切，就多了這麼一道關。因爲延誤太久了，中間鮑爾默也曾過問，回答是「正在找」，後來是「終於找到了，正在說服」，我猜鮑爾默也會有好奇要親自看看這個候選人，何許人也，竟當得微軟千呼萬喚？

中間還有個小故事，布萊恩非常想讓我在一九九六年十二月飛去西雅圖見鮑爾默，我說眞的不行，走不開，就三天打來回也不行！布萊恩氣得臉色都變了，因爲我告訴他，這正是ＩＢＭ的財年底衝刺時刻，我必須堅守，甭管見誰都得過了這陣兒（我當然沒告訴他我要最後看守的生意是多少，現在想起來，那最後兩星期裡，從我負責的渠道進來的生意比微軟中國一年的都要多！那時眞的很關鍵，不僅是ＩＢＭ中國能否完成年度生意指標，還關係到大片雇員和渠道伙伴的最後收益）。我還勸布萊恩別生氣，說：「你想想，要是我對ＩＢＭ能甩手就走，你將來能對我放心嗎？」布萊恩除了說：「可那是斯蒂夫啊……」別的詞兒都沒了。

我的面試只好等到一九九七年一月鮑爾默來北京的時候。面試又是在香格里拉飯店，在中關村附近。自打和微軟有了關聯，常來這個飯店。

我先溜進去聽鮑爾默在渠道伙伴大會上的講話，在他用的演講稿裡有幾張面熟——一個月前聽蓋茲演講時我也見到過，可是經鮑爾默演繹出來突然能夠聲聲入耳，我一下子聽清楚了很多微軟的戰略、策略，聽懂了渠道伙伴和獨立軟件開發商爲什麼對於微軟如此重要，聽到了微軟如何想在中國長期發展，多麼需要本地伙伴的支持，多麼願意長線投資投入，支持本地伙伴和微軟在中國一起成長。這些理解對我後來在微軟的思路和做法一直有很深的影響，我特別認同他說的「長期」的中國戰略。使我一震的還有鮑爾默的激情和眞誠，我心裡誇獎他比蓋茲強——當然指的只是表面的演講功夫。但是我相信我看到的不只是表面，眞正的激情和技巧是有差別的。布萊恩叫我出去時我還不樂意，還沒聽完呢！布萊恩爲我最後耳提面命，像送舉子進考場，一個勁囑咐我別緊張，說斯蒂夫表面挺兇其實挺好的，你本來很棒一定能做好。我反告訴布萊恩別緊張，說：「我一定做得很好，放心吧。如果最後我沒來微軟，也絕不能是因爲面試通不過被刷下來的。」現在想想也不知道自己憑什麼這麼牛，也許是對微軟中國總經理的職位一直就沒有特別患得患失，不過「牛」著點兒也好，心裡是挑戰的興奮刺激，一點不緊張。再說，我已經對鮑爾默有很好的第一印象。

我的面試只有四十分鐘，鮑爾默提的都是開放式的問題，多半時間都讓我在講話。我記得他問我覺得在ＩＢＭ最有成就的經歷是什麼，我講是在華南分公司做總經理的兩年半，那時我眞正懂得了什麼叫公司運作，懂了什麼叫市場運作，最重要的，帶起來一個隊伍，從四十幾個人到二百四十幾個人。我講到建設隊伍培養人的時候很動容。他問我覺得微軟在中國的反盜版策略應該是怎樣，我說我沒有做過，沒有具體的經驗，但是有一點很重要，就是必須與政府配合，必須與當地同業配合，不能是微軟單幹，公司也不是警察。他一直非常專注，很少打斷，幾次中途發問都是因爲要確認聽清楚，我覺得很受尊重。我也告訴他我的理想：能夠幫助中國企業做到國際上去，或者能把優秀的國際企業做到中國來，我之所以對這個職位有興趣，是因爲它更能讓我去實踐我的理想，我說我欣賞他剛剛講的在中國的長期戰略，覺得我的理想和公司的利益應該是很吻合的。

後來我體會到微軟的風格，知道我當時是太形而上、太理論、太理想化了。我再面試別人時也越來越微軟作風，會直裁了當刨根問底，我想從應試者聽到的是實在的經驗，而不是只是理論。回頭想想，我有些奇怪爲什麼鮑爾默會接受我，也許他看到我表現的「微軟類型」的特徵？另外，我自學改行的經歷給他印象深刻，這或許補充證實了我實踐的能力和性格？

四十分鐘整，有人來催促，鮑爾默要趕飛機去上海。我最後問他，爲什麼一定要找一個本地的總經理，他說，就是爲了他所說的在中國長期發展的戰略，本地人眞正了解中國的文化和市場，能夠有眞正地長期的行爲（Long term behavior）。我說，這正是我想做的。

布萊恩在去機場的路上打電話急切地問我情況如何，我說：「很好啊，斯蒂夫一點都不兇，挺溫和的，我覺得我們談得挺好。結果究竟如何，就得你來告訴我了。」布萊恩說晚上會給我電話，讓我別擔心。聽得出來，布萊恩要比我忐忑得多。晚上沒有電話，第二天也沒有，我倒有點不服氣了，難道眞沒通過？這可是很沒面子！

第三天布萊恩的電話來了，上來就開始談具體的薪酬條件了。我插嘴問：「這麼說我通過了？我正打算著還是去上學了。」後來，我盤問好多次布萊恩才透露一點鮑爾默對我的看法，他不擔心我對微軟業務一點都不懂，「看起來是應該能學得很快」，惟一的擔心是我來自IBM，不知道我能不能適應微軟的衝突文化。最後，證實他的擔心是有道理的。

◇

我再見到他，是四個月以後在西雅圖的全球營銷經理大會上，他老遠地叫著我的名字喊：「Juliet, Welcome to the party!（歡迎來參加聚會！）」這一次我才領教了他的著名的大嗓門。他似乎認識所有微軟的員工，每個人和他談話時都能得到他的專注，感到「自己很重要」。常能聽見普通員工說：「我上次和斯蒂夫談到過……」，流露出來都是顯然的驕傲。

微軟的營銷人員對鮑爾默很敬愛，更敬畏。他建立了微軟的一整套全球營銷管理體制，包括一年兩次的業務匯報和「鐵篦」。他是個超人，一年兩次的 scrub 季節他會親自遊走十幾個國家和地區，白天拜訪客戶和政府官員，晚上熬鷹似的 scrub 當地分公司。「鐵篦」全部幾十頁的透視電算表是按他的具體指示設計出來的，所有邏輯都在他的大腦袋裡，當你解釋今年爲什麼沒能做到某個指標時，他會問：「爲什麼與六個月前你的預測不同？市場怎麼會向這個方向變化？」記得比你自己還清楚。他會記得一年甚至幾年前某個分公司、某個產品的銷售額，也能隨時拈來全球任意一個規模類同的分公司數據聯繫類比，記得尤其清楚的是競爭對手的數據，大家最熟悉鮑爾默看到競爭對手增長數據的「極端痛苦」的表情，那是誰也不想看見的！他刨根問底似乎能到無限，"Drill Down"（追根究底），也成爲整個微軟的風格。微軟的行銷經理們都特別在乎鮑爾默的評價，有時甚至會錯覺工作的目的就是能得到鮑爾默的嘉許，先不談這是對還是錯，企業首腦能夠有如此直接、實際的感召力，實在偉大。鮑爾默不僅對數字敏銳，學識淵博，而且是個綜合型的人物，有極強的幽默感。書裡的描寫都是關於他的喧囂，我和許多微軟人聽鮑爾默常常爆發的大笑，會有強烈的感染。

鮑爾默是個無與倫比的鼓動家。每年全球年度營銷大會總是由他第一個出場。幾千人早早地占好座位，鮑爾默出場時的「禮遇」足以使超級娛樂明星嫉妒：幾千人狂熱地歡呼「斯蒂夫！斯蒂夫！」，和著拍子一起鼓掌，跺腳，還有不和拍子的尖銳口哨。斯蒂夫從來不會讓人失望，他把舞台當成籃球場，奔跑、呼喊，四面八方的大屏幕上鮑爾默的形象和表情鋪天蓋地，兩個小時的演講總結上年業績和新財年戰略目標，他激情演繹「方向、戰略」，把所有人燃燒到沸騰。斯蒂夫的演講總是以新財年銷售指標結束，這個數字是經過層層 scrub 的預算匯總，已經是非常的挑戰——意味著百分之幾十的增長。這時斯蒂夫會告訴大家他有多麼「失望」，簡直不能相信這支隊伍如此「膽小」，這時的斯蒂夫像百老匯的悲喜劇雙料演員（他早年確曾有志向投身戲劇），只是微軟的舞台肯定比百老匯過癮得多！他「萬分痛苦」，交替使用哈姆雷特、馬克白、李爾王的各種強烈表達，「勸誘」大家只要再多承諾「一點點」，台上台下一片呼嘯應答，最後現出「挑戰指標」——只是再加了十來億那麼大的「一點點」。奇蹟的是，通常最後做到的都是斯蒂夫帶領大家喊出來的「再加一點」的挑戰指標。他的演講之後大會將安靜得多——他自己和好多台下的人都已經啞了喉嚨。

◇

微軟人喜愛他還因爲他人性豐滿的另一面。鮑爾默關心員工和他們的家庭是出了名的，他在員工不幸時會流露眞實的痛苦不能自己。他非常愛護他自己的家庭。他一定給家人留出足夠的時間，都知道鮑爾默下班會很早回家，陪家人晚餐伴孩子上床後，再上他的「郵差」晚班——處理電子郵件。他會花上幾個小時和他的小兒子一起安裝遊戲機和軟件。前年他父母生病時，全公司都爲之擔心，大家知道如果是家庭需要，鮑爾默會毫不猶疑地放棄事業。近幾年微軟屢有員工英年早逝，給全公司帶來巨大震動和對生命意義的反省。微軟至今還是個年輕的公司，平均年齡三十五歲左右，年輕的人們追求興奮激越，不會珍惜自己。軟件工程師更是拼命超支投入。鮑爾默極聲呼籲要保護員工健康，他親自督促人力資源部門和各級主管要有具體的措施，增加康樂保健條件，「強迫」員工減少過度工作，增強自我珍惜的意識。

鮑爾默權高位重卻仍然率眞急躁，有一次一個分公司的業務匯報做得太差，鮑爾默越說越氣，到了機場火氣盛到極點，竟把匯報材料一把抛進垃圾桶，隨行幕僚小心提醒，扔的全是頂級機密，他頭也不回說：「讓競爭對手去撿好了，反正是一堆垃圾，正好讓他們混亂！」

鮑爾默最容不得競爭對手的勝利，在他的辦公樓裡隔著好幾層常能聽到吼叫，那一定是鮑爾默爲競爭對手發出的吼聲。自從司法部官司以來，整個微軟和鮑爾默的言辭都比以前加了好幾道「把門兒的」。

鮑爾默近年有很大改變，狂呼震吼比以前少了，添了大度謙和，少了些暴戾之氣。不過我觀察到，他開會時不停地轉動身軀，好像壓抑不住躁動的精力，在站起來時，襯衣肯定亂七八糟的扭成一團。去年十二月他來北京 scrub 我們的時候，已經連續二十來個小時沒休息，老虎也頂不住打了個盹兒，兩分鐘盹兒醒來後他問我一個問題，我回答了，還找補一句：「這個問題剛才講了，不過您沒聽見……」他居然大笑，承認「被抓到了」。鮑爾默可以容忍錯誤，甚至容忍「愚蠢」，不能容忍的是內部欺騙不實的行爲，如果被抓到，不管多麼重要的職務，立即辭退，無可赦免，而他自己又會非常痛苦。

◇

鮑爾默是行銷的行伍出身，帶領行銷隊伍攻城掠地是他的天分。他升任總裁後統攬行銷、服務和產品開發，又肩起了新的使命：重塑微軟的文化。第一步是重組微軟，重新劃分成八個部門，產品開發、預算和銷售都圍繞著不同的用戶群運作。這是石破天驚的舉動，原來分離的產品開發部門有無上的獨立性，已經形成營銷跟隨產品計劃的模式，換句話說，開發出什麼就賣什麼，產品和市場、客戶的隔閡越來越明顯。更嚴重的威脅來自微軟內部：正在失去速度，而速度是網絡時代最重要的競爭乃至生存條件。重組的設計是爲了贏回速度，更是爲了徹底改變微軟的文化——從自我中心，到以客戶爲中心，後者，要艱難得多。

鮑爾默曾做過嘗試，財年九九全球有一項重要戰略是Community Development，可意譯爲「接觸客戶」，投入幾億美金、上千人馬，由微軟全球各地的營銷子弟兵大規模接觸客戶，講產品講技術，不許講銷售，只爲讓客戶了解微軟，了解微軟也注重客戶，希望能贏回客戶的喜愛，微軟營銷隊伍從未有過這樣的指標：專款專人沒有銷售指標，只看辦了多少技術講座，接觸了多少人群。此項戰略得到徹底的貫徹，而一年到頭發現全球客戶對微軟的印象仍持續下降，鮑爾默不是肯服輸之輩，更堅定了徹底改組微軟重塑微軟文化的決心，繼續更大量投入，以贏取客戶，爲微軟贏回正在全球失去的「人氣」。

以鮑爾默的定義，使客戶滿意（satisfaction）還不夠，要使客戶高興（delight）！在全球營銷大會上，他每吼一聲"delight!"就溫柔地微微屈一下膝，兩手還用指尖捏著不存在的裙角，台下幾千人應和著一聲一聲地吼，自己人先被鮑爾默表演的可愛先生"delighted"地不亦樂乎！他相信，只有滿意又高興的客戶才會不斷購買微軟的產品和服務。但他沒忘了加上一句：

「首先要贏取市場！要使客户高興，先得擁有客户！」

◇

鮑爾默在努力打破他和蓋茲過去十九年共同建立的文化，他和蓋茲的合作模式也發生了變化：

蓋茲退到更高的神位，將小小環球盡收眼底，吸收天地間智慧精華，爲微軟指出發展遠景方向，貫穿微軟二十幾年的公司使命已經修改，從「每個人的桌子上都有一台計算機」，改爲「讓人們隨時隨地都能做自己想做的事，無論使用什麼設備」。

鮑爾默則要帶領微軟重新編組的龐大艦隊迅速走出困惑迷失，找到方向，繼續輝煌。鮑爾默要賦予微軟一顆新的靈魂。

第十七章 偉大的微軟

微軟有一對「神、魂」絕配的企業領袖。蓋茲和鮑爾默的追求早已超越了財富，「贏」是他們的哲學、宗教、夢想，他們的專注追求是使微軟永遠成功。

微軟太成功了，以致今天成爲「成功的受害者」(victim of success)，對微軟「霸道」的斥責從業內擴大到業外，從美國蔓延到中國。對歷史的成功者欣賞抱有理想化的寬容，對現在的成功者挑剔多於欣賞，人類文化似乎一直有這種傾向。我對微軟的感覺是很簡單的矛盾：不喜歡它到了非辭職不可的程度，但欽佩它是IT產業史上最偉大的公司——曾經是，現在是，我相信將來還是。我以曾經爲它工作爲榮。

◇

微軟的貢獻遠遠超出了軟件行業，它的貢獻是對於全人類的意義。在技術上的跟隨並不意味著微軟沒有創新精神，微軟對於軟件功能的精彩體現有著狂熱地追求，每年投入的研發經費從數量到百分比遠遠超過同行，成百億的投入，把計算機使用的能力交到上億人手裡，使計算機成爲人類的工具，甚至是趣味工具，而不只服務於企業。

微軟對於軟件行業的貢獻遠遠超過全部對手。它選擇的產品戰略是以操作系統平台和工具爲主，註定它對於ＩＳＶ（獨立應用軟件開發商）的互相依存關係；出於這種利益關係，微軟傾注大量的資源加速ＩＳＶ在微軟平台上的軟件開發。這當然是出於微軟利益的直接需要，客觀的結果是圍繞微軟平台成長起來一個巨大的軟件群體，構成今天軟件行業的主體。大家都知道西雅圖有波音和微軟，不錯，西雅圖只有一個波音，但是除了微軟還有上萬家軟件公司，不敢說全是微軟的ＩＳＶ，但不管是內圍還是外圍還是競爭，都會在不同程度上「借光」微軟的存在。微軟爲整個軟件業發展所起到的平台作用前無古人（可能後有來者，如Linux）。

微軟的管理文化可能也是個精彩絕版，它有無比嚴密無限細節的管理，而又能保持它的數字神經系統有充分的靈活。最絕的是，嚴密的管理體制能與自由狂放精神完美結合，智慧和火花受到充分鼓勵，「聰明的主意」比「正確的主意」要光榮得多，強烈地刺激人們迸發出聰明機智，人人都可以感受「人治」的自由、權力和自我實現的感覺，但是所有人又都被牢牢聯繫在「神經系統」的網上，無論你如何狂野也出不了大圈。「神經系統」能及時地把所有的智慧迅速上傳到公司的大腦，再將「最好的作法」（Best Practices）迅速下達到企業末梢，不斷地刺激出新的「最好」。微軟的刺激、吸收、利用智慧的能力（絕不只是從內部！）可以說登峰造極。它有一套機制將智慧收集、集中、提煉，轉化爲可理解可衡量可行動的戰略、策略、目標、行動計劃，循環往復。

◇

我初入微軟時曾驚嘆微軟的全球營銷大會極盡鋪張，幾千人大會的費用以千萬美元論計，再加上全球營銷隊伍集體離開前線起碼一星期的代價大到無法衡量。後來我參出一點道理：微軟的人治精神，只有在與「人」的直接交流中才能得到最感性充分的傳達。微軟的會議不只於營銷隊伍，日程是連年逐月的安排的：從「創意研討周」（或譯「智囊避靜」），蓋茲和他的技術「外腦」切磋世界IT、網絡、軟件的趨勢方向；下個月是最高經營管理階層會議，從市場、競爭、產品研發制定出全公司新財年的戰略和投資預算方向；之後，花開幾朵各表一枝：市場營銷、產品研發、法律事務、財務後勤，各功能依次召開地區總裁總監會議、經理會議，分公司預算、scrub、匯總，使總體戰略與區域性市場逐級達到高度融合，最後到全球新（財）年開年大會時，總體戰略將轉化爲全體三萬人的每個人的具體行動計劃和相標。

微軟的營銷戰略非常成功，它在營銷渠道的各個制高點，用最少的直接資源爲槓桿，去控制和影響最大的市場。微軟的市場活動永遠有合作伙伴的贊助和參與，聲威遠遠超過單獨操作；微軟的教育認證紅火値錢如托福考分，全靠大批獨立的認證考試機構做起來。微軟只認證考核師資和績效，對獨立機構收費很低，做出來的業績都是獨立機構自己的，自然形成了一個行業，也形成了行業的競爭，來保持其質量和市場吸引力。這比起任何事情都自己動手、自力更生的效力孰高孰低，明明地擺著。

◇

過去三十年ＩＴ產業上演了具有諷刺的歷史輪迴：

三十年前ＩＢＭ的「主機市場壟斷地位」，即招致美國聯邦政府整整二十三年的反托拉斯法訴訟，ＩＢＭ爲了對抗蘋果，開放了個人微機設計，ＤＯＳ開放了微機操作系統標準，兼容機打破了ＩＢＭ本似必然的壟斷，個人計算機革命浪潮將腐朽的壟斷資本主義化爲歷史陳蹟；ＩＢＭ想以ＯＳ／2，個人微機微通道系統重新建立業界標準，發現眞正能夠左右業界標準的已是ＩＢＭ個人微機兼容廠商，又不惜與同病相憐的蘋果結成聯盟，終未能挽回頹勢，卻成就了微軟的天下。開放始開競爭，終結於知識產權最大的壟斷。

三十年後，微軟也是同樣的命運，被美國司法部控告壟斷，新生的 Linux 由於代表著知識產權開放，被全世界以最大的熱情接受。接受和推舉 Linux，「不只是因爲它能與誰抗衡，更是因爲它代表了一種開放、平等、自由和充滿夢想的互聯網精神；代表了網絡時代新的開放知識產權形態；體現了人類互助天性和基本的自由。在我們看來，這比單純的技術發展和財富積累重要得多！」Linux 從人文的角度被接受，不能註定在市場上的生命力，但是，此次的推動 Linux「聯盟」竟波及全球ＩＴ業界內外，遠遠超過當年六十幾家個人電腦兼容廠商反抗ＩＢＭ想繼續統領個人電腦業界標準的企圖。有全世界聯盟的推動，或許 Linux 能以超速成爲微軟的眞正抗衡。

代表反抗微軟壟斷的勢頭躍躍欲出，Internet，也是開放的標準，啓用了自然公社的規則，互聯網屬於全人類，不屬於任何一家公司。微軟受到的挑戰遠遠超過司法部，它正受到新的知識產權開放的洶湧潮流的迎頭衝擊。視窗九五席捲全球的狂潮曾引起人們驚呼「蓋茲有了進入千家萬戶的鑰匙，他將無所不能」！Internet 無疑給人們一把進入未來的新的鑰匙。Internet，Linux，當人類未來有更多扇門戶洞開時，鎖和鑰匙就會失去桎梏的作用。

三十多年前發表了著名的摩爾定律：即每隔十八個月左右，集成電路（即集體電路）上可容納的零件數量就會增長一倍，性能也提升一倍。蕊片（即晶片）上晶體管數目就要翻一番，即蕊片技術就要進步一倍。七〇年代初，英特爾的四〇〇四將「電腦濃縮在微處理器蕊片上」，開創了集成電路和現代電腦技術紀元，不僅蕊片技術的進步一路驗證著這個定律，過去三十年來，計算機硬件整體性能的提高也不斷伴隨價格下降。從九八年開始，微軟已經不再提「視窗軟件只占整體計算機投資很小投資比例」的多年說法，因爲軟件已經占到計算機整體投資百分比可觀的兩位數。

財年一九九九微軟的業績是業界的最高紀錄：銷售額近二百億，增長近百分之三十，而利潤爲八十億，股票收益增長百分之六十九！我沒有聽到財年二〇〇〇的目標，疑惑還會不會持續利潤增長的新高？我還疑惑，微軟用工業時代的手段在信息時代還能繼續賺錢多久？微軟要加緊「跟隨」的不只是技術，還有新的理念，新的賺錢方法！

◇

微軟有一對「神、魂」絕配的企業領袖。蓋茲和鮑爾默的追求早已超越了財富，「贏」是他們的哲學、宗教、夢想，他們的專注追求是使微軟永遠成功。截止到幾年前，微軟一直像一支明星球隊接受全世界的喝彩和崇拜，蓋茲是當然的超級明星。當超級明星無敵太久時，世界就會盼望新的對手出現，沒有對手的運動就失去了競爭的原美。人們對超級明星的要求會從天才的技能上升到對社會的責任，甚至要求他們成爲人類的完美楷模。微軟和它的領袖正在經歷從「天才小子」到成熟的人類社會精英的痛苦蛻變，爲了必勝的精神，他們願爲此付出巨大的代價，包括捐出個人的財富、徹底改變微軟、再造企業文化——還需要，創造新的賺錢辦法。

但是，只是微軟追求精彩追求勝利的精神不改變，微軟的企業文化的本質就不會變。否則，微軟的偉大就不復存在，或者將是另樣的偉大。

第十八章　結賬

交接過公務，和我殷殷關切的人們，我當然還要爲自己結賬。

一九九年六月六日辭職得到正式批准。完全符合我的預測：公司不打算採納我的建議。幾級上峰談話，均是有挽留之意，無改變之實。

六月八日，做了極小範圍的通報，核心團隊的情緒受到極大震動。當然要告訴四月兒和大龔。四月兒是我的助理，玲瓏剔透的聰明人兒，又忠誠仗義，能找到她是我的福氣，如果能留下她，是微軟的運氣；大龔是我的司機，起早貪黑十幾個月，一心盼著我成功，對我的決定他不像四月兒那麼理解，只會重複：「多麼不容易打下來江山，爲什麼不多坐一會兒呢？」恨不得要發動一場挽留運動，被我堅囑制止。

六月九日做了右眼手術。到微軟後一直超支時間和心力體力，用眼也用得太狠，本來弱視的右視視力都快沒有了。現在正好，九天病假天衣無縫地鑲進整個計劃當中。從未休過假的總經理突然「消失」整整九天，小道消息不脛而走。

六月十八日星期五下午五點，正式宣布。公司大會（外地的分公司接進電話會議）全體通報，同時發出給各媒體的通稿。時間是特意選的：員工們把消息帶回家，周末去消解得差不多，少擔誤些工作；多數媒體也只能趕下周出稿了。

原定下周的微軟中國公司新（財）年記者招待會推遲至七月六日召開，爲能有更充足的觀察和準備。原本我不一定參加，但三周的追蹤觀察表明，媒體對辭職一事熱烈炒作仍呈有增無減之勢，竟至「蔓延」至大衆媒體，對辭職「個人」原因的衆多猜測與「維納斯」、「亞都」攪在一起，針對微軟的各家之說形成了主旋律。喬治們決定最好還是讓我露面，友好地將我「承上」爲歷史之後，再「啓下」推出微軟新財年的策略和友好形象。

◇

會議程序是按分鐘周密設計的，希望達到四個主要效果：

一、將喬治介紹給中國媒體。

喬治以前露面不少，但沒能留下任何深刻的媒體印象；加上他有了一個新的重要身分需要介紹：代理微軟中國公司總經理。

二、產生一些對微軟正面的新聞。

通過總結上個財年在中國的投資、投入——我們費了好大的勁投入了很多，可惜都淹沒在「維納斯」、「亞都」的聲音裡，令人心疼！——介紹新財年的積極策略。

三、爲總經理辭職引發的負面報導劃上句號。

四、確定微軟中國狀態良好，高層經理隊伍穩定的印象。

幕僚們的最大擔心是無法控制我在媒體面前的局面，萬一我臨時說出什麼「不合適」的話？給我的發言都設計修改了好幾稿。我提了兩次修改意見：

刪掉初稿中的：「在競爭激烈、壓力巨大的IT行業服務十四年之後，吳士宏提出辭去微軟中國公司總經理職務，得以去實現一些她個人的長期夢想，譬如上學……」我可不是因爲幹不動了才辭職，既不想改行，也不想去上學，現在不想。當初我曾爲上學的誘惑而猶豫是不是來微軟，十幾個月在微軟「勝讀十年書」，我已擁有我的「EMBA」。

六月十八日給媒體的通稿中用了「個人原因」之辭，於是也有了一些很「個人」的猜測。再稿中又一次出現了「由於個人原因……」，我又一次改爲「爲了事業和生活中其他一些也很重要的事……」。事業還未結束，生活中的確有一些事對我永恆重要，譬如，做人做事的原則和理想的追求。

按照設計，我要同喬治一起出場，我出現的時間是五分鐘，包括不超過三分鐘的簡短致詞。我說兩分鐘就夠了。

「哦，對了，你等會兒打算講點兒什麼？」臨出場時喬治還「隨意地」問了句。

我笑了，拍拍他的袖子：「放心吧。」

其實喬治不必擔心，既有約在先我承諾好好配合，必會守信。再說，也不需要借微軟的台子才能說自己想說的話啊。當然，我也不一定照念給我「設計」的話，本來我也從不照念稿子的——因爲記不住詞兒。只有一次例外：一九九八年八月三十一日 Windows 98 發布，那次的詞兒是預先背過的。

◇

我和喬治面帶微笑並肩走入會場，已是坐立均無虛席。細看才發現邊上和後排站了許多微軟員工。記憶中微軟的記者招待會少有這麼多相機爭相閃動（偷偷地想了一下：今天我會很上相）。全幅背景上書「微軟公司對新世紀中國充滿信心」(Partner With China Into The New Century)，點出積極的主題。

喬治的開場一句中文「大家下午好」效果挺好，旋即轉爲英文。專爲喬治請了一個翻譯（以後，這筆開銷是定規的了），翻譯水準專業，語調高昂激越。

先逐一介紹過前排就座的高級經理們，喬治進入正題：

「今天的主題是爲大家介紹微軟在新財年的策略。但開始之前，我想再一次表示對 Juliet Wu 的感謝。在 Juliet 就任微軟中國公司總經理期間，她傾注了極大的努力和熱情，帶領微軟中國公司走上健康成長的軌道，建立了優秀的管理隊伍……」喬治在「廣泛的」意義上肯定了我的功績。

「我們非常不願看到她的離去，但是我們尊重她的個人意願，全體微軟中國的員工會記住她。」

當說到「……我此時的心情是沉重的……」，喬治用的語調是「沉重」的，由翻譯高亢嘹亮地翻譯過來，產生了意外的喜劇效果，我走上台時還在笑著。笑著，我開始說：

「首先感謝微軟和喬治給我這個機會，因為我也很想能和各位說幾句話。」

（我知道各位也很想聽聽我說。）

「這絕不是一個容易的決定，但我有足夠的好理由，我也很驕傲終於能最後做出這個決定。」

（此時此地我只能語焉不詳，「驕傲」的「好理由」是個以後才能抖的包袱。）

「我選擇微軟中國公司取得優秀業績時離開，心中聊多一點欣慰。」

（本不必特意澄清業績，但能如此「淡淡」帶出仍是好的；畢竟，總經理做不好業績怎麼說也不值得「驕傲」啊。不過也不怪「業績不佳被迫辭職」的猜測，好端端地居然就辭了這個本地人惟一坐過一次的寶座？不是被迫才怪——換我是局外人也多半這麼猜。）

「在我任內能與這麼一群優秀的人們同事，是我永遠的驕傲。」

我伸開手臂指向我的經理們，我用我的心擁抱他們。他們還我以火熱的目光，其中有晶瑩閃爍。我們的心都在痛！我們都會長久懷念一起走過的艱難，一起分享的快樂……

「我知道，他們都會繼續努力去追求我們共有的理想——那絕不僅是為微軟或是別的外國公司做出好的業績，而是想為中國的ＩＴ產業、為中國有所貢獻。」

（我們眞的很努力，也做了些好事，對學校、教育、政府、本地合作伙伴的投入，在短短十幾個月裡就超過過去幾年的投入總和，雖然相對微軟的財富而言不足九牛一毛，要做到卻決非易事。不幸的是「好事不出門，壞事傳千里」，今天，罵微軟代表時尚，即使有媒體反潮流刊登一個豆腐塊「微軟爲……捐贈……」，立即就會展開大討論，「揭開微軟的眞實用心……」。我本來自願在逆流中恪盡職守，只要能稍稍給我可爲的餘地。現在，只能留給我的兄弟們去承擔這許多尷尬了。）

「我還想對各位深深地說聲謝謝，承蒙媒體的朋友們對微軟公司和我本人的關心和支持，特別是過去幾周以來對我的熱情關注。」

笑！大家都會意。六個星期以來，隨便在一個網站上用「吳士宏」三個字查詢，就能出來百十來條相關新聞，IT媒體就不用提了，大衆媒體也套紅整版地發，連外地的晨報晚報，北京的「精品購物」都要登消息，除了演藝、體育明星，有多少人能獲此「殊榮」？我不介意各種猜測，因爲，我自己還沒有說話；我眞的心存感激，因爲——

「我知道大家的關注不是因爲我個人，也不僅是對微軟中國公司的總經理，而是傳達著對我所代表的一群中國人的關切和期望；您們的關注一直在鞭策我努力。」

（從我上任之初，媒體注意就大大超出了一般的公司高層變動，儘管烘托渲染的焦點多是在「從底層奮鬥上來的一個中國女人」，我引爲鞭策的是那種對成功和平等的期許。）

「我在任的時候身不由己，婉拒了不少朋友的採訪要求，有不少得罪的地方，在這裡一併對大家道個對不起。」

(我其實挺喜歡媒體的，可能是因爲有好幾個好朋友是優秀的記者？)

「至於我自己嘛……」

一直盯著我的眼睛們都刷地一亮。

「中國的天這麼高，中國的地這麼寬，我一定能找到一個足夠大的舞台，再做出新的精彩和輝煌。我希望能送給媒體朋友們最想要的禮物——好新聞。」

(我不是爲了去別的地方而離開，我是爲了離開而離開。我不知道下一站是哪裡，但我知道，下一站是在中國。那裡應是更接近我的理想，那裡可能有新的輝煌。)

「最後，我祝各位朋友不僅事業成功，更要健康，快樂，幸福。這也是我給我的團隊和所有我關心，熱愛的人們的祝願。再見。」

剛好兩分鐘。我最後走下微軟的舞台。

我聽到的掌聲，比以往都響，比以往時間長，我的經理們、同事們，我自己也在其間。

◇

七月六日在媒體面前最後一次演講之後，微軟前台大幕在我眼前關上。該收拾後台事務了，還有幾本賬要結清：公司業務，人，還有我自己的。

微軟當初請我也是冒了很大的風險，初衷不可謂不誠。我把自己的生活計劃重新改過全情投入，想把微軟在中國做成功，接近我那「中國的微軟」的理想。一年半走到分手，算算總賬，各有得失。

我給微軟的貢獻是一個基本健康的營銷組織和渠道體系，以斷臂療毒的狠勇才治好頑症。我最驕傲的是建立了一支優秀的管理團隊，「隊長」走了，團隊不可能是舊日的團隊，但團隊精神、合作默契仍能維持一段，我希望微軟中國能珍惜和穩固這個難得的精英隊伍。我退出後仍然關注著微軟的生意。一九九九年的七、八、九月完全按照我們的規劃在成長，至於再過一個季度或更久——事在人爲。其實，我自己認爲對微軟的最大貢獻，還是以「辭」相諫的忠言，今後如果能看到微軟的做法中有相近的痕跡，我無論在哪兒都會竊引爲欣慰。夜闌人靜獨處捫心，我對自己說，對得起微軟給我的眞實權力和期望。而我，一年半付出的心血和生命超過我的極限，我沒有空入寶山，帶走了無價的經驗和領悟。從懵懂不知就裡，到深得其中三昧，從做不好到反敗爲勝，「會玩兒了」，玩兒好了之後，決定「不陪著玩兒了」，我驗證了自己的能力和原則，我有足夠的理由驕傲。

微軟失去我，而隊伍還在，營銷機制健康，不會有什麼短期業務的重大影響；即使眞的在中國市場顯現停滯，對微軟幾近二百億的年銷售額也是微不足道。我的「明星」效益本來與微軟是絕配，又肯全心全意賣力賣命，微軟失去了一個可遇不可求的總經理。不過，微軟不在乎，以微軟的金字招牌，不愁得不到精英之才，但失去了很多「人氣」，不是晝夜之間就能補起來的。

我最不希望看到的是：微軟，乃至其他在中國的外企，會因我與微軟的「試驗結合」以離異告終，而對於本地人做高層管理滋生更多、更久的疑惑。中國市場對外企的重要意義，不止於今日，更在於未來。讓中國人爲外企管理在中國的生意，是最聰明的做法——只要外企眞的相信中國的未來，眞的有一點「長期」的承諾。不然就看看IBM日本、微軟日本，誰能說本地人管理的公司不比「鬼佬」更好？美國人都常說中國人是最聰明的，中國人有好多比我優秀、比我聰明的人，誰先能眞正把優秀的中國人用起來，誰就能占到中國市場的先機。中國，也需要外企在中國成功！

記得一九九九年五月在西安工大演講時，一個學生問：「我們都想把微軟打敗，你作爲微軟在中國的總經理，作何感覺？」

我說：「中國逾越五千年才打開了國門，不是爲了『把敵人詐進來，一個一個殲滅，來一個死一個』；我們如果要在中國打敗微軟或任何人，只要關上國門就是了，不用費什麼力氣。我們國家眞正需要的不是『關起門來打狗』，而是要眞正的自己強大起來走出國門，以眞正的實力參與國際市場競爭——以自己的品牌，而不是冠以『中國的微軟』、『中國的IBM』之類的限制詞。要能打出『中國的×××』品牌，就必須虛心學習，苦練內功，哪怕是臥薪嘗膽。」

七月十四日上午與喬治交接人事，正值年度講評，逐一談過每個人的評分、工資、配股、提級、工作安排等等。其實五月二十八日我辭職之前都已經討論過並且認同的。這一次，因情勢變化又有了許多的「新意」。所有的「不同意」和「保留意見」都是心平氣和的討論。我時時警惕著自己：此時我對於每個人的看法對喬治的影響都可能是恰恰相反。過去短短的幾個星期裡已經演出了幾折「官場現形記」，有的拙劣，有的聰明；或是出於可以理解的求安全的本能，少數幾個透出陰損也是意料之中。本來不是什麼政變之類的改朝換代，但在微軟這個人治色彩濃厚的文化環境裡，每換一次老闆就會生出好些惶恐，也就難免有些齷齪奇怪冒出來。喬治的有些看法明明是受人影響的，他根本無從對所談到的一些人們有直接或間接的判斷（有些甚至不是曾直接匯報給我的人，連我都不能作最直接的判斷），而他卻能有如此具體而堅決的看法，可惜有些是偏激和片面的。不過我完全可以理解喬治，他在突如其來的變化面前缺乏安全感，他需要盡快讓自己進入總經理的角色，要建立「自己的隊伍」。意料之中，我心平氣和，畢竟多數人能得其所，也不費了我一番苦心和鋪墊。

只是對一件事讓我憤怒難平：居然要難爲無辜而且全無還手之力的四月兒！只爲她是我的助理，她居然得不到相對她的能力和聰明是等而下之的職位！在微軟十幾個月，我的「私人」檔案裡「小人」、「壞人」各多了一兩個名字（在這方面，也趕上前面十幾年的積累了）。四月兒表現出來的優秀足以羞煞那些小人、壞人，我也爲偌大微軟的無度無量而羞愧。

◇

交接過公務，和我殷殷關切的人們，我當然還要爲自己結賬。說起來有點得意：我辭職是在五月，通常從微軟辭職最多有一個月的交接時間；而我與微軟的合約要到八月底才結束，這對我個人利益而言是最好的安排——到八月底能再有一筆認股權到期。之所以能達成這個對我個人利益而言的最佳方案，是因爲我成功地推銷了我的論點：

一、我完全可以選擇對我最合適的時間提出辭職，出於對公司的考慮，我才提前提出辭呈。

我眞心的考慮是，對公司業務的干擾越小，對我的團隊的干擾就越小。我關心的是這些人們，我對他們的關心太切，情願冒破財的風險提前辭呈。微軟倒是不在乎也不需要我的關心，她太強大了（對我個人最保險的方案是等到八月底拿到最後一筆到期的認股權後再辭職，提前三個月之久，冒的風險太大）。

二、我在微軟十五個月裡全心、全力、全情、全時投入，應該有這一點加權。

這一點屬於矯情了。不過，超過十四個月每周工作九十小時以上的記錄是眞的。

三、並且，微軟對我的約束也相對延長了啊。

這一點才是最關鍵的：只要我一天是微軟的員工，基於合約與基本的專業準則，我就要受微軟的約束，按微軟的規矩。比如，不能直接或單獨與媒體對話。這對於公司顯然重要，特別是在這個敏感階段。對於我，緘默一個多月根本不是負擔。

（我預先掂量了分量，對此把握並不大，但還是決定涉險，從職業道義上確實需要這樣做。最後能拿到也眞是僥倖！）

於是，成交！

◇

這是我惟一一次清醒地、有計劃有預謀地，而且是成功地保護了我個人的利益。對比十幾個月前我離開IBM的時候，我有足夠的理由得意。當時，我出於職業道義，在簽訂微軟合同的第二天清早，就向IBM提交了辭職報告。我竭盡全力對付「感情糾葛」——既要對得起IBM，又要對得起我的心，我的理想，我的承諾。當公司挽留與個人承諾的痛苦對抗持續了將近一個月終於結束時，我終於深舒了一口氣……這時突然發現：自己失去的實際利益幾近我整整一年的工資。按合同，提交辭職報告一個月內我仍應享有合同期內所得一切利益，但是，IBM有另外保留條款諸如「公司保留最後解釋權利……」，在挽留無效終於確認我將加入競爭對手之後，IBM就行使了解釋權，於是我就失去了我十幾年服務掙得的一筆數目不小的錢。如果我事先稍微爲自己想想周全，調整一下簽約或辭職的時間，我就可以得到我應得到的利益，前後只差七天。這也是對服務於外企的中國員工的小小警示：有道是，親兄弟明算賬；對本無血緣的中外雇用關係，只有靠自己爲自己算清賬目，無情可講。

有一次我和一個好朋友講和微軟結賬這件事，眉飛色舞得意我的精明，朋友似笑非笑問我：「好不容易打下了江山，如果你再穩坐著混兩年又該是多少錢？」我一愣，是啊，如果再混兩年，就算微軟股票一分不漲也能混個百萬富婆……先是有點惱羞成怒，這不是笑話我大處不算小處算，不但不精明整個是傻……？轉念一想，立即理直氣壯，我爭的是過去應該掙的，放棄的是我沒打算再掙的——我的追求、我的快樂，比百萬美元要值得多！如此阿Q一番，立即心安理得。

◇

到此，交接全部結束。我再不需要來微軟上班了。

我最後環視了我的辦公室，挺大，挺雅致的，還很新，搬進來差三天才滿一年。我會把那些照片帶走，毛毛狗帶走兩隻，最大的那隻留給老張。

不用再到大辦公區走一圈了，六月二十二日那個星期二凌晨三點半我來過，細細地走過、看過每一個座位，把所有的燈都打開，又熄滅。我在那個綠色陽台上看了日出。

該走了。我要去收拾打扮，把最美的我給我的人們——今晚是給我的送別晚會，那才是我在微軟帝國生涯的最後的閉幕式。

第十九章 閉幕晚會

一口乾盡，人間萬丈紅塵，看天下英雄豪傑，能過幾盞春秋！

晚會一直是四月兒的心病。我知道她小心眼兒裡的擔心：從正式宣布辭職到現在已經整整四個星期了，如火的眞情也能放涼了，萬一晚會沒多少人來怎麼辦？她是怕我被冷落。我說沒關係，人多熱鬧；人少好說話兒，咱們只是「民間」聚會，自自然然是最好。倒是如何處置費用的問題頗討論了幾回，因爲是「民間」，決不能是公費，想要的是完全自願，我出錢就不合適。最後決定，參加者大家平攤。爲送我讓大家掏自己的錢，心裡不安，可也想不出其他幾全的方法，只好這樣了。

今天的日子最合適：交接今天已經完成，不必在送別之後還時不時地在公司出現；明天是全公司新（財）年大會，上海、廣州的都到北京了，萬一大家願意來也方便。煞費苦心的選日子其實也是爲喬治和公司考慮的：務必在新（財）年大會以前劃上我的「句號」。

盤頭髮、選衣服、化妝，新年晚會都沒費這麼大精神，本來時間富裕可搞得緊緊張張，但自己挺滿意的，夠漂亮參加晚會了。

今天其實是第二次告別晚會。上一次六月二十五日是和一群特別的朋友——公司的保安和司機，只差四個値班不能來，十六個人圍滿一張大桌。那次我喝醉了，是挺少的二鍋頭和太多的淳樸眞情把我灌醉了。大家都哭了。我只記得回家的路上反覆念叨著一句話：「憑什麼人家對你這麼好？你給人家做過什麼呀？」

今天是最後一次，不要醉，也不要再哭了。

◇

皇家俱樂部在北京動物園裡面，另走一個不要門票的門，與動物們應該是隔得挺遠的，去過幾次從沒聽到過獅吼虎嘯。幾十棵古樹各個掛著表明珍稀和年代的腰牌，圍著一座木樓曾經是慈禧去頤和園路上歇腳的行宮。馬來西亞人把它辦成會員俱樂部，主要會員多是IT公司的經理。可能是因爲缺了時髦娛樂設施，一直沒火起來。我喜歡它也正是因爲這分淸寧，還有那個七八個人的樂隊，水平比所有聽過的五星級酒店的菲律賓樂隊都好，不管對著一個人還是十個人唱，難得是那份永遠的悠然自得，因爲舒服，歌和曲都顯得更好。最近聽說馬來西亞老闆打算把它賣了，不會也要搞健身、桑拿（即三溫暖）之類了吧？

按四月兒的指示我應該再晚點到才對，她可不想讓我來的時候還空蕩蕩的。可今天路偏就那麼順，剛剛七點整就到了。門外一溜排開公司的車子，後來才知道幾位老闆沒來，司機都來了。司機們根本沒進來，開著空車過來只是爲「給吳總壯聲色」！

我被引到台上，發現對著我歡呼的是一百多人！樂聲在我耳後響起，我回頭，紫紅天鵝絨大幕上的金字是給我的祝願：「有輝煌，也有綠茵」。

綠茵，那也是我對我的人們的祝願——

辭職後心很靜，一個少有的在家的星期天，我爲內部刊物寫了一篇小文章，還了創刊時拖欠的稿債，題目是《呵護心中的綠茵》，我意識到十幾年寫了至少有十來萬件電子郵件，這還是第一次寫「閒篇」。其中有這麼幾段：

……生活裡的酸甜苦辣，商場中十幾年的拼殺，事業上一程程的攀爬，心上裹了好多層傷疤結成的盔甲，事業的大紅大紫沙漠化了大片心裡的綠茵……今天星期天，今天人已中年，理想慢慢清晰，夢想卻未消失，有夢想就有希望，有夢想心就還年輕，夢想是我心裡的綠茵。

我到微軟十幾個月了，經驗的，感覺的，超過十幾年。今天想想，最先想起的，最讓我感動的，還是關於「人」……（此處原有一大段關於我的人們的家事、趣事，未得許可，在此刪節，仍心心念念）；……今天五月十三日追悼會（爲悼念北約轟炸中犧牲的烈士）上的淚雨和眞眞的中華民族情，還有我那同聲同氣同理想的經理們——我心中永遠的煩惱，永遠的驕傲，永遠的幸福……

今天的微軟中國公司裡，人都年輕，都在興致勃勃地奔事業，興致勃勃地追求在事業、社會上的目標和理想。可別忘了照顧心裡的一點綠色的自留地，別忘了留點時間和親人、愛人一起做夢，一起圓夢，別忘了留點時間和朋友們「扯閒篇兒」。人會長大，人會成熟，人應擁有完整的生活，事業是生活的重要組成，但不是全部。健康、快樂、家庭、父母、兒女、朋友、愛人……也重要，更重要，更重要！如果你擁有了這些，千萬珍惜！如果你還沒有，應當去追求！這是生活，生命的綠茵。

優秀的人們，我感謝與你們相識、相知的緣分，我從心裡祝願你們成功，更祝願你們幸福。別忘了，呵護你心中的綠茵。

Love, Juliet，一九九九年六月六日，星期天

眞的，該說的都說了。人們也有很多話說給我，寫給我，都已存入我記憶的珍藏。

今晚應該很輕鬆很快樂，先和四月兒提過了，她是個玲瓏剔透玻璃心的可人兒，從不用點撥第二遍。晚會氣氛果然喜氣洋洋。我的精心造型得到預期的效果，女孩兒男士紛紛「驚艷」——我穿的不過是最微軟風格的牛仔便裝，只是大家從來沒見過總經理如此穿著！我也自得一份輕鬆不羈的新鮮心情。樂聲起處，翩翩紳士口銜玫瑰前來邀舞，轉著華爾滋怎麼也想不起上次跳舞是何年代。舞罷又在席間穿梭，見誰都親切，拍不完的照，每張照片都留下笑……

不知從何時起，集體的情緒開始變化，人們愈來愈沉重，間或有三三兩兩躲出去哭，有的女孩合影完笑容甫落便伏在我肩頭落淚，更多的是拉著我的手，搖著，卻說不出什麼……

我被這濃重的眞情團團圍裏喘不過氣來，想擁抱所有的人，把我的眞情我的愛留給我的人們。

接近結束時的人數反而超過了開始，被拉出去開會的一個部門也全體趕回來了，人們索性都站著。因爲很多人還要去彩排明天的新（財）年大會，我們必須在九點結束。我再次向大家祝酒：

「一口乾盡，人間萬丈紅塵，看天下英雄豪傑，能過幾盞春秋！」

莊森說話了：「最後想給 Juliet 的禮物有特殊的意義，與喬丹有關。因爲我們終於發現，喬丹是 Juliet 最愛的白馬王子。」莊森是我「網羅」的得意帥才，他做今晚的主持，努力想扭轉回輕鬆的氣氛。

我在哄笑聲中接過簽滿名字的籃球，大大方方承認：「不過得更正，喬丹是黑馬王子。」

「我愛喬丹，因爲他實現了一個夢想：人們對精彩和完美的追求。喬丹追求並實現了兩者！我知道我永不能完美，但我會繼續追求；我可能會失敗，更可能有新的精彩，無論如何，我會努力，不只是爲我，更是爲你們和他們，也爲我們的國，我們的家。」

此刻，那麼安靜。

「明天和以後，我們不能再朝夕相處，你們會在我的心裡，我的心會相隨—— My Heart Will Go On。

「Every night in my dreams, I see you, I feel you...Near, far, whenever you are, I believe that the heart does go on...」

這是我最激情的一次歌唱，歌聲中人們向我靠攏過來……

曲終，人散。

多年之後，細節可能淡去，忘不掉的記憶是「我是世界上最富有的人」。我的人們，在我任上十幾個月裡和我一起創造、經歷了那麼多絕版的回憶，在最後兩個小時裡又濃縮了如許眞情給我，讓我無法忘記，難以承受。不少的新面孔，也有的從沒機會說過話，他們無條件地接受和喜愛我，不是因爲我曾做過他們的總經理，同類相通，他們知道我愛他們。更多的，是他們希望在我身上看到夢想的實現。

◇

辭職微軟的決定，可以說是我一生中第一次完全理性地做出的決定。因爲理智而能坦然平和，因爲該做的能做的都做了，所以不會後悔。面對如潮的眞情心裡平添了沉重的遺憾——我多麼希望我能給這些人做過更多的事啊！

不過，我對他們說了：Juliet 將是你們永遠的朋友。

這一次離別，還是沒能免了眼淚，但只有感動，沒有悲傷。我心裡盛著滿滿的財富和一個清晰的理想。

第四部　期望

第二十章　女人，職業人

我自己倒沒有太多的困惑，專心地做好經理，和男人們一樣鬥智鬥勇，並沒妨礙自然保持了女人味——那是做女人獨有的驕傲。

平平常常從女孩到女人過了三十年，漸漸開始有人叫我「女強人」，後來簡直成了我的外號。對這個外號我有三段論的反應，反映著我的心路歷程。

第一次聽見時嚇了一跳，原來自己在別人眼裡是「強」的。其實那時並沒有做出什麼，只是在外企做了幾年，本地人、又是女的做銷售更少見。人家說「女強人」時都有個注腳：「能在外國公司幹好幾年了，還是ＩＢＭ，大公司，可是不簡單！」那時，外企有點神秘，國人對外國公司的看法，通常是「內部競爭激烈、規矩嚴，老闆無情，動輒會開除人，本地人能混下去不容易……」，單憑我能在ＩＢＭ一「混」幾年，已經「可是不簡單」。我嘴上謙虛，心裡還是很高興，儘管很清楚有那些類比條件，「強」的內涵非常有限，畢竟是社會對我存在的承認啊。

後來做了經理，參照周圍優秀的人群走前了半步，自己也認爲自己強了。這時別人再叫我女強人，我開始有逆反心理。經常會嚴肅地說：「請不要這樣稱呼我！」有時甚至掩不住急扯白臉。強就強唄，幹嗎非加上個「女」字？男人強怎麼不叫「男強人」，明擺著是不平等，好像男人強是應該的，女人本該弱的，偶爾有一半個強的一定得註明性別。我喜歡「強」，但只願意被承認是眞正的強，不是因爲性別「讓分」！我不喜歡「女強人」，還因爲這個詞的大衆心理形象不好，人們一提女強人，「經常聯想到強悍跋扈，說話尖刻走路帶風，蹭著衣角都會傷人，一點沒女人味兒」，就是上個月一個朋友還這麼對我說來著，這些是他的原話。我希望我的能力得到承認，但不願意我的女人魅力被忽視。

◇

分析這段心理，說到底還是不夠自信，太在乎別人怎麼看我，只有借別人的評論用別人的眼睛來反映出自己的形象，無論做女人還是做職業人，自己都還沒有自信的定力。做女人的失敗讓我不平衡，我慣性地瘋狂投入工作，想借強勢的張力充塡心裡空虛的位置，很長時間找不到平衡，險些連職業的追求目標也迷失了。

離開廣州之前的冥想思考，想通了很多事。其中最重要的，是第一次完成了對自己的剖析，我問自己生命的意義，我選擇了生命的意義——追求精彩的成功，在追求事業理想的過程中去實現精彩。這註定了追求的艱難，既然自己選擇要追求，就要準備付出，不能期望從生活裡得到每一樣想要的東西。我已經有事業的成功，這賦予我特有的綜合魅力，得到了大多數男人和女人的欣賞，我也應該懂得欣賞自己創造的魅力。女人的成敗不是只有婚姻家庭一個標準，我選擇做社會人、職業人，就應公平地用綜合標準衡量自己，我不是失敗的女人。

我對「女強人」的稱號從此坦然，雖然還是更喜歡自己的本名：吳士宏，很男性化的名字，以前常有人誤以爲是先生；Juliet，無可混淆的女性名字，她的美麗在全世界流傳。兩個加起來，很好地代表了我：女人＋職業人。

◇

我特別喜歡「職業經理人」這個職業定位，它明白地宣示人群和實踐的內涵，這正是我的選擇。精彩只有在人群時才能被欣賞；經理人註定要與人群爲伍，與人群共同實踐創造精彩使我的生命得到擴張。我從一九九三年初當上經理到現在不到七年，從方式方法到認識有了好幾個階段的變化。

剛開始做經理時，只會身體力行地示範，覺得誰做都不如自己放心，我的行爲自然使手下人形成事事必請示的習慣，我心裡又怨，這些人怎麼學得這麼慢，事事都得示範。當時只管四個人，已經疲於奔命累得不行。師傅式也有好處，小團隊能兄弟似的緊密，比較好地貫徹經理的風格。但是師傅只能教會一兩個手藝，示範教出來的徒弟很難超過師傅。一個人又能給多少人示範呢？

到廣州以後，管理人群的量級變了，從四十多人發展到二百四十多人；要經理全面業務，遠遠超過自己熟知的銷售，單靠示範是不可能了。必須學會聽別人講，學會問有意義的問題，學會系統的、抽象的分析和判斷，學會信任人，並且學會給團隊以鼓勵和信心，幫助他們思考問題，這需要從一個戰士、一個超級銷售人員的身分，轉變到團隊的組織者、協調人；參與市場競爭也轉變爲指揮官的角色，從接受單純的銷售指標到全盤市場規劃，這個轉變很難，但我適時地完成了這個關鍵的轉變，跨過了從經理到職業經理人的分水嶺。在我看來：經理是具體管過程、管人的；職業經理是「管」加「理」，管理公司運營、帶領團隊，還要經營市場，必須從執行規矩的行動上升到主動的思想和理論。職業經理人的示範作用仍然不可忽視，但示範應是在更高的層次，包括身體力行示範做人的原則。

經理人應當有鮮明的風格，應該能夠積極地、堅定有效地感染、影響團隊。如果模稜兩可你好我好大家都好，會使團隊變得無所適從、無所謂，也可能使紀律失去應有的威懾。我初入微軟時就曾有意柔順模糊我本鮮明的風格，結果延誤了掌握全局防患於未然的寶貴時機，還是雷厲風行做回我自己，才能反敗爲勝，也才能眞正贏得了團隊。我特別同意韋爾奇說的：「……好的領導者不但精力充沛，而且還能激勵他們所領導的人……最重要的、好的領導者要能非常放得開。他們必須保持上下溝通去與人接觸；他們不會拘泥禮儀，他們會與人們直率來往，讓人感覺容易親近。」「身爲一個領導者，你不能成爲一個中庸的、保守的、思慮周密的政策發音器，你必須具有些許的狂人形象。」這個世界將屬於那些熱情而有魄力的領導者，而非只會循規守矩亦步亦趨的經理，好的職業經理人，必須是好的領導者。

做到高層後，直接面對經理，將將大不同於將兵，要更著力於「理」（理解的理），「管」、「帶」則應流於自然無形。要讓精英將領充分感到信任，感到眞正被托以重任，才會激發出責任感（如是女老闆的託付，甚至可能激起英雄式的使命感和仗義），高層經理的職能必須轉變到團隊的支持者，同時必須是鞭策者。要敢於放權，我本是實踐型的人，說到容易做到難，我終於學會了「放權」之後，才發現其樂無窮，由一個精英團隊手裡掌握不同權力而能和諧配合，能做出許多超乎我意料的精彩結果。但是，只有眞正了解和駕馭全局的經理才有資格「放權」，不然就是玩忽職守甚至「自殺」，我會牢記「血」的教訓。

我在微軟最後幾個月裡，高密度地綜合實踐了經理幾重角色：戰地指揮官、團隊領袖，協調，激勵，鞭策，放權，還有——激發並綜合團隊的智慧，這最後一點，是我做經理人以來最得意的成功經驗之一。也是在微軟，我學到了「狠」——我不喜歡「狠」，這違背了我的天性。但是我知道了，職業經理必須有當斷則斷的狠辣，不然，斷臂療毒的壯烈也可能醫不好入髓的沈痾，自己「死」了不要緊，辜負了經理人的基本職業要求。職業的「狠」，不妨礙做好人的原則。我堅信好的職業經理人必須是好人，不是好人也可以有能力有魄力，甚至有時會技高一籌——因爲沒有顧忌可以不擇手段，但只有好人才還會有人格魅力。「眞正卓越的人生，少不了正直的生活。」

◇

我經常被問到：一個女人做經理有何特別感想？這與「女強人」之說出於同轍的中國文化根源——經理是男人的天經地義。其實，「經理」和「女人」一點不矛盾，能做經理不是因爲是女人，是因爲本事（大多數女經理一定同意）。多數做了經理的女人會更敬業，羅莎·盧森堡（Rosa Luxemburg）說過：「當大街上只剩下最後一個革命者，這個革命者必定是女性。」活畫出女人的虔信甚至偏執。有的女經理女企業家會矯枉過正，把自己做成「標準女強人」形象，不惜抹煞女人的天然魅力，只爲證實女人可以全面地像男人。

我自己倒沒有太多的困惑，專心地做好經理，和男人們一樣鬥智鬥勇，並沒妨礙自然保持了女人味——那是做女人獨有的驕傲。

在南方時，我率一班人馬籌建IBM深圳分公司，有細心的記者問：「吳總經理爲何『御前』竟全是女將？」在微軟，又有記者問過：「吳總經理只用男下屬，純屬偶合嗎？」只因爲「吳總經理」是女的才會有如此妙問，被問之下，我才注意到團隊的性別問題，答案是「因才施用，性別純屬偶合」。經理人就應該是「中性的」（別誤會，不是說經理都得做手術），不管男女，做了經理人，都要遵守同一套職業準則。

經理人做到一碗水端平的公正非常重要，男經理要是沒端平，可能是可以原諒的粗心；女經理要是把水撒出來，可能演繹出很多故事。女人天生感情細膩敏感，比男人更容易愛也更容易恨，如果選擇了做經理，就要像男人似的「糙」起來點兒，大度起來，最忌心胸狹隘感情偏頗（與「女人天性細膩」的美德是兩回事），我自認爲在這方面做得不錯，不信去問我以前的下屬，他們的看法會比「現在時」、「將來時」的下屬更眞實可信。

經理人最忌偏聽偏信有疏有親，耳根一軟，立即就會蔓延打小報告的流感，我接手IBM中國渠道總經理時，是一個中港台混合部隊，在IBM內部聲譽很低，聽了兩個星期都是互相埋怨，我於是對每個人分別說：「何不把埋怨的話對你的隊友直接說？或是去幫他／她幹活？」又在大會上對全體說：「我聽到個別人總是在抱怨別人，使我不由疑惑爲什麼只有他／她抱怨？」從此基本斷了這個風氣，大家把勁兒用到幹活去了，七個月做到了全年的指標，贏得了亞太區最佳集體的榮譽。

◇

培養人，修煉精英團隊，是經理人獨到的幸福。但經理人要先克服自己才能體味到這種幸福，不管自己有多強，要甘心讓別人做英雄，要能擺脫自我陶醉，而陶醉於集體的成功。這一關我很艱難地過了兩年，先要努力做到不以他人之得視爲自己之失，然後是能將他人之得視爲自己之得。我以我曾擁有的微軟精英團隊無比驕傲，除了共同做出的優秀業績，更因爲集體的友愛和坦誠！我離不開人群，友誼友愛於我是生命的需要，維繫人與人之間的情誼，不重在技巧，重在誠信。

女經理終究是女人，不管怎樣刻意「中性」，很難徹底改了婆婆媽媽牽腸掛肚的天性，只要不誤大事，倒也是一種美，會給集體增加一點家庭式的溫暖。只是女人們自己太累了點。我自己有好多這樣的經驗。在廣州時有一次，執行公司規定不得不解聘一個員工，過後我幾宿睡不著覺，到底要幫人家另外介紹了工作才放心；離開廣州時我放心不下全體，怕二百多「孩子們」交給了後娘活不好，哭得淚人兒似的生離死別，到現在還經常半夜打電話做「孩子們」的知心姐姐；離開微軟時，我對我的精英將領們講那個古老的「一根筷子和一把筷子的故事」，像那個臨去世的老人一樣，最擔心的是我走後兄弟鬩牆；離開了微軟，還是經常給舊部支招兒（即出點子），不是為微軟（微軟也不在乎），是想幫兄弟姐妹們成功。女人的細心會讓我注意到司機警衛的寒暖饑渴，注意到哪個員工添丁誰家家長患病，給員工夫妻勸架……添了很多操心，女人天性使然，樂此不疲。

當女老闆也有些「特權」，經常能得到大男人們的體貼照顧，在微軟，我的團隊甚至要「管」我的穿戴，新年晚會我本想穿晚禮服，硬是被一致投票否決，只好改穿了旗袍，他們理直氣壯，「頭兒」是屬於團隊的，頭兒的形象當然要對團隊負責。他們還私下裡傳看一篇名為「與女老闆過招兒」的文章，再當著我的面調侃心得。對如此種種「放肆」我放任不管，自得其樂地體會那無間的友誼和對女人的關照。我的團隊也會原諒我偶爾發作的「小」脾氣，不過，我可是不吝道歉的。

◇

小時候我不願做女孩，經常對爸媽抱怨爲什麼不把我生成男的，原因是淘氣時總要聽指責：「一個女孩子家的，不可以……」還有個秘密原因，我堅信自己長得不好看——這對女孩很重要，對男孩就無所謂。只有我媽誇我好看，但誰家的媽會覺得孩子醜？小時候一定要充分地顯擺聰明，也是要彌補自己「相貌的缺陷」。長大後我一直自慚形穢沒有女人的美麗，生病以後的形象更是無可置疑的醜陋，對居然能有人愛我心存感激。是女人沒有不愛美的，自覺不美是我很沈重的自卑。

長大後第一次有人說我「好看」是在一九八六年，是一個美國女人，也是我在IBM的「老闆」之一，她統管搬家工程，調遣搬家公司和我。人挺兇的，熟悉以後知道她心眼不壞，相處得很隨和。有一次正說著話，她突然停下來，看了我一會兒說：「Juliet, you're very pretty（你很好看）。」我愣住了，心想這人怎麼這樣殘酷，哪壺不開提哪壺！我很不高興，還是好好幹活，躲著再不和她說多餘的話。美國女人直性子，心裡納悶直接來問怎麼得罪了？追問之下，我終於紅頭漲臉告訴她原因，請她尊重我不要再無聊地說我「好看」。這回輪到她愣住了，簡直鬧不懂中國女人！她堅持要跟我好好談談，告訴我女人都是美麗的，女人有權利爲自己的美麗自信、驕傲。她自說自話做我的美育教練，不由分說教我化妝，帶我去秀水街選適合我的衣服，我開始接受自己，不再拿電影海報當鏡子，漸漸地能欣賞自己了。我喜歡漂亮衣服，喜歡打扮自己，不管到什麼年齡，我都會努力做個美麗的女人。女人不是生成的，而是造就的。

很多年，我對生活有怨，怨得不到美滿的愛情。我有過幾段感情經歷，都是轟轟烈烈，死去活來，無一善終。付出的是全部，總想得到全部，得不到時受傷害慘重，怨天尤人。這幾年對感情之事也有些徹悟，愛情是需要理解和空間的，太熱烈太包辦的擁有會窒息愛情。男人女人本來不是一種動物，求全理解是不可能的。有一次我看電影《亂世佳人》，感動得哭了半天，和男朋友談起竟被嗤之以鼻，說：「眞不懂你們女人爲什麼都會痴迷那個流氓白瑞德。」我說：「你才不懂！誰爲白瑞德哭啊，人家哭的是郝思嘉，爲了愛那麼個不值得的男人，竟肯去伺候他老婆生孩子，受了多大的委屈！」我悟出一個道理：不要想改變別人，只能改變自己。別人如果有改變一定是出於自己的決定。做人，做經理人，都要尊重別人，尊重差異。

大多數男人本是野生動物，渴望在社會上廝殺競爭，得到勝利，需要比家庭更大的空間。大多數女人本質是家生動物，自然更多選擇了經營家庭的事業，想把男人拴在家裡也當成屬於自己的事業來經營，結果經常是家庭悲劇。女人們，不要妄想改變男人的野性，萬一家養成功，失去野性的男人也會失去很多原始的魅力。我呢，我選擇做職業人，選擇男人們的社會原野馳騁。我相信自有屬於我的那片緣分的天空，當擁有我的家時，我會用生命去經營，不設藩籬，要一片美麗的綠茵。

◇

我對人的看法也有了擴展，以前只有黑白兩色：好人，壞人。按照我的「判決」決定對人的態度，表現毫無顧忌，根本不和「壞人」講話。現在擴展到四類：好人，不是壞人，不是好人，壞人。至今，我的「另冊」（後兩類）裡只有稀少的名字，可以忽略不計，無礙我堅信人性本善的樂觀大局。物競天擇的自然法則註定了人類社會的殘酷性，幸有人性的眞善美使人類社會保持美好的平衡。

以前，我內心很脆弱。常常問自己：「憑什麼只有我這麼苦？我到底是爲了什麼？」每次自問都是因爲受了委屈的刺激，就更是自憐自艾加上憤怒，直到無以復加。我覺得命運對我最不公平，總是要我搏上性命，比別人多付出許多才能得到些許，最想要的那些甚至連付出性命都得不到。內心的委屈傷害著自己，使我經常暴躁，好多次無端地尖刻傷害別人，傷害的總是我最親近的朋友。

今天我已經有了生命的平衡力，它來自把握生命意義、自己選擇追求，來自掌握命運的自由。平衡力給我大度與平和，使我變得更可愛，變成更好的人。我還會成長，還會發現很多的「昨是而今非」，但我再不會失去生命的平衡。

再回視過去，發現我已得到的太多：父母給我生命，養我愛我；死過幾次又得再生，我比別人都多了幾條命；朋友給我無私的友情，不論榮辱興衰都會關懷我支持我；愛人們給過我愛情，死去活來傷痛過去，留下無盡美好，讓我體會女人生命的豐滿意義；我碰到過那麼多好人，在我最需要的時候幫我、扶我，給我機會，他們是我生命中的「貴人」；還有那麼多我永不會謀面的貴人，用他們的書或是被寫在書裡，教我思考，訓練我的情商（即情緒智商，EQ），爲我指點迷津，樹立榜樣……我走過自卑、自尊、自信、自我實現，直到能有了理想的追求，直到能認識生命的意義，我不斷自警知識的匱乏，幸而有些天賦，我會用後天訓練的自虐式的自律學習把天賦和生命發揮至極至。

美國人的文化和哲學都很簡單，我喜歡其中簡單的幾條：

「快樂是自己的決定，快樂是自己每一天的決定。」

「忘掉傷害盡情熱愛，旁若無人勁舞人生。」（Love like never been hurt, dance like nobody's watching.）

我選擇快樂、灑脫，豐滿的成功人生。

我愛自己，愛人們。我再沒什麼抱怨，做女人，兼做職業人，感覺很好！我怎麼能不感謝生命？由不得更想要激情生活！

第二十一章 選擇飛颺的天空

我不想從個體經營小買賣做起，從零開始，我嫌飛不了太高。我渴望有一個大的舞台，給我去實踐眞正的「企業家精神」。

做了十幾年從晨做到夜的苦工，辭職微軟後突然有了自由，我像乍富暴發，有一千個計劃想如何揮霍時間的財富。首先，要玩夠逛夠，把失去的享受都補回來！不幸被盧梭言中：「人生而自由，卻無處不在枷鎖之中。」看了幾十部影碟，逛了幾回商場，沒過幾天又想找「更有意義的」享受，給自己上了套：要寫書！沒料到，玩兒票的作者比做專業總經理要難得多！本來打算休息爲主寫字爲輔，特地找了陽光、海水、沙灘的好地方，結果天性使然，一上手就像趕著奴隸，一天寫十七八個小時，守著深圳南澳的私家海灘一個月，愣沒敢沾海水，怕一發不可收拾懈怠了自己。又跟自己較上勁，認眞想要寫完這本書，還寫成一本能留下來點正經東西的書。打算著寫完書再整理、思考下一步的生活和事業。

◇

辭職時每個人問我打算去哪裡，我說還根本沒想，我是爲了離開微軟而辭職，不是爲了去別的地方而離開（一九九六年底我辭職ＩＢＭ華南總經理時老闆問我爲什麼，我說決定要去上學，再問去哪裡上學，我說辭職後再去申請。定了大方向就起跳，跳起來再去尋目標，這好像是我的習性）。至於能不能再找到合適的「好」工作，一點也不知道愁！再說，沒有生計之憂才敢「玩兒飄」，盡可以自由地飄著，直到認準値得爲理想而降落的舞台。

自從我辭職微軟的消息傳出，四星期內我收到十九個邀請，後來陸續又有七八個，都是委以擔綱統帥的重任，精彩紛呈！其中起碼九個讓我心動。面對豐厚的選擇，我陷入興奮的迷惘，太上老君所謂「少則得，多則惑」實在有理。十幾年來我一條路走到黑，難得有「無地徬徨」的時候，現在甚至體會自由是艱難的，而奴役會更輕鬆。儘管有理想指著大方向，但衆多的路擺在面前，看上去條條可能通我理想中的羅馬。還是只能選一條路走，得靠自己做出艱難的選擇。

我不得不提前開始反思執行。我試著用排除法，把「對象們」排在面前，選美似的排列比較各自最吸引我的優點。

首先排除了外企，雖然是位高權重，穩定高薪收入，又是「本地人從未做過的外企最高層經理」，可我已經都試過了，沒去就已經知道做事的套路，不能有新鮮的激動。十四年的實踐，我認識到把優秀外企做成我理想中的「中國的」，必須經過一個歷史時期，太長，我等不及。

一九八七年我在煙台騎過一次馬，那是一次真正的騎馬。是在一個島上的國際賽馬場，時值深秋不是賽季。馬是剛剛退役的，都有國際比賽得獎的光榮歷史。馬背齊著我的頭頂，英俊驃悍，眼角向下看人，非常地驕傲睥睨。我詐稱生來會騎馬才被允許試騎。其實那是我生平第一次騎馬，心想我的先人確實會騎啊，我有他們的血，心裡一點不怯。馬兒們比賽出身，只會跑不會走，一起步就讓風把我的長髮拉得與天地平行，在風中我感受滿蒙先人的大漠豪情。跑道一圈一公里，我一連狂奔十圈，換了十四馬，第十圈到了終點我忘了換馬，只想著那沙飛風吼狂奔的陶醉，再策馬，馬一低頭，把我扔出去十幾米！馬僮們急跑過來，我坐在地上沒顧上檢查關節胳膊腿，滿嘴黃沙先問爲什麼馬不想跑了，馬僮說：「賽馬都很驕傲，只肯跑一圈，不肯重複。」

我不想重複跑熟了的軌跡！我想有新的自由馳騁，而太過自由又覺得沒根，總想做出來什麼事業，是人人看得見的里程標記，回頭能看得見，指著說「那是我做出來的」。

◇

其實最自由不過是自己做，可我從開始就沒想自己創業，從太小做起，做到想退休了，可能只賺下點「錢」給我自己，再做一輩子也難上世界前五千名首富榜，那能算什麼里程！

再說，我爸教我的「錢理論」重「花」不重「掙」，爲自己掙錢肯定不是最拿手。還眞有投資家找過我，專爲告訴我：「甭管你想自己創什麼業，我們都要優先投資。」有人主動要爲我個人的事業投資，我愣是激動不起來，沒想出來什麼事業讓人家把錢往裡投。

我不想從個體經營小買賣做起，從零開始，我嫌飛不了太高。我渴望有一個大的舞台，給我去實踐眞正的「企業家精神」。

常常見到把企業家和經理混爲一談，其實是大不同的概念，有的人可以身兼兩者，但多數不是。在英文裡前者是"Entrepreneur"，後者是"Manager"。企業家，是要從無到有開創事業，敢於嘗試從無中生有叫做企業家精神（Entrepreneurship），優秀的企業家爲企業策劃出遠景，並能夠領導企業以行動去創造實現遠景，英語裡有個說法："Dream＋Action＝Vision"，意思是「夢想＋行動＝遠景」。經理，是要去管理一個現有的企業，經理們不需要遠景，也無從夢想，現成的企業已經有現成的企業家早就制定好了遠景。經理們往往受過MBA教育，有過名牌大學畢業的學歷，我沒有這些個「往往」，在外企做職業經理時老是不太正統，還總忘不了做夢，想在現成的企業裡做點出人家格的事，試來試去出不了圈兒，到底自己徹底跳到圈兒外來了。

我渴望創造，喜歡冒險，想要高起點、大舞台，又想繼續發揚光大「職業經理人」的角色，兩個「帝國」十四年的歷練，是我獨家金不換的經驗……反思當中，有一個意向在衆多選擇當中漸漸突顯：這個企業有傳統行業的優秀業績，有歷史和現在證明它的創造力、生命力和可靠的根基；要交給我擔當的高科技產業，已被認作企業今天和未來的方向，「方向」，能得到政策和投資的強力支持；舞台已在搭建之中，起點立意很高，預示無限發揮的餘地，要的就是從無到有、從小到大的擴張和創造；企業框架未成，沒劃好格子，格子要靠我去劃，又能用得上我十幾年職業經理人的功底；重要的是我與企業認同高科技無國界的擴張生命原力，理想就在此交叉：要把中國企業做到國際上去。這正好是一家優秀的國營企業，眼前的這個選擇綜合呈現我最想要的、最主要的機會元素，捨此其誰？

◇

當時，我在深圳，正值十二級颱風前夕，我要趕回南澳大鵬灣，那裡正好是颱風登陸地點，已經在回去的途中，疾馳中，幾噸重的轎車被狂風搖撼得不能自持平衡，只好折回深圳市裡。我搥胸頓足痛失親身感受遭遇颱風的機緣，後來聽南澳的朋友描述颱風登陸前在海面突然扭轉方向，憑空捲起滔天水柱，宛如兩條惡龍糾纏搏鬥……想像著天地雄風混沌壯烈必定如創世紀之原始洪荒，仍由不得惋惜神往。

我被困在深圳市內，幸好屋裡的世界還困著美酒音樂和幾個知己貼心的好朋友，大家喝酒聊天，主題是我的事業新選擇。聽說我想去國企（我沒說是哪家國企），朋友們爲我著急上火，一句一個「你傻……」，聽得出活活吞下去那個「×」。朋友們說：「知道你愛你的國你的家，報國不必專撿火坑跳，你做慣了外企的規矩，懂一點國企的工委黨委紀委組織委……

嗎？」還說：「別以爲你不是黨員，黨就管不著你！」「別覺得你是土生土長，其實一點不懂中國國情！」還有好多好多……外面是狂風驟雨，更增加了兩天兩夜「恐怖故事」的氣氛，我嚇得夠嗆。知道朋友們是眞心爲我好，嚇得就更厲害。

我加上許多精明小心，還專門請教了兩位優秀的國企企業家，無論人品、經驗都是我尊敬信賴的長輩。開口都先是一句：「有道是，寧可千刀萬剮，不做國企一把！」……你說嚇不嚇人!?再聽下去，聽出許多對國企的拳拳熱望，他們做了一輩子國企，嘗盡個中酸甜苦辣，如今已屆退休，無欲無求，竟然又說「下輩子還要再做國企」，對於我的「國企」企圖，他們惟有一個字：「値！」我膽氣大壯，本來我也想是値得嘛！

最後，我選擇了這家優秀國企。這本來是雙向的選擇，人家企業敢把「方向」性事業交到我手裡，肯定考察掂量過我，幫著仔細想過，如果用我，成敗的機會將是如何；人家的風險分量重得多，人家都敢交給我，我怕什麼？

我的選擇免不了血液裡的民族色彩，我的國我的家有太多的貧窮落後和醜陋，我爲之抱怨爲之煩惱，終未能棄她去找異國他鄉的繁華。我不是思想家不是政治家，我選擇實踐，既想實現自己，也想爲我的國我的家在國門外的舞台上掙一點光彩。

我沒在國企做過，無從準備陌生的挑戰。

我可能失敗，連拿破崙從莫斯科撤退前都感慨過：「從輝煌到荒謬僅僅一步之遙。」我更欣賞硬漢海明威的硬漢老人：「人生來就不是爲了被打敗的，人能夠被毀滅，但是不能夠被打敗。」選擇了實踐人生，就意味著最多機會的挫折和失敗，不自己認輸就不算被打敗。

我當然不想失敗，這次負擔的是更大的事業，是中國人自己的事業，我會有我新的精英團隊，有可信可靠的人，有共同的事業理想，我們會一起努力，追求勝利，追求成功，追求精彩。弱水三千取一瓢飲，苦也罷，甜也罷，水深火熱也罷，我準備一飲而盡——又想起那首：「一口乾盡，人間萬丈紅塵，笑看天下英雄豪傑，能過幾盞春秋！」

我酷愛吃書，但不常讀詩，偏偏這時詩興大發，又碰見一首詩覺著特別吻合，是佛洛斯特的〈未走的路〉(*The Road Not Taken*)：

Two roads diverged in a yellow wood,
And sorry I could not travel both.
……
I took the one less traveled by,
And that has made all the difference.

不管會不會氣死佛洛斯特，我只管按我的心情來譯它：

前程歧路，皆指向夢想的林野，耀眼金黃，
我想要拾取全部的燦爛，卻只能割捨，猶豫徬徨……
我踏上那條未走過的路。
拗不過心的執著，要去追尋荊棘後面未知的輝煌。

◇

在此深深地感謝所有識我信我的優秀企業們，我不能效力共同經營您們的優秀企業，但我們將在同一片天空叱吒風雲，高高飛颺，希望我們成爲好朋友！

得到今天的一切，我付出了很大的代價，大到我不建議美麗的女人們也去做同樣的付出。人們應該先想清楚對生命意義的基本選擇，然後定下追求的目標。人生有豐富的意義，不是只有事業、職業經理人，或者是「企業家」才是有意義的實現。

事業不是我惟一的終極追求，我有很多很多個人的夢想，夢想裡有馬兒，有大狗小狗，有孩子，有綠茵，還有我的愛人……我坐在櫃台後，用美酒招待八方而來的朋友，門楣上閃著"Juliet's Bar"的霓虹……我有了新的業餘愛好，做企業顧問，不，是企業教練……只要有夢想，就有希望，只要會夢想，就有可能成眞，我會留出生命去追求夢想的實現，到時候可能又有不同的夢境……

我還會付出，還可能有很多失落，我不在乎，反正都失落在我的國我的家裡。得之太易未必珍惜，付出後得到，才有用生命珍藏的價值。這本書不是自傳，我想寫的比自己多得多！

萬一沒寫好被讀成「傳」了，頂多算前傳，我還要緊趕著去實踐好多新的人生經驗。我感謝所有讀它的人們，感謝你們用了生命裡的一小部分時間來讀我的書，感謝你們幫我實現了一個夢想，是我二十幾年前開始做的夢……

人們，我愛你們。生活，我感謝你。我要激情燃燒自己，燃燒出輝煌，為人們和生活增添精彩，為自己留住美麗。

《楚辭》有曰：何曾華之無實兮，從風雨而飛颺。

我云：實之華之茲乃兼求，順風兮，逆風兮，無阻我飛颺！

代跋
編一本書，讀一個女人

Juliet 說：「最後有一個要求，很小，但對我很重要——我想要印出來的第一本書，給我爸。」Juliet 的父親是兩年前去世的。每談起他，她都當他活著，和尋常做女兒的一樣，唸叨著小時候被父親溺愛的種種，末了會說：還好，我讓他花上了我賺的錢。

《世說新語》裡說：「聖人忘情，最下不及情。」這兩樣她都不是。她是「情之所鍾」的那一輩。要說有什麼特殊之處，那就是她一定要把一個「情」字落實下來，讓它可觸可感，方才認定那是眞的。她對玄學意義上的「眞」不感興趣，她還要「實」。因此她絕不肯有一絲自欺——如果她父親花不上她賺的錢，她一定追悔終生；就像如果她沒賣出過數十億美金的產品，她一定不會像今天這樣自信和快樂。

◇

封筆的那一天，我們慶祝。她端起酒杯，忽然沈吟了一下，說：「我怎麼發現自己寫完了書又狂妄了許多？」看來還沒喝糊塗，我笑。我知道她的酒量，或者說我從沒知道過她的酒量，因此並不擔心她醉。於是，我助紂爲虐地說：「有恃可以無恐，恃才可以傲物，今天你可以放開了狂妄，來吧，喝！」

我是眞心地爲她驕傲，因爲我知道，這本書是怎樣懷胎分娩的：兩個月的時間裡，要追憶過去十四年乃至平生的雲譎波詭，好比用一個時辰過完春秋四季。其間多少揪心時刻，縱有歡樂，也必有不堪。最要命的還得以每天十六七小時牛一樣的筆耕，記錄下來。

她居然寫成了，每一個字。

六月裡的一天，也是喝酒，算是慶祝她十四年來第一次踏踏實實地休息。這也是我們第一次有時間細談她的過去。我問，她答。我越來越貪心地追，她的回憶則像一架戰車被迫狂奔起來……我聽到的是一部半成品的傳奇！

時間到了，我「很職業很權威地」告訴她：知道嗎？你有敍事天才。你應該寫成一本書。她告訴我：其實我從小就想寫書。那麼是現在嗎？我說：當然現在。現在你有時間，現在有人願意讀。

會寫傳奇的人不少，本身就是傳奇的人卻不多，本身是傳奇又會寫且想寫的人則更寥寥。發現了（其實眞理是自明的）那樣一個寫作嫌疑人，做編輯的豈容放過？

那天她很美。紫花中式絲衣，紫色眼暈含著泰式黑眼睛，淡紫唇膏，肌膚潤澤——想到她「在位」時彷彿從沒這麼迷人過，不禁心生惻隱。

◇

我的同事曾用「格外的女人、格內的經理人」描述她。不錯，作爲經理人她固然成功，可作爲女人，她確是太突兀了，居然在ＩＴ業這個男人的主戰場生生殺出一條血路。可是了解多一些後，我發覺事情正好相反——她其實是個「格內的女人」和「格外的經理人」。

據說有記者採訪以色列總理梅厄夫人時問：作爲女總理你覺得有什麼不同嗎？梅厄夫人回答：不知道，因爲我沒做過男總理。

◇

Juliet顯然是那種沒做過男總經理的女人。她做事似乎常憑直覺、不深思慮。決定寫書，就寫了，可能遇到的麻煩全不綢繆，然後開了筆再嚷——「寫書怎麼這麼苦啊，比當總經理難多了！」「告訴我是作家都這樣還是因爲我是業餘的？」……一派上了賊船恍然大悟的模樣。這當然不是假的。但我同時知道，女人的直覺是細碎的經驗和天生的敏悟煨出來的，看似貿然的決定後面可能是兵來將擋水來土掩的自信。因此，對付她只須是軟硬兼施的老套：「寫作都是很苦的，基本是煉獄生活，可誰讓你是傳奇呢，活該呀親愛的。」好比一杯速溶咖啡，提提神。明知人家眞實的積蓄在體內，心思早就篤篤定定的。

後來我說她屬於那種跳起來再找落腳點的人，指的也是她的直覺和自信。

◇

女人又是講求常識的。任性也罷，狂妄也罷，回到家裡坐實了，腦子裡轉的卻是「這事好像還得感覺感覺」。因爲是女人，台階倒也容易下。男人們常說的女人反覆無常，放在某些女人身上正好是防範剛愎自用的小裝置。一眼望去，Juliet 性情濃烈、果斷灑脫、勇猛跋扈不弱梟雄，但看不到她的靈巧和陰柔則一定是被蒙蔽了。工作過程中我越來越發現有一條細細的叫做常識的線勾著她，使她喜怒哀樂之外能冷卻下來檢視自己的寫作和寫作的自己。我雖無緣得見她職業生涯中「壯士斷腕」的豪舉，在寫書過程中卻深有領教——她可以砍去她自己最心愛和心疼的篇章和線索，只爲讀者閱讀的方便。這在我的編輯經驗中是少見的。也許男人的大取捨多來自理性的判斷，女人的則往往來自常識感。

◇

在慷慨和精明的兩端上，都有典型的女人。Juliet 是這兩端的混合。

在書寫完的一封 E-mail 裡她說：「你發現了一本書的靈魂，我們倆一起賦予它生命。我對你說過幾次謝謝，因爲你的出現對我是那麼重要，幫我完成了一次生命的重要昇華。」

我做編輯若許年，從沒聽過這麼重的話。出版史上，作家和編輯的關係一向複雜微妙。像她這樣不微妙的作者實屬少見。

我告訴她，一我承情，因爲她的慷慨；二我當然不敢領受，因爲不是事實。早期西方哲學中有兩種對人的認識——白板說和大理石說，我相信後者，就是說大理石的花紋是天然生成的，後天的一切都是爲了擦亮它或者使它更模糊。她只是會利用任何契機去擦亮她自己，比如被我編輯一本書。

最後我告訴她：她的慷慨也是她的精明——人生的現實往往是越慷慨者越精明，要緊的只是對象選擇不失誤。

她如此「冒失」地慷慨，而能在事業上走到今天，必有過人的精明。看一個慷慨的女人精明和看一個精明的女人慷慨，都是人間美景。所以我格外喜歡看到女人做大生意。

◇

Juliet 最讓我震驚的，還是她不設防的誠實。

記得寫到北約轟炸期間她在微軟的表現和態度時，我曾提醒她：儘管我相信她的十四年修煉是爲「我的國我的家我自己」，但這樣「民族」的東西發表出來卻可能產生兩種負面影響：一是可能被認爲「做姿態」，二是可能被認爲「頭腦簡單」。我只把問題提出來，是否斟酌由她自己。

她想了想，說：「可是，我就是這樣的，如果不這樣就不是眞的我了。」

她近乎偏執地要把那個「眞的我」給讀者，我這個做編輯的當然樂得，這也是我喜歡做非虛構類書（nonfiction）的原因。人心是相通的，只有以眞換眞。好像是柏拉圖說過，眞誠和公正是靈魂的優點，也是獲得幸福的手段。

我祝願這個女人幸福。

一本書寫完了，一段傳奇固化了。但如果你管這本書叫「吳士宏傳奇」的話，她肯定跟你急，因爲她生命的傳奇還在寫著。只能說，這是一個女人的一部未完的傳奇。

◇

（以下是在書出版一個月後補寫的）

書面世了。

書面世的時候，「吳士宏」三個字已成爲網上的熱門關鍵字，和「小說」、「足球」、「手機」什麼的排列在一起用於快速搜索，不用說紙媒體和電視廣播的熱度。許多人懷著不同的心思期待著看到書的樣貌。十萬冊轉瞬一空。說她是「格外的經理人」時，尙指她性喜冒險和刺激的企業家精神，如今，又「格外」了一層：她成了公衆人物——那種可供盲目崇拜或無端挑剔的對象。

「今天有記者問我是不是認爲自己『張揚』。你說我張揚嗎？」她問。

「挺張揚的，爲什麼不？順風兮逆風兮無阻我飛颺，不是你自己說的嗎……你怎麼回答人家的？」

「我說，喜歡我的人和不喜歡我的人都因爲我的個性，中國這樣的人本來就不多，留一個不好嗎？」

她的快速反應從不令人失望。可是，在我們的文化中，爲什麼「張揚」這個詞聽上去總不像個好詞兒，而每當說起西方文化如何張揚個性、崇尚自我時，卻又人人帶著羨慕和贊賞。我們這個成熟的文化啊，這個熟透了的文化。

◇

一個朋友說，他想像吳士宏的故事如果發生在美國，就是令美國人狂熱的「非凡的埃瑪」——一個出身卑微的女人歷盡千辛萬苦成爲商業鉅子的傳奇。《一個眞正的女人：非凡的埃瑪》僅平裝本首印數就達一百四十萬冊。

我說，不同的是，《非凡的埃瑪》是暢銷書女作家巴巴拉·泰勒·布雷德福寫的，而《逆風飛颺》是吳士宏自己寫的。

◇

吳士宏自己寫的，這個事實令許多人不解，這些不解又反證出書寫得果然精彩。爲此，我得不斷回覆朋友們的詢問。

有客氣點的：「潤筆的人很棒嘛！」

我答：「沒用潤筆，都是電腦直接打的。」

有單刀直入的：「甘琦是你捉刀的吧？」

「我倒希望是，可惜，您看像我的刀法嗎？」

還有開放式問題：「你們這本書到底是怎麼策劃出來的？」

「眞想知道？我正要寫篇文章，題目是『天賦才情是策劃不出來的』。」

寫文章的事莫須有，話卻是肺腑之言：天賦、才情，還有不摻假的眞誠——如此珍稀的東西豈是策劃出來的？

其實，一本書的生命就像一個孩子的生命，任你多麼了解他，他成長的過程還是會不斷地出人意料。連我也開過吳士宏的玩笑：「你這麼會寫，幹嗎去當什麼勞什子總經理呀？」

她答：「以前咱不是不知道嗎？」

◇

收穫後的小憩可以是快樂、頑皮乃至輕佻的，可「資格」卻來自耕作時那份「生命中不能承受之重」。如果說天賦是支票，作品是現金的話，兌現的過程彷彿只有一個「苦」字。翻檢那兩個多月間往還的二百餘封 E-mail，眞替她有不堪回首的感覺：

「這回寫書好像特別需要從頭建立信心……」

「昨天一天都在挫折、反省和思考中，在自我宣洩的自由和爲民族IT業貢獻點經驗之間徘徊了一天，開始愁的是怕寫不好，後來擔心不情願……最後想明白了——讀者不是要爲你的命運感慨，而是想改變自己的命運。」

「才又寫了一千五百字，實在累了要先睡了。我想把指標從五千字改成每天最少十七小時成不成？我畢竟是業餘的啊！」

「完成指標了，天還沒亮呢。還算零點前的作業。」

「這次鼓勵是最到位的，起碼能管今天一整天了！」

「如果再聽不到編輯的指導，不要怪我可能在錯誤的道路上越走越遠——失去了鼓勵，仍然堅持寫了六千二百字（其實是六千二百三十字，不好意思再四捨五入『入』上去）！」

「『生而自卑』寫得太辛苦了，又哭了好幾次，不知怎麼從那種萬劫不復中活過來的……」

「別逼我了，說什麼也沒用，反正我就這樣了，不加了……不過，已經證明過編輯總是有理，我就加兩處，成了吧，不算討價還價噢！」

「今天要寫完最後一章『掌握命運的自由』。想著初稿即將完成，心裡很高興，又有點捨不得那份折磨，是不是賤骨頭？」

……

想蒙我？哼！多半是她發現兌出的現金超出了支票限額。

◇

印象裡總存著她寫作時的模樣——「發燒、牙疼、眼睛紅紅的……居然胳膊肘也疼，得在桌上墊個枕頭，很滑稽的樣子。」她自嘲說：「人家作家們肯定不像我這麼使蠻力。」她這副樣子總是引我發笑，並讓我聯想到天眞和勇敢這兩個孩子氣的詞兒。這時候的她顯得一點不精明。

記得她說過：如果我處處精明根本走不到今天。

當然，也根本不會肯把生命的一部分交到書裡，給認識的和不認識的、喜歡她和不喜歡她的人們分享。

甘琦（原版策劃編輯）

一九九九年十月十一日初稿

一九九九年十一月五日再版補

註解

❶托兒所全托：托兒所即幼稚園，全托指的是「全日制寄宿」，每周一至周六全寄宿，周日接回家。

❷二八男車：自行車的型號之一，屬於較高型。「男車」是有橫樑的車種，未成年女孩子（譬如作者二姐）騎起來很困難。

❸八〇年代中國大陸重新開放，又興起學英語熱潮。當時流行幾種英語自學輔導教材，其中包括許國璋教授編寫的一套。

❹果珍：一種果味沖劑，在當時（一九八五年）屬奢侈品。

❺工資提成：當時ＩＢＭ或其他外企在當地雇用員工只能通過中國政府指定的中介機構，外企每月將工資全額付給中介機構，中介機構再按一定比例（「成」）將部分工資付給雇員。

❻難剃的頭：北京說法，形容難纏的人、難辦的事。

❼陳佩斯是大陸家喻戶曉的相聲演員，曾在某一年的中央電視台春節晚會上演出小品，他扮演一個清末太監，參加奧運會，因跑得快而爲中國贏得世界冠軍。

❽北京人調侃模仿韓國話的經典說法。

❾茬口意思是「供人找茬的原由」，不同於「藉口」。茬，讀作「持」。

❿馬扎兒是小板凳，座面爲帆布條，可折疊，方便攜帶。

⓫崔健是中國大陸的搖滾男歌手，八〇年代當紅。

⓬中途甩手不幹了，以「在舞台上演出，中途退場，把一台戲『晾』在那兒，沒法接著演了」的情景比喻。

⓭柳傳態是中國著名企業「聯想」集團的總裁。此處用「們」表示諸多像柳傳態這樣的人。

國家圖書館出版品預行編目資料

逆風飛颺／吳士宏 著.-- 初版-- 臺北市：大塊文化，2001 [民 90]
面； 公分. (Mark 21)

ISBN 957-0316-57-8 (平裝)

1. 吳士宏 - 傳記 2. 電腦資訊業 - 中國大陸

782.886 90000523

讀者回函卡

謝謝您購買這本書，為了加強對您的服務，請您詳細填寫本卡各欄，寄回大塊出版(免附回郵) 即可不定期收到本公司最新的出版資訊。

姓名：＿＿＿＿＿＿＿＿＿＿ **身分證字號**：＿＿＿＿＿＿＿＿＿＿

住址：＿＿＿＿＿＿＿＿＿＿＿＿＿＿＿＿＿＿＿＿

聯絡電話：(O)＿＿＿＿＿＿＿＿＿＿ (H)＿＿＿＿＿＿＿＿＿＿

出生日期：＿＿＿年＿＿＿月＿＿＿日 E-mail: ＿＿＿＿＿＿＿＿＿＿

學歷：1.□高中及高中以下 2.□專科與大學 3.□研究所以上

職業：1.□學生 2.□資訊業 3.□工 4.□商 5.□服務業 6.□軍警公教 7.□自由業及專業 8.□其他＿＿＿＿

從何處得知本書：1.□逛書店 2.□報紙廣告 3.□雜誌廣告 4.□新聞報導 5.□親友介紹 6.□公車廣告 7.□廣播節目8.□書訊 9.□廣告信函 10.□其他＿＿＿＿＿＿

您購買過我們那些系列的書：

1.□Touch系列 2.□Mark系列 3.□Smile系列 4.□Catch系列
5.□PC Pink系列 6□tomorrow系列 7□sense系列

閱讀嗜好：

1.□財經 2.□企管 3.□心理 4.□勵志 5.□社會人文 6.□自然科學
7.□傳記 8.□音樂藝術 9.□文學 10.□保健 11.□漫畫 12.□其他＿＿＿

對我們的建議：＿＿＿＿＿＿＿＿＿＿＿＿＿＿＿＿＿＿＿＿

LOCUS

LOCUS

LOCUS

LOCUS